新媒体运营全景与趋势研究

付晶晶 著

中国戏剧出版社
CHINA THEATRE PRESS

图书在版编目（CIP）数据

新媒体运营全景与趋势研究 / 付晶晶著. -- 北京：中国戏剧出版社，2024.9. -- ISBN 978-7-104-05550-1

Ⅰ. G206.2

中国国家版本馆 CIP 数据核字第 2024XL7172 号

新媒体运营全景与趋势研究

责任编辑： 赵宇欣
责任印制： 冯志强

出版发行：	中国戏剧出版社
出 版 人：	樊国宾
社　　址：	北京市西城区天宁寺翰街 2 号国家音乐产业基地 L 座
邮　　编：	100055
网　　址：	www.theatrebook.cn
电　　话：	010-63381560（发行部） 010-63385980（总编室）
传　　真：	010-63381560

读者服务： 010-63381560
邮购地址： 北京市西城区天宁寺前街 2 号国家音乐产业基地 L 座

印　　刷：	北京九州迅驰传媒文化有限公司
开　　本：	787×1092mm 1/16
印　　张：	16
字　　数：	252 千字
版　　次：	2024 年 9 月　北京第 1 版第 1 次印刷
书　　号：	ISBN 978-7-104-05550-1
定　　价：	98.00 元

版权所有，违者必究；如有质量问题，请与出版社联系调换。

前　　言

在数字化浪潮席卷全球的今天，新媒体运营已然崛起，成为企业与个人之间传递信息、塑造品牌、连接用户的关键桥梁。新媒体不仅是市场推广的新宠，更是信息时代下沟通方式的革新。通过新媒体，企业能够迅速捕捉市场动态、精准定位用户需求，实现品牌与消费者之间的高效互动。对个人而言，新媒体运营则提供了一个展示自我、分享创意、建立个人品牌的广阔舞台。这一变革性的运营方式，不仅重塑了传统营销格局，更推动了信息传播模式的创新，引领媒体行业的未来发展。因此，深入研究新媒体运营，对于把握市场脉搏、提升品牌影响力、增强用户黏性具有不可估量的价值。

本书从新媒体运营的基础知识与组织架构出发，详细探讨了新媒体内容策划、主流平台的运营策略，并对新媒体运营数据分析和平台变现进行全面阐述。此外，本书还深入研究大数据如何赋能新媒体运营，引领行业创新变革。最后，本书对新媒体的发展趋势与治理进行探寻，提出纸媒与新媒体融合、媒体融合下新媒体发展路径以及智能化技术对新媒体发展的影响等前沿话题。

通过上述内容可以看出，本书全面深入地剖析了新媒体运营的方方面面。从基础概念到实战策略，每一章节都紧扣新媒体运营的核心要点，力求为读者构建一个系统完整的知识框架。各章节内容翔实，涵盖了新媒体运营的多个关键环节，如内容策划、平台运营、数据分析等，不仅提供了理论指导，更结合了许多实际案例，可以帮助读者更好地理解和掌握新媒体运营的真谛。笔者力求逻辑清晰、层次分明，希望无论是新媒体运营的新手还是资深从业者，都能从中获得宝贵的经验和启示。

本书的撰写得到了许多专家学者的帮助和指导，在此表示诚挚的谢意。由于笔者水平有限，加之时间仓促，书中所涉及的内容难免有疏漏与不够严谨之处，希望各位读者多提宝贵意见，以待进一步修改，使之更加完善。

目录

第一章　新媒体运营基础与组织结构	1
第一节　新媒体的基本认知	1
第二节　新媒体运营的内涵与特征	10
第三节　新媒体运营思维及流程	14
第四节　新媒体组织结构分析	18

第二章　新媒体的内容运营与策划艺术	23
第一节　精准定位：新媒体的定位与策划	23
第二节　匠心独运：新媒体内容的编辑与制作	38
第三节　文案魅力：新媒体软文的撰写	56
第四节　产品卖点：文案的策划及撰写	73

第三章　新媒体主流平台的运营探究	85
第一节　微博与微信运营	85
第二节　直播与短视频运营	101
第三节　今日头条的内容运营	119
第四节　小红书平台的运营	135

第四章　新媒体运营数据分析与平台变现	143
第一节　新媒体用户数据分析流程	143
第二节　新媒体运营平台热点分析	148
第三节　新媒体用户的相关数据分析	153
第四节　新媒体运营平台变现分类及方式	160

第五章 大数据赋能新媒体运营的创新变革 …… 167
第一节 大数据与新媒体运营的关系 …… 167
第二节 基于新媒体运营的数据处理体系 …… 172
第三节 大数据驱动新媒体营销体系变革 …… 187
第四节 大数据在新媒体营销中的应用 …… 202

第六章 新媒体发展趋势与治理的探寻 …… 221
第一节 纸媒与新媒体的融合发展探究 …… 221
第二节 媒体融合下新媒体发展路径探索 …… 223
第三节 智能化技术对新媒体发展的影响 …… 231
第四节 新媒体健康发展的治理对策思考 …… 236

结 语 …… 241

参考文献 …… 243

第一章　新媒体运营基础与组织结构

随着科技的飞速发展,新媒体运营已成为企业与个人传播信息、塑造品牌的重要手段。本章将深入探讨新媒体的基本认知、新媒体运营的内涵与特征、新媒体运营思维及流程,同时分析新媒体组织的结构,为后续的新媒体运营实践打下了坚实的基础。

第一节　新媒体的基本认知

一、新媒体的本质及生成条件

随着数字技术在信息传播领域的广泛应用,一些新式的传播媒介及传播形态对传统信息传播方式产生了革命性的冲击,受到人们的广泛关注。"通常所认为的新媒介是指在传统媒介基础上,利用数字技术进行传播的,以互联网、移动互联网等为传播介质的新型电子媒介。"[1]与"旧""传统"相较而言,"新媒体"中的"新"是一个相对的概念。随着新传播形式的出现,"新媒体"一词的内涵也将与时俱进。

新媒体,作为一个相对宽泛的概念,通常指的是利用数字技术、网络技术,通过互联网、宽带局域网、无线通信网、卫星等渠道,以及电脑、手机、数字电视机等终端,向用户提供信息和娱乐服务的传播形态。从空间上来看,新媒体特指当下与传统媒体迥异的,以"所有人对所有人"的新型传播模式进行的媒体形态,其形式包括但不限于网络媒体、手机媒体、数字电视等。严格地说,新媒体应该称为数字化新媒体。

---

[1] 马为公、罗青:《新媒体传播》,北京:中国传媒大学出版社,2011年,第6页。

(一) 新媒体的本质分析

新媒体以满足受众的"需要"为根本目的，借助最新的技术应用手段，构建了一个现代化的信息传播体系。这一体系不仅是媒体大家族中的一员，更是媒体发展历程中的高级阶段。新媒体的崛起，深受网络化和数字化技术的推动，而这些技术的进步，很大程度上是由受众的需求驱动的。新媒体与传统媒体的核心差异，就在于新媒体更加精准地满足了受众的多样化需求。

1. "需要"是区别新旧媒体的根本点

新媒体之所以"新"，不仅是因为它采用了最新的传播技术，更关键的是它重新定义了媒体与受众之间的关系。传统媒体时代，内容的生产和分发多由媒体机构控制，受众处于相对被动的接受状态；而新媒体时代，受众的需求成为推动媒体发展的核心力量。受众可以根据自己的兴趣、爱好和需求，主动选择、定制和分享信息。这种以受众需求为中心的传播模式，正是新媒体与传统媒体的根本区别。

另外，新媒体更加注重与受众的互动与反馈。通过各种社交平台和工具，新媒体能够实时收集和分析受众的需求与反馈，从而更加精准地提供内容和服务。这种互动性和即时性，使新媒体能够更好地满足受众的个性化需求，进一步拉近了媒体与受众的距离。

2. "需要"是现代营销的核心价值体现

在营销领域，了解和满足消费者的需求是成功的关键。新媒体通过其强大的互动性和数据分析能力，为现代营销提供了前所未有的机会。企业可以通过新媒体平台，精准地定位目标受众，了解他们的需求和偏好，从而制定出更加有效的营销策略。同时，新媒体的即时性和广泛性也使营销活动能够迅速传递给大量潜在消费者，提高营销效率。

通过新媒体，企业可以实时调整营销策略，根据受众的反馈优化产品和服务，从而实现营销效果的最大化。

3. "需要"是现代产业发展的转折点

随着科技的进步和全球化的加速，现代产业的发展越来越依赖于对消费者需求的精准把握和快速响应。新媒体作为连接企业与消费者的桥梁，其重要性不言而喻。通过新媒体，企业可以及时了解市场动态和消费者需求的变化，从而调整生产计划和产品策略，以适应市场的变化。

同时，新媒体也为新兴产业如数字创意、电子商务等提供了广阔的发展空间。这些新兴产业通过新媒体平台，能够迅速聚集用户、扩大影响力，并推动相关产业链的发展。可以说，新媒体已经成为现代产业发展的关键驱动力之一。

(二) 新媒体的生成条件

新媒体的涌现并非偶然，而是在多重因素的共同作用下得以形成和发展的。新媒体生成的条件，总体来说共有以下六个方面的内容。

1. 互联网的出现

互联网是新媒体产生的基础平台。自20世纪90年代以来，互联网的快速普及和全球化发展，为新媒体的崛起提供了广阔的网络空间。互联网的高效、便捷和全球性特点使信息传播不再受时间和地域的限制，各种信息能够迅速、广泛地传播给全球用户。因此，互联网的出现为新媒体的生成提供了必不可少的网络环境。

2. 互联网创始人及其理论

新媒体的诞生与那些推动互联网发展的群体及他们的理论是密不可分的。诸如蒂姆·伯纳斯·李（Tim Berners-Lee）等互联网先驱，他们不仅构建了互联网的基石，还提出了一系列关于网络信息传播、超文本链接等关键理论。这些理论和技术的创新为新媒体的蓬勃发展提供了坚实的支撑和指引。

3. TCP/IP 协议

TCP/IP 协议（传输控制协议/因特网协议）是新媒体生成的技术基石。这一协议规定了互联网上数据传输的标准和方式，确保了各种不同类型设备之间的互联互通。TCP/IP 协议的普遍采用，使新媒体能够在全球范围内实现信息的无障碍传输和共享，极大地促进了新媒体的普及和发展。

4. 互动终端介质的形成及成熟使用

新媒体的快速发展离不开互动终端介质的形成及成熟使用。随着智能手机、平板电脑、家庭大屏等设备的普及，人们可以随时随地接入互联网，享受新媒体带来的便捷服务。这些终端设备不仅提供了丰富的互动功能，还

使新媒体内容更加多样化、个性化。因此，互动终端介质的成熟使用是新媒体生成的重要条件之一。

5. 网民与移动互联网用户规模的扩大

网民和移动互联网用户规模的持续扩大为新媒体的发展提供了庞大的受众基础。随着全球互联网普及率的不断提高，越来越多的人开始使用互联网和移动互联网。这些用户对新媒体内容的需求和消费，推动了新媒体行业的不断创新和发展。因此，网民与移动互联网用户规模的扩大是新媒体生成和繁荣的关键因素之一。

6. 新媒体技术的发展与应用

新媒体技术的快速发展和应用是新媒体生成的核心动力。随着大数据、云计算、人工智能等技术的不断进步，新媒体在内容制作、传播方式、用户体验等方面都取得了显著的突破。这些技术的应用使新媒体能够更加精准地满足用户需求，提供更加个性化的服务。因此，新媒体技术的发展与应用是新媒体生成和持续发展的重要保障。

二、新媒体的不同特征表现

（一）新媒体的传播特征

新媒体作为信息传播的一种新兴形式，从传播学的视角审视，相较于传统媒体，其展现出一系列独特的传播特征。以下是对这些特征的详细阐释。

1. 消解权威性

新媒体环境下的信息传播呈现去中心化、多元化的特点，传统的信息传播权威被逐渐消解。在新媒体平台上，每个人都可以是信息的发布者和接收者，这种平等的传播关系打破了传统媒体对信息源的垄断，使信息传播更加民主化。同时，由于信息来源的多样性，受众不再完全依赖于少数权威媒体，而是可以从多个渠道获取和验证信息，从而削弱了单一信息源的权威性。

2. 变线性传播为多人对多人的传播

新媒体的传播方式不再是传统媒体那种一对多的线性传播模式，而是转变为多人对多人的网状传播。在新媒体环境下，每个用户都可以作为信息传播的一个节点，通过社交媒体、即时通信工具等渠道，将信息快速地传递给其他用户。这种传播方式极大地提高了信息传播的速度和广度，也使信息传播更加复杂和多元。

3. 传播成本大大降低

新媒体的传播成本相较于传统媒体显著降低。传统媒体如报纸、电视等需要投入大量的人力、物力和财力进行信息采集、制作和发布。新媒体则利用互联网技术，实现了信息的快速、低成本传播。个人或组织只需通过简单的操作，就可以在社交媒体等平台上发布信息，无须承担高昂的制作和发行成本。

4. 主要依赖技术系统

新媒体的传播高度依赖于先进的技术系统。互联网技术、移动通信技术、大数据技术等的快速发展，为新媒体提供了强大的技术支持。这些技术不仅实现了信息的快速传输和处理，还为新媒体提供了丰富的表现形式和传播渠道。同时，技术系统的不断更新和升级，也推动着新媒体传播方式和效果的持续改进。

5. 传播行为较个性化

新媒体环境下的传播行为更加个性化。用户可以根据自己的兴趣和需求，选择关注特定的信息源或话题，定制个性化的信息接收方式。同时，新媒体平台也通过算法推荐等技术手段，为用户提供更加精准的内容推荐。这种个性化的传播方式不仅提高了信息传播的针对性，也增强了用户的阅读体验。

6. 接收方式由固定到移动

随着移动通信技术的发展和智能手机的普及，新媒体的接收方式逐渐从固定设备转向移动设备。用户可以随时随地通过手机等移动设备接收和浏览信息，打破了时间和空间的限制。这种移动化的接收方式不仅提高了信息的可及性，也使用户能够更加灵活地获取信息。

7. 传播的实时化

新媒体实现了信息传播的实时化。借助互联网和移动通信技术，新媒体能够迅速地将最新的信息传播给受众。无论是新闻事件、社交动态还是娱

乐资讯，新媒体都能在第一时间进行报道和传播。这种实时化的传播方式极大地提高了信息的时效性和影响力。

8. 从单一传播到融合传播

新媒体的传播方式不再是文字、图片或视频等单一媒介形式，而是呈现出多种媒介融合传播的趋势。在新媒体平台上，文字、图片、视频、音频等多种媒介形式可以相互融合，共同构成丰富多彩的信息内容。这种多媒介融合传播的方式不仅提升了信息的表现力和吸引力，也使用户能够更加全面地了解信息的各个方面。同时，新媒体还通过与其他媒体的融合发展，如与报纸、电视等传统媒体的跨界合作，进一步拓宽了信息传播的渠道和影响力。

（二）新媒体的文化特征

新媒体，以其独特的交互性和跨时空特性，与受众建立起真切的联系，从而催生出新的媒介文化和社会文化现象。从整体视角来看，新媒体的文化特质深刻映射了大众文化的核心要素，它不仅是大众文化的展示舞台，更是其集散与传播的中心，同时还是新文化形态的孕育之地。

文化，依据其品位，可粗略地划分为精英文化与大众文化两类。在新媒体的语境下，大众文化占据了主导地位，展现出一种快节奏、易于消费的文化形态。新媒体的文化特征表现在以下几个方面。

1. 强大的包容性及融合性

新媒体文化显现出极强的包容性和融合性。这一特点体现在对各种文化元素、风格和观念的接纳与整合上。新媒体平台不仅为多元文化提供了共存的土壤，还促进了不同文化间的交流与融合。在这种环境下，传统文化与现代文化、东方文化与西方文化得以相互借鉴、融合，共同塑造出一种全新的、多元化的文化景观。这种强大的包容性和融合性，使新媒体成为文化创新的重要推手。

2. 全球化扩张和与不同国家不同文化的兼容

新媒体文化的另一显著特征是全球化扩张和与不同国家不同文化的兼容并蓄。借助互联网的力量，新媒体打破了地域限制，使各种文化能够在全球范围内迅速传播和交流。这种全球化的文化扩张不仅丰富了人们的文化视野，还促进了世界各地文化的相互理解和尊重。同时，新媒体平台也为不同国家不同文化的共存和对话提供了可能，进一步推动了文化的多样性和包容性发展。

3. 文化生态：现实和虚拟的交错

新媒体的文化生态呈现出现实与虚拟交错的特点。在新媒体的世界里，现实与虚拟的界限变得模糊，人们可以在虚拟空间中体验到与现实世界相似的社交、学习和娱乐等活动。这种交错的文化生态为个体提供更多的文化选择和表达方式，同时也对传统文化形态产生深远的影响。现实与虚拟的相互渗透和融合，成为新媒体文化发展的重要趋势。

4. 大众狂欢的娱乐特征

新媒体文化具有明显的大众狂欢娱乐特征。在新媒体平台上，各种娱乐内容层出不穷，满足了大众对于轻松、愉悦体验的追求。这种娱乐特征不仅体现在各种娱乐节目的传播上，还贯穿于新媒体用户的日常互动和表达中。大众通过参与娱乐活动、分享娱乐内容，共同营造一种轻松、欢快的文化氛围。

5. 人际交往及情感交流

新媒体文化在人际交往和情感交流方面发挥着越来越重要的作用。新媒体平台为人们提供了便捷的社交渠道，使人们能够跨越时空限制进行沟通和交流。在这种环境下，人际交往不再局限于传统的面对面方式，而是通过文字、图片、视频等多种媒介形式进行表达和交流。这种新型的社交方式不仅丰富了人们的社交体验，还促进了不同文化背景下个体之间的相互理解，引发了彼此的情感共鸣。

6. 文化表达：个性张扬中颠覆传统

新媒体文化表达呈现出个性张扬和颠覆传统的特点。在新媒体平台上，个体可以自由地表达自己的观点和情感，不受传统规范和束缚的限制。这种个性张扬的文化表达方式为新媒体用户提供了展示自我、追求独特性的空间。同时，新媒体文化也在一定程度上颠覆了传统文化观念和价值体系，推动了文化的创新和发展。个体通过新媒体平台进行自我表达和创造，共同塑造一种多元化、包容性的文化氛围。

(三) 新媒体的产业特征

从产业视角审视新媒体，可以发现其具备若干显著特征，这些特征不仅展现了新媒体产业的独特性，也揭示了其与传统媒体产业的区别与联系。以下是对新媒体产业特征的详细阐述。

1. 产业方式的多元化

新媒体产业的多元化特征主要体现在新媒体运营模式和收入来源上。相较于传统媒体主要依赖广告收入和订阅费用的单一模式，新媒体产业可以通过内容付费、平台服务、电子商务、数据分析等方式实现盈利。例如，许多新媒体平台提供独家内容吸引用户付费订阅，同时它们通过精准广告投放、用户数据分析等增值服务还能获取额外收入。此外，新媒体还积极探索与其他产业的跨界融合，如与教育、电商等领域的结合，进一步拓宽产业边界和收入来源。

2. 产业技术兼容

新媒体产业的另一显著特征是技术的兼容性。随着数字技术的不断发展，新媒体平台能够轻松整合文字、图片、视频、音频等多种媒体形式，这样可以为用户提供丰富多样的内容体验。同时，新媒体技术还能与传统媒体技术进行有效融合，实现内容的跨平台传播和共享。这种技术的兼容性不仅提升了新媒体产业的创新能力和市场竞争力，也推动了整个传媒行业的转型与升级。

3. 满足分众传播需求

新媒体产业紧密围绕用户需求，提供个性化的内容和服务。随着受众需求的日益分化，新媒体平台通过大数据分析、用户画像等技术手段，精准把握不同用户群体的兴趣和偏好，从而推出符合其需求的内容产品。这种分众传播的策略不仅提高了用户黏性，也为广告主提供了更精准的投放选择，进一步促进新媒体产业的商业化进程。

4. 适应扁平化的需求

新媒体产业在组织结构、信息传播和用户体验方面都呈现出扁平化的趋势。在组织结构上，新媒体企业往往采用灵活的项目制或团队制，以快速响应市场变化和用户需求。在信息传播方面，新媒体打破了传统媒体的信息壁垒，使每个人都能成为信息的发布者和接收者，实现了信息的去中心化和民主化。在用户体验上，新媒体平台通过简洁直观的界面设计、个性化的内容推荐以及便捷的互动功能，降低了用户的使用门槛，提升了用户的满意度和忠诚度。

三、新媒体的主要功能

新媒体作为现代信息传播的重要工具，承载着多重功能，深刻影响着社会的各个方面。新媒体的四大功能分别是社会的传感器、生成与汇聚数据、病毒式传播和有痕记录。下面进行具体分析。

（一）新媒体是社会的传感器

新媒体在社会发展中扮演着传感器的角色，能够迅速捕捉和反映社会的动态变化。通过新媒体平台，各种社会事件和信息得以快速传播，从而形成公众关注和讨论的焦点。新媒体的这种传感功能，使社会问题和现象能够及时被揭示，进而引发社会各界的广泛关注和思考。同时，新媒体也为政府、企业和个人提供了一个观察和了解社会动态的窗口，有助于决策者做出更为科学合理的判断和决策。

（二）新媒体生成与汇聚数据

新媒体不仅是信息的传播者，更是数据的生成器和汇聚地。在新媒体平台上，用户的行为、偏好、意见等都可以被记录和分析，从而形成大量的数据资源。这些数据不仅反映了用户的个体特征，也揭示了群体的行为模式和趋势。通过对这些数据的挖掘和分析，可以深入了解用户需求，优化产品设计和服务，甚至预测市场走向。因此，新媒体的数据生成与汇聚功能，为商业决策、社会治理等领域提供了有力的数据支持。

（三）新媒体的病毒式传播

病毒式传播是一种基于社交媒体和互联网的营销策略，其核心是利用用户之间的口碑传播，使信息像病毒一样迅速扩散。在新媒体环境下，病毒式传播得以充分发挥其优势，通过分享、转发、点赞等方式，信息能够在极

短的时间内覆盖大量受众。

病毒式传播主要通过创造有趣、有吸引力的内容来激发用户的分享欲望。这些内容可能是搞笑视频、创意广告、心灵鸡汤等,能够触动用户的情感或引发共鸣。一旦内容被用户分享到社交媒体上,就有可能被更多的用户看到并再次分享,从而形成裂变式传播效应。此外,一些互动性强、参与度高的活动或挑战,如冰桶挑战等,也能引发用户的广泛参与和分享,实现病毒式传播。

(四)新媒体的有痕记录

新媒体还具有有痕记录的功能,即能够长期保存和传播信息。与传统媒体相比,新媒体的信息记录更加便捷、持久且具有可追溯性。无论是文字、图片还是视频,一旦发布在新媒体平台上,就可能被永久保存下来,并成为公共记忆的一部分。这种具有有痕记录的特性的新媒体不仅为历史研究提供了丰富的资料库,也为个人和集体记忆的构建提供了重要载体。同时,新媒体也对信息传播者提出了更高的要求,因为他们的言行举止都可能被永久记录并产生深远影响。

第二节 新媒体运营的内涵与特征

一、新媒体运营的概念内涵

"单一地从字面上理解,新媒体运营即通过新媒体平台进行的运作与营销活动。"[①] 这一论述包括通过各种新型媒介方式来实现品牌推广、用户互动及市场拓展等目标。但是,从更深层次的实践角度去理解,新媒体运营则是一种综合运用新媒体技术和策略,以增强品牌影响力、促进用户参与、提升用户忠诚度并推动业务增长的一系列活动。为了更全面地阐释新媒体运营这个概念,本书将分别对"新媒体"和"运营"这两个核心概念进行探讨和界定。

---

① 陈鄂、金鑫:《新媒体运营》,重庆:西南师范大学出版社,2018年,第1页。

（一）运营的演化过程和含义

运营这一概念，在传统意义上，常被等同于营销，但实际上，它的范畴远比营销要广泛。运营不仅涵盖了产品或服务的市场推广，还包括了整个生产、服务、消费环节的协调与优化。特别是在新媒体时代背景下，运营更加注重服务的整体性和流程化。为了深入理解运营的含义，我们有必要先回顾其概念的演化过程。

1. 运营概念的演化过程

在传统商业模式中，运营主要指的是产品或服务的市场推广和销售。然而，随着互联网和新媒体的崛起，运营的概念逐渐扩展，开始包含用户获取、用户留存、用户活跃及用户转化等多个方面。通过这些方面的综合考量，使运营不再局限于单一的营销活动，而是贯穿整个用户生命周期的全方位管理和服务。

早期的运营更侧重销售和推广，其主要目的是扩大市场份额和提升品牌知名度。随着互联网技术的发展，用户体验和服务质量成为运营的核心。运营人员开始关注用户需求，通过数据分析和精细化运营来提升用户满意度和忠诚度。到了新媒体时代，运营进一步演变为一种综合性的战略手段，旨在通过多渠道、多形式的互动来增强品牌影响力，促进用户参与，并最终实现业务增长。

2. 运营的基本含义

综上所述，我们可以将运营定义为：通过一系列有计划、有策略的活动，旨在提升品牌知名度、促进用户参与、提升用户满意度和忠诚度，并最终实现业务目标的过程。这个过程涵盖了市场分析、用户研究、产品推广、客户服务等环节，要求运营人员具备全面的运营知识和技能。

在新媒体环境下，运营的含义进一步得到拓展。新媒体运营不仅需要关注传统的市场推广和客户服务，还需要利用新媒体平台和技术手段来增强与用户的互动，提升用户体验，并通过数据分析来不断优化新媒体运营的策略。

(二) 新媒体运营的含义

基于以上对"运营"概念的分析，可以进一步界定"新媒体运营"的含义。新媒体运营是指利用新媒体平台和技术手段，通过策划和执行一系列有针对性的活动，以实现品牌推广、用户互动、市场拓展等目标的过程。这个过程不仅包括传统意义上的营销活动，还涵盖了内容创作、社群管理、数据分析等方面。

具体来说，新媒体运营需要运营人员深入了解新媒体平台的用户特性和内容需求，制订符合新媒体平台调性的内容策略和推广计划。同时，运营人员还需要通过数据分析来监测和优化运营效果，确保活动能够达到预期的目标。

在新媒体时代，新媒体运营的重要性不言而喻。它不仅是企业提升品牌影响力和市场竞争力的重要手段，也是企业与用户建立紧密联系和互动的关键渠道。通过新媒体运营，企业可以更有效地传递品牌价值、了解用户需求、优化产品和服务，从而实现持续增长。

新媒体运营的核心在于通过新媒体平台和工具，与用户建立紧密的互动关系，提升品牌的认知度和影响力。这种运营模式要求企业具备敏锐的市场洞察力，能够准确把握用户需求和市场趋势，同时还需要不断创新和优化运营策略，以适应快速变化的市场环境。

总的来说，新媒体运营是一种综合性的市场营销手段，它充分利用了新媒体的特点和优势，通过精心策划和执行的活动，来实现品牌推广、用户互动和市场拓展等目标。在这个过程中，数据分析、内容创作和社群管理等技能都扮演着至关重要的角色。

二、新媒体运营的特征

新媒体运营作为一种新兴的营销方式，具有鲜明的时代特征和独特的运营理念。它不仅改变了传统营销的单向传播模式，还通过多元化的互动方式，使企业与消费者之间的关系更为紧密。

(一)让消费者自主参与、互动销售

新媒体运营借助网络平台,尤其是社交媒体,为消费者提供了一个可以自主参与和表达的空间。这种参与性不仅体现在消费者可以主动接收和反馈信息,更重要的是,他们可以直接参与到产品的设计、推广甚至销售过程中。例如,许多品牌通过在线问卷调查、社区讨论等方式,收集消费者对产品的意见和建议,从而使产品更加符合市场需求。同时,消费者还可以通过分享、点赞、评论等互动行为,成为品牌的自发传播者,进一步扩大品牌的影响力。这种消费者自主参与和互动销售的模式,不仅增强了消费者的归属感和忠诚度,也为企业带来了更多的市场机会。

(二)有效降低营销成本

相较于传统媒体的高昂费用,新媒体运营在成本控制方面具有显著优势。首先,新媒体平台的搭建和维护成本相对较低,且覆盖面广,能够迅速触达大量潜在消费者。其次,新媒体运营可以利用用户生成内容(UGC)进行营销,这种方式不仅成本低廉,而且更容易引发消费者的共鸣,获取信任。此外,通过精准的数据分析,企业可以更加合理地分配营销预算,避免资金浪费。因此,新媒体运营在降低营销成本的同时,还能提高营销效率和效果。

(三)精准定位、满足个性化需求

在大数据时代,新媒体运营能够充分利用用户数据,对目标受众进行精准定位。通过分析消费者的浏览记录、购买行为等信息,企业可以深入了解消费者的喜好和需求,从而制定更加个性化的营销策略。例如,根据消费者的地理位置、年龄层次、消费习惯等特征,平台会向消费者推送符合其需求的产品信息和优惠活动。这种精准营销的方式,不仅提高了营销的针对性和效果,还能让消费者感受到品牌的关怀和尊重,从而进一步提升品牌形象和忠诚度。

(四) 有效面对危机公关

在新媒体环境下，信息传播速度极快，任何负面消息都可能迅速扩散并对企业造成严重影响。然而，新媒体运营为企业提供了及时应对危机的有效手段。通过实时监测网络舆情，企业可以在第一时间发现并处理潜在危机。同时，利用新媒体平台的快速传播特性，企业可以及时发布官方声明，澄清事实真相，引导舆论走向。此外，通过与消费者的实时互动，企业还可以积极回应关切、解答疑问，从而化解矛盾、恢复信任。因此，新媒体运营在危机公关中发挥着不可替代的作用。

综上所述，新媒体运营以其独特的互动性和低成本优势，正逐渐成为现代营销的重要组成部分。它不仅能够让消费者更加主动地参与销售过程，提升品牌的知名度和影响力，还能够通过精准定位和个性化推送满足消费者的多样化需求，同时在危机公关方面也具有显著的优势。因此，深入理解和把握新媒体运营的特征和规律，对于企业在激烈的市场竞争中脱颖而出具有重要意义。

第三节　新媒体运营思维及流程

一、新媒体运营的主导思维

新媒体的蓬勃发展不仅改变了信息传播的方式，也重塑了市场营销的格局。随着越来越多的个人和企业涌入新媒体领域，市场竞争日趋激烈。为了在这场竞争中脱颖而出，新媒体运营者必须具备前瞻性的思维和创新策略。在当前的新媒体环境下，用户思维、品质思维、品牌思维和平台思维成为新媒体运营中的主导思维。

(一) 用户思维

用户思维是新媒体运营的核心思维，它强调以用户的需求和体验为出发点，来制定运营策略和内容。新媒体运营者需要深入了解目标用户的需求、兴趣和习惯，从而提供符合他们期望的内容和服务。这要求运营者不仅要有敏锐的市场洞察力,还要能够与用户建立紧密的联系,通过数据分析、用户反馈等方式持续优化运营策略。

在用户思维指导下,新媒体运营应关注用户的个性化需求,提供定制化的内容推荐和服务。同时,通过与用户的互动,建立品牌与用户之间的情感连接,提升用户忠诚度和品牌影响力。

(二) 品质思维

品质思维是指在新媒体运营中始终坚持高质量的内容和服务标准。在内容泛滥的时代,只有高品质的内容才能吸引用户的关注并留住他们。品质思维要求运营者在内容制作上精益求精,注重细节和创新,提供有价值、有深度的内容。

为了实现品质思维,新媒体运营者需要建立完善的内容审核机制,确保发布的内容符合专业标准,同时要注重原创性和独特性,避免同质化竞争。此外,运营者还应关注用户体验,从内容呈现、交互设计到客户服务等各个环节,都要力求完美,以提升用户的满意度。

(三) 品牌思维

品牌思维强调在新媒体运营中塑造和强化品牌形象。品牌形象是企业的无形资产,它代表了企业的价值观、产品质量和服务水平。在新媒体环境下,品牌形象的塑造更加重要,因为新媒体平台具有信息传播速度快、覆盖面广的特点,可以迅速提升品牌的知名度和影响力。

品牌思维要求新媒体运营者明确品牌定位,制定统一的品牌形象传播策略,并在各个新媒体平台上保持一致。同时,运营者需要通过创意内容、活动策划等方式,不断提升品牌的美誉度和忠诚度。此外,与用户的互动也是品牌思维的重要组成部分,通过及时回应用户反馈、处理投诉等方式,可以展现企业的责任感和专业素养。

(四) 平台思维

平台思维是指在新媒体运营中充分利用各类新媒体平台的特点和优势,进行整合营销。不同的新媒体平台具有不同的用户群体和传播特点,运营者

需要根据平台特性制定相应的运营策略。例如，在社交媒体平台上，可以通过短视频、直播等形式吸引年轻用户的关注；在内容分享平台上，可以发布深度文章、研究报告等高质量内容，吸引专业受众。

平台思维还要求新媒体运营者具备跨平台整合能力，将各个平台上的营销活动相互关联、协同推进。通过数据分析和用户反馈，不断优化在各个平台上的运营策略，实现营销效果的最大化。同时，运营者需要密切关注新媒体技术的发展趋势，及时将新技术应用到运营实践中，以提升运营效率和用户体验。

总的来说，这些思维相互关联、相辅相成，共同构成新媒体运营的创新策略体系。新媒体运营者需要灵活运用这些思维，以应对不断变化的市场环境和用户需求，实现运营目标。

二、新媒体运营的一般流程

新媒体运营，作为当下企业营销的重要手段，其流程涉及多个环节和职能。这种运营远非简单的任务执行，而是一项需要策略、分析、创意和执行相结合的系统工程。按照工作职能，新媒体运营的流程可以大致划分为策划和战略思考、数据分析与合作、日常内容生产、运营活动策划、社群组织与运营等多个阶段。

（一）策划和战略思考

策划和战略思考是新媒体运营的起始阶段，也是最为关键的环节之一。在这一阶段，运营团队需要对市场环境、目标受众、竞争对手及自身资源进行全面分析，从而制定出符合企业发展目标的新媒体运营策略。这不仅包括确定新媒体平台的选择、内容的定位和风格，还涉及如何与企业的整体营销策略相协调，以达到最佳的品牌传播效果。

战略思考还体现在对新媒体运营的长远规划上，如何根据市场变化和用户需求的演变，不断调整和优化运营策略，保持新媒体账号的活力和吸引力，是这一阶段需要深入考虑的问题。

(二)数据分析与合作

数据分析是新媒体运营中不可或缺的一环。通过对用户行为数据、内容表现数据等的深入分析,运营团队可以准确把握用户的兴趣和需求,评估运营效果,进而调整内容策略和发布时机。在新媒体运营中,数据分析不仅能够帮助运营者了解哪些内容更受用户欢迎,还能发现潜在的用户群体和新的市场机会。

同时,合作也是这一阶段的重要工作。新媒体运营往往需要与其他部门或外部合作伙伴进行紧密协作,共同推进项目的实施。例如,与市场部门合作推广新产品,与公关部门协同应对危机事件,或是与外部KOL①、"网络红人"(Influencer,简称"网红")②等进行内容共创和推广等。这种跨部门、跨界的合作,能够极大地丰富新媒体的内容和形式,提升运营效果。

(三)日常内容生产

日常内容生产是新媒体运营的核心工作之一。在这一阶段,运营团队需要根据策划和战略思考阶段制定的方向,结合数据分析的结果,创作出高质量、有趣、有教育意义的内容。这包括但不限于文章撰写、视频制作、图文设计等多种形式。内容的创作既要符合新媒体平台的特性,也要能够引起用户的兴趣和共鸣,从而提升用户的参与度和黏性。

此外,日常内容生产还需要注重更新频率和时效性,确保内容的新鲜度和活跃度,以吸引和留住用户。

(四)运营活动策划

运营活动策划是提升新媒体运营效果的重要手段。通过策划线上活动、互动话题、有奖竞猜等形式,可以激发用户的参与热情,增强用户与品牌之

---

① KOL一般指关键意见领袖。关键意见领袖(Key Opinion Leader,KOL)是营销学上的概念。通常被定义为:拥有更多、更准确的产品信息,且为相关群体所接受或信任,并对该群体的购买行为有较大影响力的人。
② "网络红人"(Influencer,简称"网红")是指在现实或者网络生活中因为某个事件或者某个行为而被网民关注从而走红的人,或长期持续输出专业知识而走红的人。

间的互动和黏性。在活动策划阶段，需要明确活动的目标、主题、形式及推广渠道等关键要素，确保活动的吸引力和参与度。

同时，活动策划还需要考虑如何与日常内容生产相结合，形成互补和协同效应，从而提升整体运营效果。

(五) 社群组织与运营

社群组织与运营是新媒体运营中不可忽视的一环。通过建立和运营用户社群，如微信群、QQ群等，可以为用户提供一个交流、分享和互动的平台，进一步增强用户对品牌的认同感和归属感。在社群运营中，需要定期发布有价值的内容、组织线上线下活动、回应用户疑问和反馈等，以维护社群的活跃度和凝聚力。

此外，社群运营还可以作为收集用户反馈和意见的重要渠道，为运营策略的持续优化提供有力支持。

综上所述，新媒体运营的流程涉及多个环节和职能，需要运营团队具备全面的技能和视野。从策划和战略思考到数据分析与合作，再到日常内容生产、运营活动策划以及社群组织与运营，每一个环节都至关重要，共同构成了新媒体运营这一系统工程。

第四节　新媒体组织结构分析

一、新媒体组织结构的概念内涵

新媒体组织结构，指的是在新媒体环境下，组织内部各部门之间以及人员之间的相对稳定的关系模式。这种结构不仅涉及职能部门的划分、权责关系的界定，还包括信息流通的路径与决策机制的设置。新媒体组织结构的独特性在于其必须适应快速变化的信息环境，以及能够高效处理大量的用户数据和信息内容。

新媒体组织结构通常呈现扁平化、网络化的特点。扁平化指的是组织层级减少，决策权下放，从而加快信息流通和决策速度。网络化则体现在各部门和成员之间的紧密联系与协作，共同形成一个灵活、高效的工作网络。这样的结构有助于新媒体组织迅速响应市场变化,不断创新,并保持竞争力。

此外,新媒体组织结构还强调跨部门的协作与整合。由于新媒体业务涉及内容创作、技术研发、市场营销、客户服务等方面,因此需要各部门之间紧密配合,形成合力。这种跨部门的协作不仅有助于提高工作效率,还能促进创新思维的产生和传播。

综上所述,新媒体组织结构是一种灵活、高效、协作的组织模式,旨在帮助新媒体组织适应快速变化的市场环境,实现持续创新和发展。

二、新媒体组织结构的影响因素

新媒体组织结构的设计和优化受到多种因素的影响,这些因素包括但不限于市场环境、技术进步、组织战略、人员素质和企业文化等。

(一) 市场环境

新媒体作为一个与时代发展紧密相连的领域,其市场环境的变化速度远超传统行业。市场竞争的激烈程度对新媒体组织结构的设计产生着直接的影响。在高度竞争的市场环境下,新媒体组织必须具备高度的敏捷性和适应性。这就要求新媒体组织结构能够更加灵活,以便快速响应市场变化,捕捉稍纵即逝的商机。例如,一个扁平化的组织结构可以减少决策层级,加速信息流通,从而在市场出现新趋势或竞争对手采取新动作时,能够迅速做出反应。

(二) 技术进步

新媒体行业与先进技术紧密相连,每一项新的技术突破都可能对行业格局产生深远影响。特别是大数据和人工智能技术的广泛应用,正在重塑新媒体组织的运作方式。这些技术使组织能够以前所未有的效率处理和分析海量用户数据,进而精准定位用户需求,优化内容生产策略,甚至预测市场趋势。因此,组织结构必须能够容纳和支撑这些技术的应用。例如,可能需要设立专门的数据分析部门或团队,这些新部门的加入必然会对原有的组织结构产生影响。

(三）组织战略

组织的战略目标直接决定了其需要何种类型的组织结构来支持。如果组织追求的是创新和差异化竞争，那么一个开放、灵活且充满协作氛围的组织结构可能更为合适。这样的结构有助于激发员工的创造力和探索精神，从而推动组织在产品和服务上实现突破。相反，如果组织更注重稳定性和风险控制，那么一个更为传统、层级分明的组织结构可能更加符合需求。在这样的结构下，决策流程更为清晰，责任划分也更加明确，有助于组织在复杂多变的市场环境中保持稳健。

(四）人员素质

一个组织的员工技能、经验和态度很大程度上决定了该组织能够采用何种类型的结构。拥有一支高素质、自我驱动且具备协作精神的员工队伍，是新媒体实施扁平化、网络化组织结构的重要基础。这样的员工队伍能够更好地适应灵活多变的工作环境，有效应对各种挑战。相反，如果员工技能水平较低或缺乏经验和自主性，那么一个更加层级分明、指导明确的组织结构可能更为合适。

(五）企业文化

企业文化作为组织的灵魂，对组织结构的设计产生着潜移默化的影响。一个强调创新、开放和协作的企业文化，往往会倾向于选择与之相匹配的扁平化、网络化组织结构。这样的结构能够更好地促进员工之间的交流与合作，激发创新思维；而一个注重传统、稳定和层级的企业文化，则可能更倾向于选择传统的组织结构，确保组织的稳定和有序运行。

综上所述，新媒体组织结构的设计是一个动态的过程，需要综合考虑市场环境、技术进步、组织战略、人员素质和企业文化等多重因素。随着新媒体行业的不断发展和变化，组织结构也需要相应地进行调整和优化，以适应新的市场需求和挑战。

三、新媒体组织结构的基本形式

在新媒体领域，组织结构的设计对于高效决策、资源优化以及业务运营至关重要。新媒体组织结构的基本形式主要包括直线制、职能制以及直线—职能制。

（一）直线制

直线制组织结构是一种简单而直接的管理形式，其特点在于各级主管人员对所属下级拥有直接的领导权，从最高管理层到基层员工形成一条明确的指挥链。在这种结构中，命令和信息的传递是单向的，上级对下级进行明确的指导和监督，下级则必须服从上级的指挥。直线制组织结构的优点在于其结构简洁明了、责任与权力明确、决策和执行迅速，有利于在紧急情况下进行快速响应。然而，这种结构的缺点也显而易见，即过度依赖单一领导者的决策能力，且随着组织规模的扩大，管理幅度过宽可能导致领导者精力分散，难以对各项工作进行深入细致的管理。

在新媒体环境中，直线制组织结构适用于初创期或规模较小的团队，这种组织结构能够确保团队快速应对市场变化，抓住机遇。但随着团队规模的扩大和业务复杂性的增加，这种直线制组织结构可能需要进行调整以适应新的发展需求。

（二）职能制

职能制组织结构是根据业务活动的相似性来设立专门的管理部门，如市场部、编辑部、技术部等。各部门在各自职能范围内拥有较大的权力，可以对下属单位进行业务指导和监督。这种结构的优点在于能够充分发挥专业职能部门的作用，提高管理的专业化水平和工作效率。同时，职能制组织结构有利于培养专业化的管理团队，为组织的持续发展提供有力支持。然而，职能制组织结构也可能导致部门间沟通不畅、协作困难等问题，特别是在需要跨部门协作的项目中，这种组织结构可能会出现各自为政、推诿责任的现象。

在新媒体领域，职能制组织结构适用于那些需要高度专业化和技术含

量的工作，如内容创作、技术研发等。通过设立专门的职能部门，可以确保这些关键领域得到专业的管理和持续的发展。

（三）直线—职能制

直线—职能制组织结构结合了直线制和职能制的优点，旨在实现既保证统一指挥又发挥职能部门作用的目标。在这种结构中，各级行政领导人逐级负责，高度集权，同时设置相应的职能部门作为行政领导人的参谋和助手，在业务范围内对下级有领导权。

这种结构既保留了直线制统一指挥的优点，又吸收了职能制发挥专业管理作用的长处。然而，直线—职能制也可能带来一些问题，如多头领导、权责不清等，需要在实际运用中加以注意和克服。

在新媒体行业中，直线—职能制组织结构适用于那些既需要快速响应市场变化又需要高度专业化管理的企业团队。在这种组织结构下，通过合理的权责划分和部门协作机制的设置，可以确保团队在保持灵活性的同时实现高效运营。

综合而言，这些形式各有其优缺点，适用于不同阶段和规模的新媒体团队。在实际运用中，应根据团队的具体需求和特点选择合适的组织结构形式，以促进团队的持续发展和创新。

第二章　新媒体的内容运营与策划艺术

内容是新媒体运营的核心。本章将指导读者如何进行新媒体的精准定位与策划，掌握内容编辑与制作的技巧，领略文案撰写的魅力，并学会如何策划和撰写吸引眼球的文案，从而让新媒体内容更具吸引力。

第一节　精准定位：新媒体的定位与策划

一、用户与内容定位

(一) 用户定位

在运营新媒体的过程中，用户定位是至关重要的一环。"只有了解了自己的目标用户，才能根据这些用户的需求，制造出相应的内容，达到最好的运营效果。"[①] 用户定位是指产品将确定为哪些用户提供服务，产品给什么样的人提供了什么样的服务。企业在营销的过程中，只有了解自己的目标用户，才能根据这些用户的需求及痛点提供针对性的服务，从而达到最好的营销效果。

用户定位主要从三个维度出发去分析目标用户需求、属性及市场细分。

1. 从需求出发，圈定目标用户

需求是用户定位的首要考量因素。深入了解目标用户的需求，是企业在市场竞争中占据有利地位的关键。通过市场调研、用户访谈、数据分析等多种手段，可以挖掘出用户的真实需求与痛点。这些需求可能涉及产品的功能、性能、价格、服务等方面。在明确用户需求的基础上，企业可以进一步圈定

[①] 陆剑、谭岳霖、达珍：《新媒体运营》，哈尔滨：哈尔滨工程大学出版社，2021年，第2页。

那些对产品或服务有明确需求的用户群体，将其作为重点关注的目标用户。

例如，在智能手机市场，一些用户可能更看重拍照功能，而另一些用户则可能更注重游戏性能。通过对不同用户需求的细致划分，手机制造商可以推出更符合特定用户群体的产品，从而提高市场占有率和用户满意度。

2. 从用户属性出发，定位目标用户

用户属性包括年龄、性别、职业、收入、受教育水平等方面。这些属性对于理解用户的消费习惯、偏好及购买力具有重要意义。通过分析用户属性，企业可以更加精准地定位目标用户，并制定出更具针对性的营销策略。

以时尚服装品牌为例，其目标用户可能主要是年轻女性，她们追求时尚、注重品质，并有一定的消费能力。针对这一用户群体，品牌可以设计更符合其审美和需求的服装款式，并通过适当的营销渠道进行推广。

3. 从市场细分出发，锁定理想用户

市场细分是将整体市场划分为若干个具有相似需求和特征的小市场或子市场的过程。通过市场细分，企业可以更加清晰地识别出不同用户群体的差异和需求，从而锁定最具潜力的理想用户。

以汽车行业为例，市场可以细分为豪华车市场、经济型车市场、新能源车市场等多个子市场。对于一家专注于新能源汽车的企业来说，其理想用户可能是环保意识较强、追求科技感和未来感的消费者。通过深入研究和满足这一用户群体的需求，企业可以在激烈的市场竞争中脱颖而出。

（二）用户画像

用户画像是指建立在一系列属性数据之上的目标用户模型，一般是产品设计、运营人员从用户群体中抽象出来的典型用户，本质是一个用以描述用户需求的工具。用户画像又叫用户角色，是团队用来分析用户行为、动机、个人喜好的一种工具，用户画像能够让团队更加聚焦用户群体，对目标用户群体有一个更为精准的了解和分析。

对于新媒体运营来说，构建用户画像是必不可少的，也是新媒体运营过程中非常重要的一环。想要找到最好的运营方式，就必须通过具体的数据来了解用户，甚至可以将用户这个角色更加立体化、个性化、形象化地呈现出来。

1. 用户画像的价值体现

(1) 指导产品研发及优化用户体验

在产品研发的初始阶段,用户画像能够提供关于目标用户群体需求的深刻见解。通过分析用户画像中的数据,企业可以了解用户的偏好、使用习惯及潜在痛点,从而指导产品的功能设计和用户体验优化。例如,若用户画像显示目标用户群体普遍偏好简洁易用的界面设计,那么在产品开发时,就应注重界面的简洁性和直观性,以提升用户的使用满意度。

此外,用户画像还有助于企业在产品迭代过程中做出更明智的决策。通过对用户反馈的持续收集与分析,企业可以及时调整产品策略,修复存在的问题,并添加用户期待的新功能,从而不断优化用户体验。这种以用户为中心的产品开发方法,不仅能够增强用户忠诚度,还能提升产品的市场竞争力。

(2) 实现精准化营销

在营销方面,用户画像的价值尤为突出。通过精细化的用户数据分析,企业可以制定出更具针对性的营销策略,实现资源的最大化利用。具体来说,用户画像能够帮助企业识别出最具潜力的目标市场,以及每个市场中的核心用户群体。这样企业就可以根据不同用户群体的特点和需求,定制个性化的营销信息,提高营销活动的响应率和转化率。

同时,用户画像还有助于企业评估营销活动的效果。通过对比活动前后的用户行为数据,企业可以及时调整营销策略,确保资源投向最能产生回报的渠道。这种基于数据的精准化营销方式,不仅能够提高企业的营销效率,还能降低不必要的成本支出,从而实现更高的投资回报率。

2. 用户画像的主要内容

用户画像,作为深入理解目标用户群体的重要工具,涵盖了多个维度的信息,以便更精确地描绘用户的全面特征。这些维度通常按照业务属性进行详细划分,构建出多个类别模块,从而为企业提供丰富的用户信息,指导产品开发和市场营销策略。

人口统计信息是用户画像的基础构成部分,它主要包括用户的年龄、性别、收入、受教育水平等基本信息。这些数据为企业勾勒出用户的基本轮廓,是初步了解用户群体的起点。例如,年龄层次可以反映用户的生活阶段

和需求特点,而收入水平则直接关系到用户的消费能力和购买意愿。

在行为特征方面,活跃度和忠诚度是衡量用户与品牌互动深度的关键指标。用户的活跃度体现在其访问频率、使用时长等数据上,反映了用户对产品的依赖程度和使用习惯。忠诚度则通过用户的回购率、品牌偏好等行为来评估,它揭示了用户对品牌的信任度和长期价值。

社会属性在用户画像中也占据重要地位,包括用户的婚姻状况、就业情况等,这些信息有助于企业了解用户所处的社会环境和生活状态,从而更精准地定位用户需求。

除了这些通用内容,用户画像还根据行业和产品的特性,进一步细分出用户消费画像、用户行为画像及用户兴趣画像等。消费画像聚焦于用户的消费习惯、购买频次及价格敏感度,为企业的产品定价和市场定位提供参考。行为画像则通过分析用户在平台上的具体操作行为,如浏览路径、停留时间等,来洞察用户的使用偏好和潜在需求。兴趣画像则更侧重于用户的个人爱好和兴趣点,这对于内容推荐和个性化服务至关重要。

3.用户画像的构建步骤

构建用户画像,就是帮产品找到用户真实的诉求点,能够为产品的功能设计提供依据。对运营人员来说,最基本的是要了解用户,懂得画像的构建。

(1)基础数据采集

数据是构建用户画像的核心依据,一切不建立在客观数据基础上的用户画像都是不真实的。基础数据采集中可以通过列举法,列举出构建用户画像所需要的基础数据。

运营者需综合考虑宏观与微观两个维度的数据,以便更全面地把握运营状况。宏观数据为运营者描绘了整个行业和用户的宏观画像,其中包括行业数据,如用户的社交行为、网络喜好、行为洞察及生活形态等,这些数据可通过行业分析报告、网络大数据等途径获取,为运营策略提供方向性指导。同时,用户总体数据如用户总量、活跃度及转化率,以及总体浏览数据如页面浏览量(PV)、独立访客(UV)、访问页面数等,都是衡量产品运营效果的关键指标。此外,总体内容数据如发帖量等,反映了用户在平台上的互动情况。

微观数据则深入每个用户的细节行为，它包括了用户属性数据，如用户使用的设备、网络环境、年龄及性别等，这些数据有助于精准定位用户群体。用户行为数据，如访问平台的频率、时段、登录次数等，揭示了用户的使用习惯。用户成长数据，如新老用户的比例、用户生命周期以及等级成长情况，对于制定用户留存和激活策略至关重要。最后，用户参与度数据，如任务完成情况和活动参与度，直接反映了用户的忠诚度和平台的黏性。微观数据的采集则依赖于产品的前后台记录、第三方数据分析工具、公司内部的调研报告及用户访谈记录等。

（2）行为分析

当对用户画像所需要的资料和基础数据收集完毕后，需要对这些资料及数据进行分析和加工，提炼关键要素，构建可视化模型，为用户打上专属标签，后续可根据标签对用户进行细分。不同的用户群有不同的目标、行为和观点，细分用户群可将问题变得清晰，同时也可作为用户画像优先级划分的依据。

（3）丰富用户画像

之前所采集的都属于静态数据，这类数据可以为目标用户群体打上个性标签。但用户的行为信息是不断变化的，如上网浏览某一类产品，报了某科目的培训班等，这类数据称为动态数据。动态数据是丰富用户画像的重要环节，将采集到的大量枯燥且凌乱的数据进行分析并赋予更多的元素，这是用户的隐形画像。运营者需能描述出目标对象的显性画像和隐性画像，全方位地塑造目标用户群体的画像，这非常考验团队的敏锐度和细腻度。

用户的隐性画像，作为市场调研的深层次产物，是对用户内在特征和消费行为的细致刻画。它不同于表面的用户数据，而是侧重于揭示用户的心理、情感和习惯等不易直接观察到的特质。构建用户的隐性画像，对于精准营销和产品开发具有不可估量的价值。这一画像主要涵盖以下五个方面。

一是用户的消费目的。消费目的反映了用户购买产品或服务时的根本动机。例如，某些用户购买奢侈品可能是为了彰显社会地位，而另一些用户可能是为了追求生活品质。深入理解用户的消费目的，有助于企业调整市场定位，更好地满足消费者的心理预期。

二是用户的消费偏好。消费偏好体现了用户在选择产品或服务时的个

人倾向，这包括对于品牌、价格、功能、设计等多方面的喜好。掌握用户的消费偏好，可以帮助企业制定更精准的营销策略，提高市场占有率。

三是用户的核心需求。核心需求是用户在使用产品或服务时最希望满足的根本需要。比如，对于一款智能手机，有的用户可能看重拍照功能，而有的则可能更关注电池续航。准确把握用户的核心需求，是产品优化和迭代的关键。

四是使用产品的场景化。场景化描述了用户在什么情景下使用产品或服务。不同的使用场景会对产品的设计、功能和用户体验提出不同的要求。通过分析用户的使用场景，企业可以为特定场景定制更贴心的产品或服务。

五是使用产品的频率。使用频率反映了用户对产品的依赖程度和使用习惯。高频使用可能意味着用户对产品有更高的忠诚度和满意度，而低频使用则可能表明产品存在某些不足或用户需求的变化。监测使用频率的变化，有助于企业及时发现市场趋势和用户需求的变化，从而做出相应的调整。

(4) 用户画像呈现

用户画像的呈现是通过综合显性画像与隐性画像，深入剖析用户的场景和需求，进而为用户打上全面而精准的标签。在这一过程中，系统地收集用户的各类信息，运用分析手法将这些信息归类整理，从而建立具体化的用户角色框架。基于这些标签，能够清晰地区分出主要用户、次要用户及潜在用户，这样的分类有助于我们更深入地理解和服务用户群体。用户画像的核心目的在于实现数据的精细化分类，使产品服务能够更加聚焦于特定的服务对象。例如，豆瓣便是一个成功的案例，它通过精准服务于文艺青年用户群体，有效提高了用户黏性。这正是基于大数据的用户画像为运营者提供了精准数据支持，使服务更加贴心和到位。在营销方面，用户画像的应用也至关重要，它能在广告投放时帮助我们精准把握用户需求，从而提高广告效果和用户满意度。

(三) 内容定位

网络营销者在运营过程中，要对自己运营的内容进行定位，就是清楚新媒体的内容方向和质量问题。内容方向即明确自己平台上文章内容的领域，如摄影、美食、电影等；质量问题即发布的文章是原创还是转发，抑或两者兼备。然后给内容打上某种风格化的标签，让用户一看到或接触到类似的事物与信息就能联想到相应的内容与产品，这就是内容定位。

1. 内容定位的技巧

无论是新媒体还是传统媒体，核心都是内容为王，拥有好的主题和内容以及特定的用户群体，会让后期的推广事半功倍。要做好内容定位，必须具备以下几点特征。

(1) 明确内容与服务对象

首先，必须清晰地确定我们要提供什么样的内容，以及这些内容是为哪些人服务的。营销的本质是吸引潜在客户的注意力，将他们转化为实际的消费者，这一过程常被形象地称为"引流"。然而，并非所有读者都是我们的潜在客户。因此，我们需要通过精心策划的文章内容，去吸引那些真正对我们产品或服务感兴趣的潜在客户，激发他们的购买欲望。这就要求我们在策划内容时，必须明确我们的文章是为哪些人发布的，以及我们应该发布什么样的内容。

(2) 构建框架与细分卖点

在明确了内容和服务对象后，我们需要根据已经列举出的关键点来构建文章的框架。这个框架应该能够清晰地展示出我们的产品或服务的独特卖点和优势。同时，我们还需要对这个框架进行细致的划分，以便更好地突出每一个营销卖点，使读者能够一目了然地了解我们的产品或服务。

(3) 选择合适的营销身份

在新媒体发布的文章中，我们需要一个合适的身份来陈述我们的内容。这个身份既可以是某个行业的资深专家、职场精英，也可以是公司老板或产品经理。重要的是，我们要选择最适合我们产品或服务的营销身份，并长期以这个身份进行营销，建立起专业、可信赖的形象。

(4) 打造独特的标签

通过以上几个步骤，我们已经大致确定了营销的目标和内容。为了在市场上更具识别性和宣传力，我们还需要给自己打造一个独特的标签。这个标签应该简洁明了地表达出我们的核心价值和目标，例如："我是谁，为了谁，在什么领域，提供什么，目标是什么"或者"关注我你能获得什么"。这样，读者就能迅速了解我们的定位和价值，从而更容易产生关注和购买的意愿。

2. 根据用户群来策划内容

(1) 用户体验

在新媒体平台上，很多用户都会通过已发布的内容提出自己的主观感受，批评或是赞美，都有助于运营人员调整方向。好的用户体验能满足用户情感化的需求，用户在选择产品时往往会受其内心感性一面的驱动，用户需要找到一个使用产品的理由，经历真实的主观感受。

(2) 用户偏好

结合自己的产品与用户偏好去调整内容的输出，包括风格、频率、时间段、数量等，通过数据分析来确定自己效益最大化的方案，之后固定这个方案，保持定量输出，让用户养成查看的习惯，提高用户黏性。

(3) 用户痛点

抓住用户痛点是提高营销效率的最佳方式，因为用户需求和行业都在不断变化，用户的痛点也一直在变化。过去被所有人"想当然"认为是痛点的属性，可能很快就不再是痛点，而这时在大多数厂商一窝蜂聚焦于"曾经的痛点"时，若挖掘了新痛点，就可能逆流而上。

(4) 制造热点话题

在新媒体运营中，制造热点话题是一种极其重要的策略，因为它能够迅速吸引大量用户的关注和讨论，从而提升品牌知名度和影响力。热点话题不仅具有时效性，还能激发用户的参与度和互动性，为企业创造更多的营销机会。

二、内容策划与运营

(一) 内容策划

内容策划与内容定位虽有所关联，却存在显著差异。内容定位更多地关注于内容的整体方向和目标受众，而内容策划则直接面向用户群，深入挖掘能引发用户兴趣和互动的具体内容。在新媒体时代，内容的质量直接关系到新媒体人的成功与否。因此，精心策划的内容成为吸引和留住用户的关键。

1. 用户喜欢的以及愿意分享的内容

（1）内容类别

实用性与指导性内容：这类内容提供具体的解决方案、技巧或建议，帮助用户解决实际问题。例如，生活小窍门、职业技能提升指南、健康养生知识等，都因其具有的实际应用价值而受到用户的青睐。

娱乐性与趣味性内容：在新媒体环境中，轻松、有趣的内容往往能够迅速抓住用户的注意力。这类内容可能包括幽默视频、搞笑段子、趣味测试等，它们能够提供娱乐价值，缓解用户的压力。

情感共鸣与励志性内容：能够触动用户情感的内容，如温馨的亲情故事、感人的爱情故事，或者激励人心的成功故事等，都容易引发用户的共鸣，并激发他们的分享欲望。

时事热点与社会话题：当前的社会热点、重大新闻事件或广泛讨论的社会话题，由于具有高度的时效性和关注度，也常常成为用户喜欢并愿意分享的内容。

（2）内容呈现形式

一个吸引人的呈现形式能够增强内容的吸引力，提高用户的阅读和分享意愿。以下是一些建议的呈现形式。

图文结合：通过精美的图片配合简练的文字说明，能够直观地展示信息，减少用户的阅读负担，同时提高内容的可读性。

视频与动画：动态的视频内容能够更生动地展现信息，增强用户的沉浸感。特别是短视频和动画形式，既符合现代用户的阅读习惯，又能有效地传递信息。

互动式内容：如测试、问答、游戏等互动形式，能够激发用户的参与感，提高内容的趣味性和黏性。这类内容往往能够引发用户的主动分享。

故事化叙述：通过讲述引人入胜的故事来包装信息，能够让用户更容易产生共鸣，并深入理解和记住内容。

2. 内容的安排

在新媒体运营中，内容的合理安排是吸引并留住用户的关键。由于手机使用时间的碎片化特性以及用户对信息接收的审美疲劳倾向，对内容的规划、互动与更新频率都需要细致地规划。

(1) 推广定位

鉴于手机使用时间的碎片化和用户容易产生的审美疲劳,内容的推广定位显得尤为重要。每天发布的内容数量和质量需要严格控制,以免过度推送导致用户的抵触情绪。推送频率和内容的多寡应根据用户需求和平台特性进行合理调配,以达到最佳的传播效果。

在内容安排上,建议将每天推送的文章分为2个至4个栏目,确保内容的多样性和针对性。头条栏目应聚焦于高质量、高价值的"干货"内容,以吸引用户的注意力和提升用户的黏性。这类内容可以包括行业内的深度分析、实用技巧、专业建议等,旨在为用户提供有价值的信息和见解。

随后的栏目可以设置为咨询、杂谈或活动等,以满足用户多样化的信息需求。咨询栏目可提供行业动态、市场趋势等内容;杂谈栏目则可以更加轻松幽默的方式探讨行业相关话题,增加用户的阅读兴趣;活动栏目则可用于推广线上或线下的相关活动,增强用户与品牌的互动。

(2) 内容互动

为了提升用户的参与度和粉丝的活跃度,内容互动是不可或缺的一环。通过积极收集粉丝的留言或私信,可以深入了解用户的需求和反馈,进而优化内容策略。

在选择互动话题时,应挑选那些具有广泛共鸣和讨论空间的问题,将其展示在推文中,并邀请用户参与解答。这种互动方式不仅能有效提高文章的曝光度,还能激发粉丝的思考和讨论,进一步提升粉丝的活跃度和忠诚度。

(3) 活动参与

活动参与是提升用户黏性和活跃度的另一重要手段。通过组织线上或线下活动,如问答互动、投票评选、话题讨论等,可以极大地增强用户与品牌之间的联系。

在活动设计上,应注重创意性和趣味性,以吸引更多用户的参与。同时,活动的规则应简单明了,便于用户快速理解和参与。通过活动的举办,不仅可以加深用户对品牌的认知和情感联系,还能有效扩大品牌的影响力和传播范围。

3. 内容的编辑

（1）标题

标题是吸引读者注意力的第一步，尤其是在信息爆炸的新媒体时代，一个吸引人的标题往往能显著提升文章的点击率和阅读量。以下是一些针对不同新媒体产品和类型的标题取名技巧。

专业式标题，这种标题通常直接揭示文章的核心内容，用严谨、专业的语言阐述，吸引对行业有深入了解或专业需求的读者。例如，"新媒体运营中的用户增长策略分析"，这样的标题直接明了，针对新媒体运营专业人士，传达出文章将提供深度的行业分析和策略。

趣味式标题，通过幽默或引人入胜的语言，增加标题的趣味性，吸引读者的注意力。例如，"标题党是怎样炼成的？揭秘新媒体运营的高招"，这样的标题既有趣又不失信息含量，容易引发读者的好奇心。

悬念式标题，通过提出问题或留下悬念，激发读者的好奇心和探索欲。例如："新媒体运营背后的秘密：你了解多少？"此类标题能够引发读者的探究心理，驱使他们点击阅读。

福利式标题，通过提供某种利益或好处来吸引读者，如优惠、赠品等。例如，"新媒体运营秘籍：让你的内容瞬间火爆的三大法宝"，这种标题承诺提供实用的技巧或方法，吸引寻求快速提升的读者。

数字式标题，通过具体的数字来传达文章的信息点或亮点，如"新媒体运营：5个步骤打造爆款内容"，数字的使用让标题更加具体、有说服力。

借势式标题，结合当前热点或流行趋势，借势吸引读者。比如："新媒体运营遇上短视频风潮：如何把握新机遇？"这样的标题紧跟时代潮流，容易引起关注。

经验式标题，分享个人经验或案例分析，提供实用价值。例如，"我在新媒体运营中的三大成功秘诀"，通过个人经验的分享，增加文章的可信度和实用性。

不同类型的标题各具特色，分别针对不同读者群体的需求和兴趣点。在实际运营中，应根据目标受众和内容特点灵活选择适合的标题类型。

（2）排版

在新媒体内容呈现中，为提升用户的阅读体验与视觉吸引力，应避免

大段纯文字的堆砌。插图的使用不仅能有效缓解读者的视觉疲劳，更能直观地传达信息，增强文章的说服力和趣味性。同时，巧妙的背景色对比能够突出核心内容，引导读者的视线，进而提高信息的传达效率。

排版是信息传递的重要一环，清爽、明朗的版面设计能让读者在浏览时感受到舒适与愉悦，从而更愿意深入阅读和分享。在内容推送形式上，可根据实际需求选择单图文或多图文模式。单图文推送能集中展示核心信息，而多图文则能提供更丰富的内容层次。但不论哪种方式，图文之间的间距都应恰到好处，以防版面显得过于拥挤。

在段落排版时，首行缩进是一个可考虑的选项，它能增加版面的层次感。然而，这种传统的排版方式也需根据各个新媒体平台的特点进行灵活调整，确保整体排版的有序与和谐。

(3) 引导关注

通过精心设计的内容来吸引潜在受众，进而转化为实际关注者，是提升平台影响力和用户黏性的关键步骤。为实现这一目标，运营者需在内容中嵌入巧妙的引导语，比如，在文章结尾处添加关注提示，或者通过二维码、链接等方式，直接引导读者进行关注操作。此外，利用用户的好奇心和求知欲，通过预告未来发布内容的亮点，也能有效激发用户的关注欲望。

(4) 推送时间

合适的推送时间能够显著提升内容的曝光率和用户的互动率。根据目标受众的生活习惯和在线时间，来确定最佳的推送时段，是至关重要的。例如，针对上班族的内容，最佳推送时间可能是工作日的午休时段或下班后的休闲时间，这样可以确保内容在目标受众最活跃的时候触达他们。

同时，推送时间的稳定性也很重要。定期、定时推送内容，有助于培养用户的阅读习惯，提高用户的期待值和忠诚度。此外，结合时事热点或节假日进行特别推送，也是吸引用户注意力的有效手段。通过精心策划和选择推送时间，新媒体运营者可以最大化内容的传播效果，提升平台的影响力。

(二) 内容运营

内容运营，顾名思义，就是通过合理的内容创建、发布及传播，向用户传递有价值的信息，从而实现网络运营的目的。内容运营的作用总结为两点：满足用户的内容消费需求以及传递产品的定位和调性。新媒体内容的表现形式：图文媒体、音频媒体及视频媒体。

1. 内容运营过程

内容运营过程分为三个不同的阶段：内容编辑、内容运营及产品运营。

（1）内容编辑

早期的新媒体内容编辑工作，多数编辑者将主要精力投放在内容的产生上，他们深耕文字、雕琢信息，力求为读者提供有价值、有深度的资讯。相对而言，对产品本身的钻研和关注则显得较为次要。在这种工作模式下，编辑者的核心职责就是对自己的编辑内容全权负责，确保每一篇文章、每一个视频或每一张图片都符合既定的质量标准。

为了胜任这份工作，编辑们需要着重做好两方面的工作。首先是寻找内容调性，这不是一件简单的事，它要求编辑者具备敏锐的市场洞察力和数据分析能力。编辑者需要通过深入分析用户行为数据，了解受众的喜好和阅读习惯，从而调整内容策略，确保推送的内容与读者的兴趣和需求高度契合。

其次，内容编辑的另一大要务就是精心优化每一篇文章的标题、描述和配图。在这个"读题时代"，一个吸引人的标题往往能决定文章的点击率。因此，编辑们需要反复推敲，力求标题新颖、独特，能在一瞬间抓住读者的眼球。同时，配图和正文描述的优化也同样重要。一张生动有趣的配图可以让文章更加生动，而精准的正文描述则能帮助读者迅速把握文章的核心内容。简言之，"标题（权重最高）+ 配图（权重次之）+ 正文描述"这一组合必须协同工作，共同表达出文章的核心内容，这是对每一个内容编辑的基本要求。

（2）内容运营

到了内容运营阶段，运营人员都要做到四个方面：满足用户的内容消费需求，传递产品的定位和调性，两种模式的配合及执行实施。可以理解为内容运营是把合适的内容匹配给合适的用户的过程，通过内容来满足用户需求，小到内容更新策略，大到内容专题活动策划，也就是做好整个内容供应链。

第一，满足用户的内容消费需求：在信息爆炸的时代，用户对于内容的

需求是多元化、个性化的。运营人员需要敏锐捕捉用户的兴趣点，提供他们真正想看、想听的内容，这样才能保持用户的持续关注和高度黏性。

第二，传递产品的定位和调性：每一个产品都有其独特的市场定位和品牌调性，这需要通过内容运营精准地传达给用户。产品调性，就像一个人的性格，它让产品在用户心中形成独特而深刻的印象。运营人员需要通过精心策划的内容，不断强化这种印象，从而提升品牌的认知度和忠诚度。

第三，内容运营中的两种模式——传统与创新，需要紧密配合，共同推动内容的优化与更新。传统模式，比如像早期的网站编辑那样，注重内容的准确性和可读性；而创新模式则更多地借鉴产品运营的思路，引入数据分析、用户反馈等机制，使内容更加贴近用户需求，更具吸引力。这两种模式的配合，既能保证内容的品质，又能确保其与时俱进，满足用户不断变化的需求。

第四，执行实施：在精心策划了整条内容供应链之后，如何将其付诸实践，让每一个细节都落到实处，考验着运营人员的专业能力和团队协作精神。特别是内容分类规划，它不仅是内容预运营的核心技巧，更是确保整个内容体系清晰、有序的关键。

（3）产品运营

经过第一、第二阶段的升级改造，在做到能够把握住一个内容方向后，就可以开始尝试做内容方向的产品运营。这个阶段的要求是用"面"的运营思维，同时管理起多个方向的内容运营，以内容作为连接产品和用户（或用户行为）的桥梁，把产品的核心指标作为运营目标（如DAU/日活跃数量或交易额）。

内容方向的产品运营不仅要有足够的专业素养及眼光，还要具备以下几点能力。

第一，拆解目标。在接收到一个产品项目后，需全面了解其项目背景与具体要求。基于此，运营人员应运用自身的内容运营理念，构思并设计出详尽的运营方案。在这一过程中，首先需要对整体目标进行精细化拆解，以明确内容运营在项目总体目标中所占的具体比重。进一步地，需要深入探究为实现这一内容运营目标，可从哪些维度展开工作，以及实施这些工作的具体路径和步骤。此外，还需系统分析在此过程中需要哪些部门的协同与支持。最后，为确保运营效果可量化、可评估，需设定一套科学、合理的性能指标,用以衡量内容运营工作的成效。

第二,产品定位。产品定位是指企业生产什么样的产品来满足目标消费者或目标消费市场的需求。产品定位是确定产品在用户心中占有的位置和形象,产品提供什么服务、有什么特色、为用户解决什么需求等。

第三,用户定位。在确定用户定位时,需要综合考虑产品的功能特点、市场需求及竞争态势,从而找到最适合产品的用户群体。例如,如果产品是一款高端智能家居设备,那么其用户定位可能是追求高品质生活、对科技感兴趣且有一定经济实力的中产阶层。同时,用户定位还涉及为用户提供什么样的服务。这需要根据用户的需求和期望来定制服务内容,确保产品能够满足用户的实际需求。例如,对于年轻用户群体,产品可以提供更加个性化、时尚化的服务;对于中老年用户群体,产品则可能需要更加注重易用性和实用性。

第四,用户喜好。用户在考量商品和服务的时候所作出的理性的、具有倾向性的选择,是用户认知、心理感受及理性的经济学权衡的综合结果。用户是一个个体,每个用户都有自己的喜好,需要根据用户的喜好进行内容策划、内容推送,提高产品运营的效率。

第五,内容定位。通过产品定位确定用户定位,通过用户喜好确定内容定位。除了可以自己做阅读量与互动量分析外,还可以与公司用户体验部合作进行内容调研。此外,根据定位确认产品的内容更新机制是否已经确认,是自动更新,还是人工更新,有无更新机制和审核发布机制。

第六,内容规范化。UGC类产品的内容是用户创造的,但需要通过管理和展现优质的内容去规范,从而形成内容的闭环。

2.内容运营进化方向

(1)内容栏目品牌化

随着新媒体的不断发展,内容栏目已经从单纯的信息传递工具转变为具有品牌价值的资产。品牌化的内容栏目能够增强用户的忠诚度和黏性,提高内容的传播效率和影响力。为实现内容栏目品牌化,运营者需明确栏目的定位和特色,通过持续输出高质量内容,塑造独特的品牌形象。同时,利用多元化的传播渠道和推广手段,不断扩大栏目的知名度和美誉度,从而形成强大的品牌影响力。

(2) 优质内容输出

在新媒体时代,用户对内容的需求日益多样化,对内容的质量要求也越来越高。因此,运营者必须不断提升内容创作的专业性和创新性,从而提供有价值的、能够引起用户共鸣的内容。通过深入了解目标受众的需求和兴趣点,结合时事热点和流行趋势,创作出既具有深度又具有广度的优质内容,是内容运营进化的关键所在。

(3) 内容商业化

随着新媒体的普及和用户消费习惯的改变,内容已经成为一种重要的商业资源。通过合理的商业化运作,不仅可以为运营者带来经济收益,还能进一步推动内容的创新和发展。内容商业化的实现需要运营者具备敏锐的市场洞察力和商业策划能力,能够精准地把握用户需求和市场趋势,将内容与商业元素巧妙地结合,从而实现内容的商业价值最大化。

第二节 匠心独运:新媒体内容的编辑与制作

一、新媒体图文编辑

(一) 新媒体内容的标题编辑

好的标题才能引起浏览者的注意,让浏览者有兴趣点击进入阅读文章,因此,每个运营者都需要掌握一些标题创作的技巧,本小节将会介绍一些拟定标题的相关事项。

1. 编辑标题的注意事项

运营者在给文章写标题之前,首先需要了解清楚设计文章标题需要注意的各个方面,这样运营者在写文章标题时才不会出错。注意事项主要包括标题的作用、标题创作的原则、关键词三个方面。

(1) 标题的作用

在构思一个能够精准反映文章内核的标题时,运营者必须首先深刻理解标题的功能性。唯有充分认识到标题在整篇文章中所扮演的关键角色,运营者才能以更加严谨和专注的态度去构思和设计文章的标题。

普遍认知中，读者在接触一篇文章时，其最初且最主要的关注点便是文章的标题。一个引人入胜的标题，往往能激发读者的好奇心，促使其毫不犹豫地深入阅读文章内容。相反，若标题平淡无奇，无法引起读者的阅读兴趣，那么即便文章内容再精彩，也可能遭到读者的冷落。

对运营者而言，能够吸引读者点击进入并阅读其发布的文章，便意味着获得了宝贵的阅读量和点击量。这些量化指标，在某种程度上，可以直接转化为运营者的经济收益。

一个优秀的文章标题，其功能主要体现在以下几个方面：首先，它能够精练地概括文章的主题内容；其次，它能够有效地激发读者的阅读欲望；再次，它有助于提升文章的点击率和流量；最后，它还能起到画龙点睛的作用，使文章的整体效果更加出色。

(2) 标题创作的原则

在新媒体运营中，标题的重要性不言而喻。一个优秀的标题能够迅速抓住受众的注意力，提高内容的阅读率和传播效果。衡量一个标题的好坏，应综合考量多个维度，以下为五大核心原则。

第一，主题鲜明。优秀的标题应直接反映内容的主题，能够让读者一眼就明白文章将要讨论的核心话题。主题明确的标题有助于读者筛选信息，提高阅读的针对性和效率。

第二，简单易懂。标题应使用简洁明了的语言，避免复杂的词汇和冗长的句子结构。简单易懂的标题能够降低读者的阅读门槛，扩大受众范围。

第三，见解独特。好的标题往往能提出新颖的观点或角度，从而在众多信息中脱颖而出。独特的见解能够激发读者的好奇心，引导他们深入阅读文章内容。

第四，引人注目。标题应具有吸引力，能够引起读者的兴趣。通过使用引人入胜的词汇或结构，标题可以在众多信息中抓住读者的眼球，提升内容的点击率。

第五，善用网络流行语言。在网络环境中，流行语言往往能够迅速传播并引起共鸣。在标题中巧妙地运用网络流行语言，不仅能够增加标题的趣味性，还能拉近与年轻受众的距离，提升内容的亲和力和传播力。

(3) 关键词

关键词不仅是搜索引擎优化的核心,更是吸引读者注意力的关键所在。在拟定标题时,巧妙地融入关键词,能够大大提升文章的曝光率和点击率。

首先,关键词的选择要与文章内容紧密相关。一个恰当的关键词能够准确地反映出文章的主题,帮助读者快速理解文章的核心内容。同时,这也有助于提高搜索引擎对文章的识别度,从而提升文章的搜索排名。

其次,关键词的热门度和搜索量也是需要考虑的因素。选择热门且搜索量大的关键词,能够增加文章被搜索和点击的机会。运营者可以通过相关工具查询关键词的搜索量和热门度,以便做出更明智的选择。

此外,关键词在标题中的位置也十分重要。一般来说,将关键词放在标题的开头或结尾,能够更容易地吸引读者的注意力。同时,避免在标题中过度堆砌关键词,以免让读者感到烦琐和不专业。

2. 成功的标题需要满足读者的需求

一个好的标题,不仅是文章的门面,更是满足读者多重需求的关键。通过深入分析,可以发现好标题主要满足了读者的以下四种需求。

首先是阅读情绪的需求。情绪是人类行为的重要驱动力,好标题能够触发读者的情感反应,调动其阅读情绪。在公众平台上,一篇文章如果带有强烈的情绪引导,能够迅速拉近与读者的心理距离。例如,标题中运用温暖、感人、激动人心的词汇,可以有效激发读者的共鸣,使他们感受到文章与自身息息相关。这种情绪的共鸣不仅促使读者点击阅读,更可能激发他们分享到社交媒体,从而扩大文章的影响力,为公众平台树立独特的形象。

其次是阅读快感的需求。阅读快感来源于文章内容的节奏、情节转折以及观点的独特性等多方面因素,而标题作为文章的先导,可以通过巧妙的构思来预示这种快感。例如,采用先抑后扬的手法,标题先抛出一个看似负面的观点或情境,随后在正文中实现情节的逆转,给读者带来意想不到的阅读体验。这种手法能够激发读者的好奇心,促使他们一口气读完文章,从而获得阅读的快感。

再次是阅读欲望的需求。好标题能够引发读者的阅读欲望,使他们迫不及待地想要了解文章的内容。这通常通过提出一个引人入胜的问题、展示一个惊人的事实或引用一个令人震惊的统计数据来实现。当标题成功地激起读者的好奇心或求知欲时，他们就更有可能点击进入并详细阅读整篇文章。

最后是阅读期望的需求。读者在阅读一篇文章之前，往往会对文章的内容和质量有一定的期望。标题作为文章的"预告片"，需要准确地传达文章的主题和核心观点，从而管理读者的阅读期望。一个清晰、明确的标题能够让读者对即将阅读的内容有一个大致的预判，这有助于维持他们的阅读兴趣和满意度。

3. 标题创作的实用技巧

在新媒体运营中，标题的创作是至关重要的环节。一个吸引人的标题能够显著提高文章的点击率和阅读量，进而提升公众号的影响力和传播效果。以下将详细探讨几种实用的标题创作技巧，并结合具体实例加以说明。

(1) 数字法

数字法在标题创作中具有显著的效果。阿拉伯数字的简洁性和易辨识性使其成为标题中的亮点，能够迅速吸引读者的注意力。在标题中加入具体数据，不仅可以为读者提供更直观、更量化的信息，还能增强文章的专业感和可信度。

例如，一个关于减肥的公众号文章，标题可以设置为《30天瘦身计划：轻松减掉10斤！》。这里的"30天"和"10斤"都是具体的数字，它们给读者一个明确的预期和目标，从而更容易激发读者的阅读兴趣和行动欲望。

(2) 悬念法

悬念法是一种通过设置疑问或未解之谜来吸引读者的技巧。在标题中巧妙地设置悬念，可以引发读者的好奇心和探索欲，进而引导他们点击阅读文章。同时，通过在标题中设置利益点，还可以进一步激发读者的阅读动机。

例如，一个科技类公众号可以发布一篇标题为《这款神秘新品即将改变你的生活方式，你猜是什么？》的文章。这样的标题既设置了悬念，又暗示了读者可能会从文章中获得某种利益或新知，从而激发他们的阅读兴趣。

(3) 追热点

追热点是新媒体运营中常用的一种策略。通过关注时事热点、社会事件或流行文化趋势，并将其融入标题中，可以增加文章的时效性和话题性，从而吸引更多读者。然而，在追求热点的同时，也需要保持与自身品牌或产

品的核心价值相契合，避免盲目跟风。

例如，在某部热门电影上映期间，一个与电影相关的公众号可以发布一篇标题为《〈电影名〉背后的故事：你不知道的制作秘闻》的文章。这样的标题既结合了热点话题，又与公众号的核心内容相关联，能够吸引对该电影感兴趣的读者群体。

为了筛选出与自身品牌相切合的热点并明确标题，新媒体运营者需要保持对时事和社会动态的敏锐洞察力。同时，利用各种信息渠道和资源也是非常重要的，如搜索引擎、社交媒体平台、新闻客户端等，这些途径可以帮助运营者及时获取最新的热点信息并进行筛选和整合。

4. 标题创作的常见句式

（1）如何体

如何体标题在新媒体文章中广泛使用，其结构直接明了，便于读者迅速理解文章主旨。这类标题通常以"如何"作为开头，紧接着提出一个具体的问题或目标，从而引导读者了解文章内容。例如，《如何有效提高工作效率？》《如何一周内学会游泳？》等。这类标题直接回应了读者的需求，提供了明确的解决方案和方法，因此深受读者喜爱。

（2）福利体

福利体标题通过向读者传递一种阅读既得利益的感觉，从而激发读者的阅读兴趣。这类标题通常分为两种表达方式：一种是直接在标题中标注"福利"二字，如《限时福利：免费领取××大礼包！》；另一种是通过间接方式暗示读者阅读文章将获得某种好处，如《看完这篇文章，你也能成为投资高手！》。福利体标题能够有效吸引追求实惠和价值的读者群体。

（3）合集式

合集式标题通过对文章内容进行总结分类，以数字或关键词的形式呈现，使读者能够一目了然地了解文章的结构和内容。例如，《10大必读书籍推荐》《5种有效减肥方法大揭秘》等。此类标题的归纳总结性强，能够提供丰富的信息点，满足读者多方面知识的需求。

（4）急迫型

急迫型标题通过运用强烈的语气和紧迫感，催促读者尽快阅读文章。这类标题通常使用"赶快""紧急"等词汇，营造一种时间紧迫的氛围。例如，

《紧急通知：××活动即将截止，赶快行动！》。急迫型标题能够激发读者的紧迫感，促使他们立即采取行动。

(5) 解释型

解释型标题采用先总结后解释的结构，先给出一个引人注目的结论或观点，然后再对其进行详细阐述。例如，《为什么说××是未来的黄金行业？原因竟是这样……》。解释型标题能够引发读者的好奇心和探索欲，引导他们深入了解文章内容。

(6) 悬念型

悬念型标题通过透露部分文章内容但不完全说破的方式，留下悬念以吸引读者继续阅读。这类标题通常使用疑问句或省略关键信息的手法来制造悬念。例如，《那个神秘人物究竟是谁？》《这件事背后隐藏的真相是……》。悬念型标题能够激发读者的好奇心和求知欲，促使他们追根究底地阅读整篇文章。

(二) 新媒体内容的图片编辑

众所周知，视觉元素在网页信息中扮演举足轻重的角色，无论是更新社交媒体的信息，还是发博客、写电子书或者在线制作幻灯片，图文并茂的方式更能增加读者的阅读兴趣。

在新媒体环境中，一张吸睛的配图往往能够迅速抓住用户的注意力，提高内容的点击率和阅读率。创作出吸睛的配图可以使用以下方法。

第一，使用鲜明的色彩。色彩是视觉语言中最为直观和强烈的元素。鲜明的色彩能够迅速吸引用户的眼球，激发他们的好奇心和探索欲。例如，使用高饱和度的色彩或对比强烈的色彩组合，可以制造出强烈的视觉冲击力，使配图在众多内容中脱颖而出。

第二，创意构图。构图的巧妙运用也是吸引用户注意力的关键。通过运用斜线、对角线、三角形等构图技巧，可以打破传统的静态构图方式，为图片注入动感和张力。此外，运用特写、鸟瞰、俯视等不同的拍摄角度，也可以为用户带来全新的视觉体验。

第三，添加有趣的元素。在配图中添加一些有趣的元素，如卡通形象、搞笑文字或流行的网络表情等，可以增加图片的趣味性和互动性。这些元素

不仅能够迅速抓住用户的眼球,还能引发他们的情感共鸣,从而提高内容的传播效果。

第四,与时事热点结合。结合时事热点进行配图创作,也是一种有效的吸睛方法。通过运用与热点事件相关的元素和符号,可以迅速引发用户的关注和讨论。例如,在重大节日、体育赛事或社会事件发生时,及时推出相关的配图作品,往往能够获得较高的曝光度和传播效果。

第五,个性化定制。根据目标受众的喜好和特点进行个性化定制,也是提升配图吸引力的关键。通过深入了解目标受众的兴趣爱好、审美倾向和消费需求,可以创作出更符合他们心理预期的配图作品。这种个性化的定制方式不仅能够提升用户的满意度和忠诚度,还能为品牌或产品塑造独特的形象。

第六,简洁明了的设计。有时候,简洁明了的设计反而更能吸引用户的注意。避免过多的元素和复杂的布局,突出核心信息和视觉焦点,可以让用户一眼就明白图片的主题和意图。这种设计风格不仅适用于广告海报等宣传材料,也适用于社交媒体等平台的配图创作。

(三)新媒体的正文编辑

尽管新媒体中的图片编辑在吸引受众注意力和提升内容可读性方面发挥重要作用,但正文编辑才是新媒体内容传播的核心环节。正文不仅承载着详细的信息内容,更是传递观点、引导舆论、构建品牌形象的关键所在。

1. 新媒体正文编辑的常见形式

新媒体正文编辑的形式多样,根据内容呈现的主要方式,可以大致分为文字型、图片型、图文型及语音型四种。

(1)文字型

文字型正文是纯文本内容的编辑形式,它主要依靠文字的叙述和表达来传递信息。这种形式的优点是能够深入、详细地阐述观点,提供丰富的背景资料和分析,适用于新闻报道、评论文章、深度解读等。在文字型正文的编辑过程中,应注重语言的精练性、逻辑的严密性和条理的清晰性,确保读者能够迅速抓住要点,理解文章主旨。

文字型正文的撰写对编辑的文字功底要求较高,需要准确把握语言风格，既要保证信息的准确性，又要兼顾文章的可读性。同时，段落结构的合理安排也是提升文章可读性的关键，通过合理的段落划分和标题设置，可以帮助读者更好地理解文章内容。

(2) 图片型

图片型正文主要以图片为载体，通过图像的视觉冲击力来传递信息。这种形式的优点是直观、生动，能够迅速吸引读者的注意力。图片型正文常用于展示产品、分享美景、记录事件等场景，尤其是在社交媒体平台上，高质量的图片往往能够获得更高的关注度和转发率。

在编辑图片型正文时，应注重图片的选择和处理。图片应具有高清晰度、构图美观、主题突出等特点，同时还需要配以简洁明了的文字说明，以帮助读者更好地理解图片内容。此外，图片的排版和呈现方式也是影响阅读体验的重要因素，应注重图片与文字的协调配合，提升整体视觉效果。

(3) 图文型

图文型正文是文字与图片的有机结合，通过文字和图片的互补来传递更丰富的信息。这种形式的优点在于既能够发挥文字阐述的优势，又能够利用图片的直观性提升读者的阅读兴趣。图文型正文广泛应用于新闻报道、产品介绍、旅游攻略等多种场景。

在编辑图文型正文时，应注重文字和图片的配比和协调。文字部分应简洁明了地介绍图片内容，而图片则应直观地展示相关信息，二者相辅相成，共同构成完整的信息传递体系。同时，图文排版也是需要注意的环节，合理的排版能够提升文章的整体美感和阅读体验。

(4) 语音型

语音型正文主要通过语音传递信息，这种形式的优点是便于听众在移动或忙碌状态下接收信息，尤其适合在车载环境、健身时等场景下使用。语音型正文常用于播客、有声书、语音新闻等领域。

在编辑语音型正文时，应注重语音的清晰度和流畅性，确保听众能够轻松理解所传递的信息。同时，语音内容的组织和表达也是关键，应遵循逻辑清晰、条理分明的原则，帮助听众更好地把握语音内容的要点和主旨。此外，背景音乐和音效的合理运用也能够提升语音型正文的吸引力和感染力。

2. 新媒体正文内容编辑的技巧

(1) 充分体现个性风格

新媒体内容的个性化是吸引用户的重要因素。正文编辑时，应注重形成和维护独特的语言风格和表达方式。这不仅能够提升内容的辨识度，还有助于构建稳定的用户群体。个性风格的体现可以从语言选择、叙述角度、情感倾向等方面入手，使内容既符合媒体定位，又能满足目标受众的审美和阅读习惯。

例如，面向年轻群体的新媒体，可以采用轻松活泼、接地气的语言风格，多用网络热词和流行语，增强与读者的亲近感；而面向专业人士的新媒体，则应注重语言的严谨性和信息的权威性，树立专业形象。

(2) 有价值的"干货"

提供有价值的信息是新媒体正文内容的核心。所谓"干货"，指的是实用、有深度、能够解决用户实际问题的内容。编辑时，应深入挖掘行业热点、专业知识、实用技巧等，为用户提供切实有用的信息。同时，要注重信息的时效性和准确性，确保内容的新鲜度和可信度。

例如，可以定期发布行业报告、数据分析、专家解读等高质量内容，帮助用户了解行业动态，提升专业素养。这样的内容不仅能够吸引用户的关注，还能促进用户的分享和转发，扩大媒体的影响力。

(3) 提升用户参与的方式

新媒体的互动性是其区别于传统媒体的重要特征。正文编辑时，应积极创造机会让用户参与到内容的生产和传播中来。具体做法包括设置话题讨论、发起投票活动、邀请用户分享经验等。这些方式不仅能够提升用户的参与感和归属感，还能帮助媒体更好地了解用户需求，优化内容策略。

例如，可以在正文中穿插用户调查或问答环节，鼓励用户发表观点和建议。同时，对于用户的积极参与应给予及时的反馈和奖励，以激发用户的持续参与热情。

(4) 掌握广告植入尺度

新媒体正文中的广告植入是一把"双刃剑"。合理的广告植入能够增加媒体的收入来源，但过度的广告则会影响用户体验，甚至导致用户流失。因此，编辑时需要精心把握广告植入的尺度和方式。广告内容应与正文主题相关，且植入自然、不突兀。同时，要控制广告的数量和频率，避免给用户造成过多的干扰。

例如，可以采用软文广告的形式，将广告信息与正文内容巧妙结合，让用户在阅读有价值的内容的同时，自然而然地接触到广告信息。

(5) 开启原创声明

原创性是新媒体内容的核心竞争力之一。为了保护原创内容不受侵权，并提升用户对原创内容的信任度和认可度，正文发布时应明确标注原创声明。这不仅能够维护媒体的合法权益，还能树立媒体的专业形象和品牌价值。同时，鼓励用户尊重原创、支持正版也是新媒体社会责任的体现。

在编辑正文时，可以在文章开头或结尾处明确标注"本文为原创内容，未经授权禁止转载"等字样，以提醒用户尊重原创成果。同时，也可以利用技术手段对原创内容进行保护，如添加水印、设置版权信息等。

3. 新媒体正文开头的写作方法

在新媒体内容创作中，正文的开头部分扮演着至关重要的角色。一个引人入胜的开头不仅能够迅速抓住读者的注意力，还能激发他们的阅读兴趣，引导他们深入阅读后续内容。

开头写作有如下方法：

(1) 开门见山法

开门见山法即直截了当地揭示文章的主题或核心观点。这种方法适用于那些希望迅速传达信息、节省读者时间的场景。通过简洁明了的陈述，读者能够立即了解文章的主旨，从而决定是否继续深入阅读。例如，"在当今数字化时代，新媒体营销已成为企业不可或缺的一部分"。这样的开头直接点明了文章将探讨新媒体营销的重要性。

(2) 设置悬念法

设置悬念法是通过提出问题或留下悬念来吸引读者的好奇心。这种方法能够激发读者的探究欲，引导他们一步步深入了解文章内容。例如："你知道为什么有些新媒体内容能够迅速走红，而有些却石沉大海吗？"这样的开头引发读者对新媒体内容传播规律的思考，进而吸引他们继续阅读以寻找答案。

(3) 讲故事法

讲故事法是通过叙述一个引人入胜的故事来开启文章。这种方法能够迅速拉近与读者的距离，让他们在阅读故事的过程中产生共鸣，并对后续内容产生兴趣。例如："曾经有一个小小的创业公司，通过巧妙运用新媒体，在短短几个月内实现了业绩的翻倍增长……"这样的开头不仅吸引了读者的注意，还通过具体案例展示了新媒体的力量。

(4) 描述痛点法

描述痛点法是通过精准地指出读者所关心的问题或困扰来引起他们的共鸣。这种方法能够让读者感受到作者对他们的理解，从而更愿意继续阅读下去以寻求解决方案。例如，"在新媒体运营中，如何持续吸引并保持用户的关注度一直是一个难题"。这样的开头直接触及了新媒体运营者的核心关切，为后续提供的解决方案或建议奠定了良好的基础。

4. 新媒体正文中间的写作方法

在新媒体内容的创作中，正文部分的撰写尤为关键，它不仅承载着信息传递的任务，还需吸引并维持读者的兴趣。

(1) 纲举目张，条理要分明

正文的撰写应注重结构的逻辑性。作者应先制定清晰的提纲，再依据提纲逐步展开内容。每个段落应围绕一个中心思想进行阐述，确保文章内容条理清晰，使读者能够轻松理解并跟随作者的思路。

(2) 旗帜鲜明、观点鲜明

在新媒体正文中，作者应明确表达自己的观点，避免模棱两可的表述。鲜明的观点能够增强文章的说服力，同时引导读者形成明确的看法或态度，从而提升文章的互动性和影响力。

(3) 案例与观点相结合

为了增强文章的说服力和生动性，应善于运用具体案例来支持自己的观点。案例的选择应具有代表性，能够直观地展现观点的实际应用效果。通过将案例与观点紧密结合，可以更有效地传达信息，同时提高读者的阅读兴趣和参与度。

5. 新媒体正文结尾的写作方法

(1) 建议式

建议式结尾旨在为读者提供具体、实用的建议或解决方案。这种结尾方式能够帮助读者将文章中的观点或信息转化为实际行动，从而提升文章的实用性和影响力。例如，在一篇关于健康饮食的文章结尾，可以给出如何制订合理膳食计划的建议，引导读者改善饮食习惯。

(2) 扩散式

扩散式结尾强调文章的传播和分享，通常通过引导语鼓励读者将文章内容分享给更多的人。这种结尾方式能够有效扩大文章的影响范围，提升公众号的曝光度和关注度。在结尾处，可以巧妙地使用语言激发读者的分享欲望，如提示读者"如果觉得这篇文章对您有帮助，请分享给您的朋友和亲人"。

(3) 点题式

点题式结尾通过在文章末尾再次强调主题或核心观点，加深读者对文章主旨的印象。这种结尾方式能够起到"画龙点睛"的效果，使整篇文章更加紧凑和有力。例如，在一篇讨论环保重要性的文章中，结尾可以再次强调环保的紧迫性和每个人的责任，从而增强文章的说服力。

(4) 号召式

号召式结尾主要用于鼓励读者参与某项活动或行动。这种结尾方式能够激发读者的积极性和参与度，促进公众号与读者之间的互动和联系。例如，在公益活动的宣传文章中，结尾可以呼吁读者积极参与并转发支持，共同为公益事业贡献力量。

(5) 互动式

互动式结尾通过抛出一个与文章内容相关的话题或问题，引发读者的思考和讨论。这种结尾方式能够增强文章的互动性和趣味性，同时也有助于形成公众号独特的风格和氛围。例如，在一篇关于教育改革的文章中，结尾可以提出"你认为教育改革应该如何进行？"的问题，引导读者在评论区留言讨论。

6. 新媒体平台正文推送的注意事项

在新媒体运营中，正文内容的推送策略至关重要。合理的推送时间和

内容质量是吸引用户、提升阅读量的关键因素。以下是在新媒体平台进行正文推送时需要注意的几个方面。

(1) 把握正确的推送时间

推送时间的把握对于提高文章的阅读量和互动度具有显著影响。首先，要分析目标受众的活跃时间段。不同用户群体因其工作、生活习惯的不同，活跃于社交媒体的时间也会有所差异。例如，针对上班族的推送，应选择在工作日的午休时段或下班后的晚间时段，这些时间用户更可能有空闲浏览社交媒体。

其次，要考虑内容的时效性。对于新闻类、热点类内容，应在事件发生后尽快推送，以保证信息的及时性和新鲜度；而对于一些深度分析或专题报道，则可以选择在用户活跃度较高的周末或节假日进行推送，以便用户有更充足的时间阅读和思考。

(2) 发布前先预览

在正式推送前进行内容预览是不可或缺的一步。预览不仅可以帮助检查文章中的错别字、语法错误或排版问题，还能确保文章在手机端和电脑端都能正常显示，避免出现格式错乱的情况。同时，预览也是一次对文章整体效果的把关，包括图片、视频的显示效果以及链接、按钮等交互元素的功能性测试。

通过预览，运营者可以站在用户的角度，对文章进行一次全面的体验评估。这样不仅能提升文章的专业度和用户体验，还能在发布前发现并修正可能存在的问题，从而确保推送给用户的是高质量的内容。

二、制作 H5 页面

H5 是 HTML5 的简称，而 HTML 是"超文本标记语言"(Hyper Text Markup Language)的缩写，它是用于创建和呈现网页内容的标准语言。HTML5 是 HTML 的第五个版本，相较于之前的版本（如 HTML4），HTML5 引入许多新的技术特性和 API，这些新特性让网页变得更加动态、互动，并且提供了更为丰富的用户体验。

(一) H5 页面的类型

H5 页面,作为一种基于 HTML5 技术的网页形式,因其强大的交互性、兼容性以及优秀的用户体验,在现代营销和传播活动中占有举足轻重的地位。根据使用场景和功能需求的不同,H5 页面可以大致分为以下几种类型。

1. 活动运营型

活动运营型 H5 页面主要用于各类线上活动的推广和运营。这类页面通常包含丰富的互动元素,如抽奖、答题、游戏等,旨在通过有趣的活动形式吸引用户参与,提高用户黏性和活跃度。活动运营型 H5 页面设计需注重用户参与感和体验感以及活动的趣味性和吸引力,从而达到提升品牌知名度、促进用户转化的目的。

2. 品牌宣传型

品牌宣传型 H5 页面侧重于展示品牌形象和文化,通过富有创意的设计和交互方式,向用户传达品牌的核心价值和理念。这类页面往往结合品牌故事、产品特点等元素,以视觉冲击力强的动画或插图为主要表现形式,旨在加深用户对品牌的印象和好感度。

3. 产品介绍型

产品介绍型 H5 页面主要用于展示产品的功能、特点和优势,帮助用户更好地了解和选择产品。这类页面设计需注重信息的清晰度和准确性,通过直观的界面和详细的文字说明,使用户能够快速获取产品信息,并产生购买欲望。

4. 总结报告型

总结报告型 H5 页面通常用于展示企业年度总结、行业报告等内容。这类页面以数据可视化和信息图表为主要展现形式,旨在通过直观、易懂的方式向用户传递大量信息和数据。设计时需注重版面的清晰度和易读性,确保用户能够快速理解和吸收信息。

(二) H5 页面的形式

H5 页面,以其丰富的交互性和动态视觉效果,在新媒体运营中占据着重要地位。其多样化的表现形式不仅能够提升用户体验,还能有效传递信息,

增强品牌的曝光度和用户黏性。以下将详细探讨 H5 页面的几种主要形式。

1. 简单图文

简单图文形式的 H5 页面,以直观的图文结合方式展示信息,内容简洁明了,便于用户快速理解和接受。这种形式的 H5 页面常用于产品展示、新闻报道等场景,通过精选的图片和精练的文字,有效传递核心信息,同时保证页面的加载速度和流畅性。

2. 礼物、贺卡、邀请函

此类 H5 页面具有较强的情感色彩和个性化特点,常用于节日祝福、活动邀请等场合。通过精美的设计和动画效果,营造温馨、浪漫或庄重的氛围,从而增强用户的情感共鸣和参与感。这种形式的 H5 页面在提升品牌形象和用户忠诚度方面效果显著。

3. 问答、评分、测试

此类 H5 页面具有高度的互动性和趣味性,能够激发用户的好奇心和探索欲。通过设置问题、评分标准或测试内容,引导用户参与并分享结果,从而增加页面的传播范围和影响力。这种形式的 H5 页面常用于市场调研、用户画像分析等方面,为企业的精准营销提供有力支持。

(三) H5 页面设计的方法

H5 页面设计,作为当前数字营销中的关键环节,承载着品牌传播、用户互动与产品展示的多重功能。一个成功的 H5 页面,不仅能够准确传达信息,还能通过其独特的设计和互动方式吸引用户的关注,提升用户的参与度和留存率。因此,设计 H5 页面时需要遵循一定的方法论,确保其效果最大化。

1. 找准定位、切合主题

在设计 H5 页面之初,首先要明确页面的定位和目标受众。这要求设计者深入理解品牌的核心价值和营销目标,确保 H5 页面的内容与品牌形象高度一致。同时,要准确把握目标受众的需求和偏好,使页面设计能够引起他们的共鸣和兴趣。定位的准确性直接关系到 H5 页面的传播效果和用户的参与度。

主题的选择也是至关重要的。一个鲜明的主题能够让用户迅速抓住页面的核心信息,提高信息的传递效率。主题应该与品牌定位相符,并且能够引起用户的兴趣和好奇心。通过紧扣主题的设计,可以在第一时间抓住用户的注意力,为后续的信息传递和互动打下基础。

2. 细节与整体的统一

H5 页面的设计要注重细节与整体的和谐统一。页面的色彩、布局、字体和图片等元素都应该服务于整体的设计风格,形成一个协调、统一的视觉体系。色彩的选择要符合品牌调性,同时还要考虑到用户的视觉体验和心理感受。布局的合理性则能够引导用户的视线,突出重点信息,提高用户的阅读效率。

在细节处理上,要注意每一个元素的设计和排版。例如,字体的选择和大小要考虑到易读性和美观性;图片的选取和处理要贴合主题,增强视觉效果。通过精心打磨细节,可以提升 H5 页面的整体质感和用户体验。

3. 讲好故事,引发情感共鸣

一个好的 H5 页面不仅要传递信息,更要讲好品牌故事,引发用户的情感共鸣。通过挖掘品牌背后的故事和情感元素,将其融入页面设计中,可以让用户更加深入地了解和感受品牌的价值和理念。同时,情感化的设计也能够增强用户的参与感和忠诚度,促进品牌与用户之间的情感连接。

在讲故事的过程中,要注重情节的铺垫和高潮的设置,让用户产生共鸣和代入感。通过运用视觉、听觉等多种感官元素来讲述故事,可以更加生动地展现品牌的魅力和价值。

4. 合理运用技术,打造流畅的互动体验

技术的合理运用是提升 H5 页面互动体验的关键。通过引入先进的交互设计和动画效果,可以增强页面的趣味性和吸引力。例如,利用手势识别、语音识别等技术实现与用户的实时互动;通过动画和过渡效果的精心设计来引导用户的操作路径和视线焦点。

同时,要确保技术的运用不会影响到页面的加载速度和稳定性。优化代码和资源加载方式以提高页面的响应速度是必要的措施之一。此外,还要关注不同设备和浏览器之间的兼容性问题,确保所有用户都能获得良好的访问体验。

三、视频内容编辑与制作

(一) 视频内容策划

内容策划是视频制作过程中的核心环节,其重要性不容忽视。一个出色的策划不仅决定了视频内容的吸引力,还关乎视频是否符合观众的观看习惯以及能否触及观众的情感。策划的质量直接影响着视频发布后的受欢迎程度及其传播范围。

1. 选定一个主题

在选择视频主题时,应充分考虑目标受众的兴趣点和市场需求。主题可以是多元化的,来源于不同的视频素材和创意,但必须确保这些元素在内容上保持基调的一致性,共同服务于一个核心主题。这要求策划者对视频素材进行精心的挑选和组合,以保证视频在叙述上的连贯性和主题的明确性。例如,若主题是环保,那么所有的内容都应围绕环保展开,可以是环保行动的记录,也可以是环保知识的普及,但不应混入与此无关的内容,以免分散观众的注意力。

2. 内容产生情感共鸣

情感共鸣是连接视频与观众的重要桥梁。许多成功的品牌营销视频都以情感为主线,通过讲述温馨、感人或励志的故事来打动观众。这种策略能够有效地拉近品牌与消费者之间的距离,增强观众对视频内容的认同感和记忆度。为了实现情感共鸣,策划者需要深入了解目标受众的心理需求和情感偏好,结合品牌或产品的特点,创作出能够触动人心的故事情节。

3. 增添娱乐气息

在保持视频主题和内容连贯性的基础上,适当融入幽默元素,能够为观众带来轻松愉快的观看体验。幽默可以是一种语言风格,也可以是情节设计上的小巧思,它能够有效缓解严肃话题可能带来的沉重感,使视频内容更加生动有趣。同时,幽默还能激发观众的评论和分享欲望,从而推动视频的传播。策划者在设计幽默元素时,应注意与视频主题的契合度,避免过度娱乐化而损害视频的核心价值。

综上所述,内容策划在视频制作中扮演着举足轻重的角色。通过精心选定主题、构建情感共鸣和巧妙增添娱乐气息，可以显著提升视频的吸引力和传播效果。这不仅需要策划者具备敏锐的市场洞察力和创意构思能力，还要求其能够深入了解观众心理，创作出既符合市场需求又具有独特魅力的视频作品。在未来的视频制作中，我们应继续探索和创新内容策划的理念和方法，以适应不断变化的市场环境和观众需求。通过不断优化策划流程和提高策划质量，我们可以为观众带来更加精彩和有价值的视频内容。

（二）视频制作技巧

1. 添加音频

音频在新媒体视频中扮演着举足轻重的角色，它不仅能够增强视频的感染力，还能有效地引导观众的情绪。在选择背景音乐时，应充分考虑视频的内容和主题以及目标受众的喜好。例如，在制作一部关于自然风光的视频时，可以选择轻柔舒缓的音乐，营造出宁静和谐的氛围；而在制作一部动感十足的运动类视频时，则应选择节奏明快、激昂的音乐，激发观众的热血与激情。

此外，当视频中需要插入录制好的人声时，音频的插入时间也至关重要。人声的出现应与视频画面保持高度的同步性，确保观众在观看视频时能够获得流畅、自然的观感。为了实现这一目标，制作者可以在剪辑过程中反复调整音频与画面的匹配度，直至达到最佳效果。

2. 善用视频背景颜色

视频背景颜色对于提升视频的整体视觉效果同样重要。当截取的视频背景色与主题内容或时代背景不符时，可以利用视频制作软件进行加工改造。例如，通过调色板工具调整背景色的色调、饱和度和亮度，或者使用遮罩功能将不合适的背景进行替换。这些操作不仅可以使视频背景更加符合主题需求，还能提升视频的专业感和观赏性。

3. 确保视频不断变化

在讲述故事或展示内容时，新媒体视频应保持视觉上的动态变化，以吸引观众的注意力并引导他们深入了解视频内容。具体而言，制作者应避免在同一个场景中讲述多个故事内容，而是应根据内容的推进不断变换场景和视角。这种变化可以通过镜头切换、场景过渡和动画效果等手段来实现，从而保持视频的节奏感和视觉冲击力。

4.添加字幕

字幕在新媒体视频中的作用不容忽视。首先，字幕能够有效解决不同地区方言或语言障碍的问题，使视频内容能够被更广泛的观众群体理解。其次，字幕还可以对视频内容进行描述或概括，帮助观众更好地把握视频的主旨和重点。在添加字幕时，制作者应注意字幕的字体、大小、颜色和出现时间等细节设置，确保字幕与视频画面的和谐统一，并提升观众的观看体验。

综上所述，通过合理添加音频、善用视频背景颜色、确保视频不断变化以及巧妙添加字幕等手段，制作者可以打造出更加专业、引人入胜的新媒体视频作品，从而满足观众的审美需求并实现有效的信息传播。

第三节 文案魅力：新媒体软文的撰写

一、初识软文

软文，作为一种相对于硬性广告的"文字广告"，以其独特的魅力和传播效果，在现代营销中占据一席之地。这种广告形式主要由企业的市场策划人员或广告公司的文案专员精心撰写，通过富有创意和感染力的文字，将产品或品牌信息巧妙地传递给目标受众。软文之所以被称为"软"，正是因为它能够以一种更为柔和、易于接受的方式，让读者在不知不觉中受到影响，这恰恰体现了软文的精妙之处。从狭义角度来看，软文通常指的是那些付费在报纸、杂志等媒体上发布的纯文字广告。然而，从广义上讲，软文还涵盖了各种具有宣传性和阐释性的文章，如新闻报道、深度分析等。这些文章旨在通过提供有价值的信息和观点，来提升企业或产品的形象、知名度和销售。软文以其灵活多变的形式和内容，成为现代营销中不可或缺的一部分。

（一）软文的作用

软文是以文字的形式对所要营销的产品进行推广，来提高产品的销量。软文的本质还是广告，只不过是以文章的形式出现，其作用依然很明显。

1.软文的直接作用

软文具有可读性强、流通性广、效果持久等特点，软文的作用有以下几点。

首先，软文能够显著提升用户的关注度。在信息爆炸的时代，抓住用户的注意力是营销成功的关键。软文通过提供有价值、有趣味性的内容，吸引用户主动阅读并持续关注，从而有效地增强了品牌与用户之间的连接。

其次，软文有助于树立和巩固企业形象。在软文中，企业可以展示自己的文化理念、产品优势及社会责任等，从而塑造出积极、正面的品牌形象。这种形象塑造不仅有助于提升企业的社会认可度，还能增强消费者的信任感。

再次，软文能够产生口碑效应，促进品牌的二次传播。当读者被软文内容打动后，他们往往会主动分享给亲朋好友，这种自然的口碑传播方式不仅成本低廉，而且效果显著，能够迅速扩大品牌的影响力。

最后，软文还是传播作者或品牌价值观的重要渠道。通过精心撰写的文字，软文能够传达出深层次的思考、观念和价值观，从而与读者建立更深层次的情感连接。这种价值观的传递，不仅能够增强品牌忠诚度，还能在竞争激烈的市场中为品牌赢得独特的竞争优势。

2. 软文的间接作用

软文作为营销手段的一种，其效用并不仅限于直接的信息传递和品牌塑造。更深层次地，它扮演着导入引流和提高关键词排名的重要角色，从而间接地提升企业的网络营销效果。

首先，谈及导入引流，软文通过其高质量的内容和吸引人的叙事方式，在各大平台上引发读者的关注和兴趣。当读者被软文内容吸引后，他们往往会点击链接或搜索相关信息，进而被引导至企业的官方网站或产品页面。这种由软文带动的流量导入，不仅数量可观，而且具有高度的针对性和转化率，因为读者已经通过软文对产品或服务有了一定的了解和兴趣。

其次，软文还能有效提高关键词排名。在网络搜索引擎优化（SEO）中，关键词的排名直接影响着网站的曝光率和流量。通过精心策划的软文，企业可以将目标关键词自然地融入文章内容中，增加这些关键词在搜索引擎中的出现频率和权重。随着软文在各大平台的发布和传播，这些关键词的搜索排名会逐渐提升，进而带来更多的有机流量和潜在客户。

(二) 软文的基本类型

软文有三种基本类型：新闻型软文、行业型软文、用户型软文。

1. 新闻型软文

新闻型软文，作为软文与新闻报道的巧妙结合，不仅秉承了新闻的真实性与客观性，还在其中自然地穿插了广告宣传元素。这种文体形式既展现了软文的延展性，又兼具新闻报道的权威性，使读者在阅读新闻的过程中，无形中接受了软文所要传达的内容。其独特之处在于，形式上的隐蔽性使广告内容不显得突兀，同时在表达上又充满了悬念性和完整性，大大增强了文章的可看性。通过这种方式，新闻型软文能够精准地抓住消费者的心理，潜移默化地影响着消费者的购买决策，从而为企业塑造出良好的品牌形象与口碑。因其广泛的适应性和实用性，新闻型软文已被各行业广泛采纳为有效的宣传工具，更因其独特的营销效果，在当前的营销领域中占据了举足轻重的地位，被视为最佳的软文营销方式。

一般新闻型软文包括以下几个主要类型。

(1) 新闻通稿

新闻通稿，顾名思义，是一种广泛分发给各大媒体的稿件。这类软文通常以新闻事件或新闻发布为基础，采用新闻写作的风格和格式，内容围绕某一新闻点进行构建，同时巧妙地融入品牌或产品信息。新闻通稿的优势在于其广泛传播性和权威性，能够在多个媒体平台上同时发布，迅速扩大品牌或产品的曝光度。撰写时需注意信息的准确性、时效性和新闻价值，确保稿件能够吸引媒体的关注和发布。

(2) 新闻报道

新闻报道型软文更为注重事实的呈现，它通常围绕某一具体事件或活动展开，以新闻报道的形式出现。与纯粹的新闻报道不同，这类软文在报道事实的同时，会巧妙地穿插品牌或产品的相关信息，使读者在接收新闻信息的同时，也能对品牌或产品有所了解。撰写此类软文时，应注重客观性，避免过度宣传，以保持文章的可信度和读者的阅读兴趣。

(3) 媒体访谈

媒体访谈型软文通常以记者与受访者对话的形式出现，受访者往往是品牌代表、行业专家或产品设计师等。通过访谈的形式，深入探讨品牌故事、产品特点或行业趋势等话题。这类软文的优势在于其互动性和深度，能够更直观地展现品牌或产品的魅力和价值。在撰写时，应注重访谈内容的真实性和深度，同时巧妙地将品牌或产品的信息融入对话中。

新闻型软文在推广方面拥有显著优势。首先，通过门户网站相关频道的直接展示，企业的新闻和产品信息能够迅速触达目标用户，进而引发他们的兴趣和关注。这种直接的展示方式不仅提高了用户点击和评论的概率，还为企业带来了潜在客户。其次，新闻型软文对搜索引擎优化也起到了积极作用。当用户通过搜索引擎查询企业名称或产品关键词时，连续发布的新闻报道能够在搜索结果中占据显眼位置，从而加速客户的购买决策过程。此外，企业可以通过收集并展示在各大网站发布过的相关报道，来增强用户对企业的信任感。这些报道以原网站网页的形式链接在企业网站上，为用户提供了全面的信息参考。最后，新闻型软文还具备二次传播的特性，即一篇软文在首发网站发布后，很可能被其他网站和专业平台转载，从而进一步扩大企业的影响力。

2. 行业型软文

行业型软文主要针对的是行业内的人群，其核心目的在于通过精准的信息传递，扩大企业在该行业内的影响力，进而奠定其品牌在行业中的领导地位。行业地位的高低，直接关系到企业的核心竞争力，同时也深刻影响着用户的最终选择。然而，撰写此类软文并非易事，它要求作者必须具备深厚的行业知识，这无疑增加了写作的难度。为了撰写出高质量的行业型软文，必须首先明确写作目的，广泛搜集并筛选具有针对性的行业资料，确保文章内容既具有专业性，又能体现品牌的权威性。

行业型软文可以细分为以下几种类型。

（1）权威论证类软文

权威论证类软文以数据和事实为依据，通过引用行业报告、研究数据或专业机构的评论，为读者提供客观、全面的行业分析。这类软文旨在建立品牌在行业内的权威性和专业性，通常会用严谨的逻辑和科学的论据来支持其观点，帮助读者更好地理解行业动态和趋势。

(2) 经验分享类软文

经验分享类软文主要通过讲述行业内的实际操作经验，为读者提供实用的建议和解决方案。这类软文往往以第一人称或第三人称的视角，详细介绍在某个具体领域内的成功案例或实践心得。通过真实的经验分享，能够增强读者的信任感，进而提升品牌形象。

(3) 观点交流类软文

观点交流类软文侧重于表达作者对行业热点、趋势或特定话题的看法和见解。它不同于新闻报道的客观陈述，而是融入作者的主观分析和判断。这类软文能够引发读者的思考和讨论，从而增强品牌的曝光度和影响力。

(4) 人物访谈和实录类软文

人物访谈和实录类软文通过记录行业内知名人士或专家的言论和观点，为读者提供独特的行业洞察。这类软文通常以问答或叙述的形式呈现，内容涵盖专家的成长经历、行业见解、未来预测等。通过与行业内权威人士的对话，能够提升软文的可信度和吸引力。

3. 用户型软文

用户型软文，作为新媒体营销的重要手段，直接面向终端消费者或产品用户，旨在通过富有吸引力和价值的内容，提升产品在用户群体中的知名度和好感度，进而激发消费动机。其核心原则是紧密围绕用户需求，提供实实在在的价值。

用户型软文可以根据内容和风格的不同，细分为多种类型，每一种都有其独特的作用和适用场景。

(1) 知识型软文

知识型软文以传授与产品相关的知识为主，如使用技巧、维护保养方法等。这种软文不仅提供了实用的信息，还能树立品牌的专业形象，增强用户对产品的信任感。

(2) 娱乐型软文

娱乐型软文通常以轻松幽默的方式呈现，结合时事热点或流行文化，旨在以娱乐的形式吸引用户的注意力。这类软文能够缓解用户的阅读压力，提升品牌的亲和力。

(3) 故事型软文

故事型软文通过讲述与产品相关的故事，将用户带入具体情境，引发情感共鸣。这种软文形式能够深入人心，增强用户对品牌的记忆和好感。

(4) 恐吓型软文

恐吓型软文通过揭示某种潜在的问题或风险，引起用户的担忧，进而提出解决方案（推广的产品或服务）。这类软文需要谨慎使用，以免引起用户的反感和抵触。

(5) 情感型软文

情感型软文主打情感牌，通过触动用户的情感来建立品牌与用户之间的连接。这类软文能够拉近品牌与用户的距离，培养用户的忠诚度。

(6) 资源型软文

资源型软文提供与产品相关的实用资源，如行业报告、使用指南等。这类软文能够满足用户对实用信息的需求，提升品牌的权威性和专业性。

(7) 爆料型软文

爆料型软文通常涉及行业内幕或独家信息，能够吸引用户的好奇心。然而，使用这类软文时需要确保信息的真实性和准确性，以避免法律纠纷和信誉损失。

(8) 悬念型软文

悬念型软文通过设置悬念或谜题来吸引用户的注意力，激发用户的好奇心和探索欲。这类软文需要精心设计，确保悬念的合理性和吸引力。

二、软文营销

软文营销，就是指通过特定的概念诉求，以摆事实讲道理的方式使消费者走进企业设定的"思维圈"，以强有力的针对性心理攻击，迅速实现产品销售的文字模式和口头传播。

软文营销是生命力最强的一种广告形式，也是很有技巧性的广告形式。

(一) 软文营销的主要特点

软文营销，作为一种独特的营销策略，具有鲜明的特点，这些特点使其在现代营销活动中占据一席之地。

第一,营销的隐秘性。软文营销往往采用较为隐蔽的方式进行品牌或产品的推广。它并不直接宣传广告,而是通过提供有价值的内容,如行业动态、使用技巧、消费指南等,来间接传递营销信息。这种方式能够降低受众的抵触心理,使他们在不知不觉中接收营销信息,从而提高营销效果。

第二,营销的多样性。软文营销在形式上具有极大的灵活性,可以适应不同的传播渠道和受众需求。它可以是一篇文章、一个视频、一段图文结合的内容,甚至是一次线上活动。这种多样性的表现形式使软文营销能够更加精准地触达目标受众,提升营销效果。

第三,营销成本低。相较于其他营销方式,软文营销的成本相对较低。它不需要大量的广告投放和昂贵的制作成本,只需通过精心策划和创作高质量的内容,便能实现有效的信息传播。这种低成本、高效率的营销方式,对于资源有限的企业或个人而言,具有极大的吸引力。

(二)软文营销的一般步骤

软文营销作为一种策略性的营销手段,其执行过程需要严谨而系统地规划。以下将详细阐述软文营销的一般步骤,确保营销活动的有效性和针对性。

1. 软文营销调研

软文营销的第一步是进行深入的市场调研。这一阶段的核心目标是理解目标受众的需求、兴趣和行为模式,以及分析竞争对手的营销策略。通过问卷调查、数据分析、社交媒体监测等手段,收集关于目标市场的第一手资料。此外,还需评估不同媒体渠道的覆盖范围和受众特点,为后续策划提供数据支持。

2. 软文营销策划

在完成市场调研后,接下来是策划阶段。策划过程中需要明确软文营销的具体目标,是提升品牌知名度、推动产品销售,还是增强消费者信任等。根据目标制定相应的策略,包括软文的主题、内容框架、传播渠道和预期效果等。同时,要结合调研数据,确保策划方案与受众需求紧密相连。

3. 确定文案

文案是软文营销的核心,其质量直接影响营销效果。在确定文案时,应注重标题的吸引力、开篇的引人入胜以及内容的独特性和有价值性。文案需要巧妙地融入品牌或产品信息,同时保持自然流畅,避免明显的广告痕迹。此外,文案的语调和风格也需与目标受众相匹配,确保信息的有效传达。

4. 发布软文

发布软文是整个营销流程中的关键环节。在发布前,有几个重要的事项要注意:

(1) 检查发布软文

在正式发布前,必须对软文进行细致的校对和审核,确保内容准确无误,避免出现错别字、语法错误或信息不实等问题,以维护品牌形象和信誉。

(2) 选择发布平台

根据目标受众和营销目标,选择合适的发布平台。这可能包括新闻媒体、行业网站、社交媒体、博客等。不同的平台有不同的受众特征和影响力,因此选择时需谨慎考虑。

(3) 注意发布的时间

发布时间的选择也至关重要。需要分析目标受众的在线活跃时间以及行业内的相关活动或节日等因素,以确定最佳的发布时机。

5. 效果评估

软文发布后,必须对其效果进行持续的跟踪和评估。常用的营销评估方法包括:

(1) 软文的点击率

通过统计软文的点击量,可以初步判断其受关注程度。

(2) 软文的评论数

评论数量可以反映受众的参与度和对软文内容的兴趣。

(3) 转载量

软文被其他媒体或用户转载的次数,是衡量其影响力和传播效果的重要指标。

(4) 搜索引擎的收录量

软文被搜索引擎收录的情况,反映了其在网络上的可见度和权重。

(5) 直接 IP[①] 数量和有效 IP 数量

这两个指标可以帮助分析软文的受众覆盖范围和活跃度，从而评估营销活动的实际效果。

三、优秀软文的制作

下面先介绍软文标题的起拟，然后介绍软文内容的策划，最后介绍一些软文写作的技巧。

(一) 软文标题的起拟

在软文营销中，标题的重要性不言而喻。一个吸引人的标题能够显著提高文章的点击率和阅读量。

1. 软文标题提炼技巧

(1) 标题简单明了，与软文的内容相契合

软文标题应直击主题，避免冗长和复杂的句子结构。简洁明了的标题能够让读者一眼就明白文章的核心内容，从而提高点击率。同时，标题与内容的紧密契合也是建立读者信任的关键，不应过分夸大或缩小研究范围，以免损害文章的权威性和可信度。

(2) 标题要和现在流行的热门关键词联系在一起

结合时下的热门话题或关键词，能够有效提升软文的曝光度和搜索排名。运营者需时刻关注社会热点和行业动态，巧妙地将这些元素融入标题中，以吸引更多潜在读者的注意。

(3) 标题要有亮点

一个平庸的标题很难在浩如烟海的网络信息中脱颖而出。因此，标题中应包含独特的观点、新颖的角度或令人惊奇的发现，以激发读者的好奇心和探索欲。这种亮点可以是数据的揭示、独家内幕的曝光，或是颠覆性的见解。

---

① 这里指 IP 地址 (Internet Protocol Address)，即互联网协议地址，又译为网际协议地址。IP 地址是 IP 协议提供的一种统一的地址格式，它为互联网上的每一个网络和每一台主机分配一个逻辑地址，以此来屏蔽物理地址的差异。

(4) 巧用问号

疑问句式的标题往往能引发读者的思考和讨论，进而激发他们的阅读兴趣。通过在标题中提出一个引人入胜的问题，可以引导读者进一步了解文章内容，寻找答案。这种技巧尤其适用于那些旨在解决读者痛点或提供实用建议的软文。

2. 软文标题类型

软文标题的类型多种多样，每种类型都有其独特的特点和适用场景。以下是对各种软文标题类型的详细阐述。

(1) 观点式标题

观点式标题直接阐述作者或文章的主要观点，能够迅速抓住读者的注意力并引发思考。这类标题通常简洁明了，具有较强的针对性和引导性。例如，"内容营销：未来品牌建设的核心策略"就是一个典型的观点式标题，它直接提出了内容营销在品牌建设中的重要性。

(2) 有趣式标题

有趣式标题通过幽默、俏皮或新奇的表达方式吸引读者，使文章更加生动有趣。这类标题能够激发读者的好奇心，增加点击率。例如，"你知道吗？狗狗其实是外星人的密探！"这样的标题就充满了趣味性和探索性，能够引发读者的阅读兴趣。

(3) 指导式标题

指导式标题通常提供某种实用的指导或建议，帮助读者解决具体问题或达到特定目标。这类标题往往具有实用性和操作性强的特点。例如，"五步教你如何打造个人品牌"就是一个典型的指导式标题，它承诺为读者提供具体的操作步骤和建议。

(4) 问题式标题

问题式标题通过提出问题引发读者的思考和好奇心，进而引导他们阅读文章内容。这类标题通常与读者的切身利益或疑问密切相关。例如，"如何平衡工作与生活？专家为你解答！"这样的标题就成功地引发读者的关注和思考。

(5) "十大"式标题

"十大"式标题通过列举一系列相关的事物或观点来吸引读者，这种形

式通常能够激发读者的好奇心和探索欲。例如,"十大最佳旅游景点推荐"或"十大健康饮食习惯"等标题,都利用了人们想要了解更多、更全面信息的心理。

(6) 数字式标题

数字式标题通过具体的数字来传达信息,给人以精确、可信的感觉。这类标题通常简洁明了,能够迅速传递文章的核心内容。例如,"5个方法提升你的工作效率"或"3分钟了解区块链技术"等标题,都通过数字来突出了文章的重点和实用性。

(7) 提示式标题

提示式标题通过给出某种提示或暗示来吸引读者,使读者对文章内容产生期待和好奇。这类标题往往具有一定的神秘性和引导性。例如,"揭秘:成功人士的共通之处"或"你不可不知的职场晋升秘诀"等标题,都通过提示来吸引读者的注意力。

(8) 借势式标题

借势式标题通过借助当前热门事件、话题或人物的影响力来吸引读者,使文章与时事紧密结合,提高关注度。例如,"从《流浪地球》看中国科幻电影的崛起"或"与巴菲特共进午餐:投资大师的智慧分享"等标题,都巧妙地借助了热门事件或人物的影响力来提升文章的吸引力。

(9) 警告式标题

警告式标题通过提出某种警告或风险来吸引读者的注意力,使读者对文章内容产生紧迫感和关注度。这类标题通常具有较强的警示性和针对性。例如,"警惕!这些网络安全隐患可能正威胁着你"或"注意!这种饮食习惯可能导致健康问题"等标题,都通过警告来引发读者的重视和关注。

在实际运用中,应根据文章内容和目标受众的特点选择合适的标题类型,以最大限度地吸引读者的注意力并引导他们深入了解文章内容。同时,也应注意避免标题党等不当行为,确保标题与文章内容的一致性,以维护媒体的公信力和读者的信任。

3. 撰写标题时应避免的误区

在撰写软文标题时,虽然创意和吸引力至关重要,但也存在着一些常见的误区,这些误区可能会导致读者产生误解或对文章内容的真实性产生怀疑。以下是在撰写标题时应当避免的三个主要误区。

(1) 不负责任地吹嘘

在追求标题的吸引力时，过度夸大或吹嘘文章内容是一个常见错误。例如，使用"最全面""终极指南"等绝对化词汇可能让读者产生过高的期望，而文章内容若无法满足这些期望，则会导致读者的失望和不满。因此，标题应准确反映文章的核心内容，避免不切实际的夸大。

(2) 比喻不恰当

使用比喻可以增加标题的趣味性，但若比喻不恰当或难以理解，则会造成读者的困惑。不恰当的比喻可能让读者对文章内容的理解产生偏差，甚至引发误解。因此，在选择比喻时，应确保其既贴切又易于理解，能够准确传达文章的主旨。

(3) 加强思想的标题

某些标题试图通过强烈的观点或情感表达来吸引读者，但这种做法可能引发争议或误导。例如，使用过于极端的言辞或立场可能让部分读者感到不适或产生抵触情绪。因此，标题应保持客观和中立，避免过度渲染或强加观点。

(二) 软文内容的策划

在软文内容策划的过程中，核心环节无疑是紧密围绕所设定的主题展开的。这一主题的确定，直接关乎软文的方向、风格和受众定位，因此，其选择至关重要。以产品推广为例，软文内容策划的精妙之处在于其微妙而高效的推广方式。过于直接的宣传往往适得其反，容易触发消费者的抵触心理，甚至引发其对产品真实性的质疑。因此，策划者需运用巧妙的过渡与引入手法，使产品推广如春风化雨、润物无声。

内容策划的明晰性和条理性是软文成功的基石。在明确主题后，应进一步细化内容架构，确保每一部分都紧扣主题、层层递进，引导读者逐步深入了解产品或服务。同时，策划过程中还应注重与读者的情感共鸣，通过讲述故事、分享经验等方式，拉近与读者的距离，增强软文的感染力和说服力。

在内容策划的基础上，结合恰当的写作技巧是提高软文质量的关键。例如，运用生动的语言和形象的比喻能够增强文章的可读性；合理安排段落

和布局则有助于提高文章的整体美感。通过这些技巧的运用，一篇既具深度又富有吸引力的软文便呼之欲出，能够有效地传递信息，实现推广目的。

(三) 软文写作的技巧

软文写作不同于文学创作、新闻和公文类的写作，但是软文的写作可以借助于已有的文体写作方法和形式。实际上，现在很多的新闻稿都属于软文的类型，尤其是门户网站和行业网站的频道资讯，大多数都属于新闻型的软文。

1. 软文写作的特点分析

(1) 篇幅较短

软文通常篇幅不长，这是由其传播渠道和受众阅读习惯决定的。简短的篇幅使软文能够在有限的时间内传达核心信息，迅速抓住读者的注意力，避免冗长和烦琐导致读者流失。

(2) 主题明确

每一篇软文都围绕一个明确的主题展开，使信息传递更为集中和有效。主题明确不仅有助于提升读者的阅读体验，还能让软文在众多的信息中脱颖而出，实现其营销目的。

(3) 传播快

在互联网时代，软文的传播速度极快。通过社交媒体、新闻网站等多种渠道，软文可以迅速覆盖广大受众。这种快速传播的特性使软文成为企业营销、品牌推广的利器。

(4) 新闻性强

这一点特别适用于新闻型软文。新闻型软文必须注重时效性，要及时捕捉和报道新闻热点，确保信息的新鲜度和吸引力。过时的新闻很难引起读者的兴趣，因此，新闻型软文要求作者有敏锐的新闻触觉和快速的反应能力，以便在第一时间发布相关内容，从而达到最佳的传播效果。

2. 软文写作的一般要求

首先，软文必须符合营销推广的基本要求。这意味着软文需要通过精心构思的内容，以潜移默化的方式传达品牌或产品的核心价值，进而激发读者的购买欲望。软文的推广目的要明确，但同时要避免过于直白的广告式宣传，保持内容的自然流畅，使读者在享受有价值信息的同时，也能接收到推广信息。

其次,软文必须符合中文写作的要求。这包括语言的规范性、文笔的流畅性和逻辑的严密性。软文应使用准确、生动的词汇,句子结构要合理,避免语法错误和表达不清的情况。同时,整体行文需要条理清晰,使读者能够轻松理解并跟随文章的思路。

最后,软文还需符合网络的特殊要求。网络环境下,读者的注意力更容易分散,因此软文需要具有吸引力和互动性,以抓住读者的眼球。此外,由于网络信息传播速度快,软文需要具备一定的时效性和话题性,以便在众多的网络内容中脱颖而出。同时,考虑到搜索引擎优化(SEO)的因素,软文中的关键词使用也需恰到好处,以提高文章的搜索排名和曝光率。

3.软文开头的写法

在软文写作中,开头部分至关重要,它不仅关乎读者是否愿意继续阅读,还直接影响整篇文章的传播效果。以下将详细探讨四种常见的软文开头类型,并分析其特点和适用场景。

(1)开门见山式

开门见山式的开头,指的是在文章起始便直接点明主题,不绕弯子,迅速进入正题。这种开头方式简洁明了,能够迅速抓住读者的注意力,特别适用于信息量大、时间紧迫的场合。例如,"随着科技的飞速发展,智能家居已经成为现代生活的新趋势。本文将为您详细介绍智能家居的优势及如何选择合适的智能家居产品"。这样的开头直接引导读者进入主题,提高了信息传递的效率。

(2)情境导入式

情境导入式开头通过构建一个具体的场景或故事,将读者带入一个设定的情境中,从而引发读者的兴趣和好奇心。这种开头方式能够增强读者的代入感,使其更容易产生共鸣。例如,"想象一下,你下班回家,轻轻一按,家中的灯光、音乐、温度都自动调节到最舒适的状态。这不是科幻电影,而是智能家居带给我们的现实生活"。通过描绘一个具体的智能家居场景,激发读者对智能家居的向往和好奇心。

(3)引用名言式

引用名言式开头通过引用名人名言或权威数据,为文章增添可信度和深度。这种方式能够借助名人的影响力或数据的客观性，提升文章的说服力。例如，"乔布斯曾说：'创新是区别领导者和追随者的唯一标准。'在智能家居领域，创新同样重要。本文将探讨智能家居行业的创新趋势及其对市场的影响"。通过引用乔布斯的名言，强调了创新在智能家居领域的重要性，为后续内容奠定了基础。

(4) 夸张刺激式

夸张刺激式开头运用夸张的手法，突出某一特点或现象，以引起读者的注意和兴趣。这种开头方式具有强烈的视觉和情感冲击力，适用于需要引起广泛关注的议题。例如，"你知道吗？智能家居正在改变我们的生活方式！它不仅仅是一个科技产品，更是一场生活革命！本文将带你领略智能家居带来的翻天覆地的变化"。通过夸张的描述，强调了智能家居的重要性和影响力，激发了读者的阅读兴趣。

4. 软文正文的布局

在软文写作中，正文的布局对于传递信息、吸引读者以及引导读者行为至关重要。合理的布局能够增强文章的逻辑性和可读性，从而更好地实现营销目标。以下是对七种常见软文正文布局方式的详细探讨。

(1) 悬念式

悬念式布局通过设置疑问、留下悬念的方式，激发读者的好奇心和探索欲。这种布局往往在开头就提出一个引人入胜的问题或情境，使读者产生强烈的阅读欲望。随着文章的展开，悬念逐渐被揭晓，读者的兴趣也被持续吸引。例如，某科技产品软文可能会以"你能想象手机在未来会变成什么样吗？"作为开头，逐步揭示产品的创新特性和未来趋势，让读者在好奇心的驱使下深入了解产品。

(2) 故事式

故事式布局以叙述故事为主线，通过生动的情节和人物塑造，将产品或品牌信息巧妙地融入其中。这种布局方式能够增强文章的趣味性和可读性，使读者在享受故事情节的同时，潜移默化地接收广告信息。例如，一篇关于健康食品的软文可通过讲述一个主人公如何通过食用该食品改善健康状况的故事，来突出产品的功效和优势。

(3) 情感式

情感式布局侧重于触发读者的情感共鸣，通过描绘情感场景、塑造情感氛围，使读者对产品或服务产生好感。这种布局方式常用于品牌形象的塑造和宣传。例如，一篇关于慈善捐赠的软文可以通过描述受助者的困境和感激之情，来激发读者的同情心和参与意愿。

(4) 层递式

层递式布局按照逻辑顺序或重要性顺序，层层递进地展开文章内容。这种布局方式条理清晰、重点突出，有助于读者系统地了解产品或服务的各个方面。例如，一篇关于智能手机的软文可以从外观设计、性能配置、拍照效果到用户体验等方面逐一介绍，使读者对手机有一个全面而深入的了解。

(5) 正反对比式

正反对比式布局通过对比不同产品或服务之间的优劣差异，来突出所推广产品的优势。这种布局方式能够直观地展现产品的竞争力和性价比，帮助读者做出购买决策。例如，一篇关于某款新型电饭煲的软文可以通过与传统电饭煲的对比实验数据来展示其节能、高效的特点。

(6) 倒三角式

倒三角式布局将全文结构分为三个主要部分：导语、主体和结尾。导语部分概括全文要点，引起读者兴趣；主体部分详细展开产品或服务的特点和优势；结尾部分总结全文并呼吁读者采取行动。这种布局方式符合读者的阅读习惯和心理预期，有助于提高文章的转化率和传播效果。例如，一篇关于旅游攻略的软文可以在导语部分简要介绍目的地的特色和吸引力，在主体部分详细介绍行程安排、景点推荐等实用信息，而在结尾部分鼓励读者分享自己的旅行经验并推荐相关旅游产品。

具体来说，在倒三角式布局中，导语部分要精练有力，能够迅速抓住读者的注意力并概括全文的核心内容。主体部分则需要详细展开，提供丰富的信息和证据来支持导语中的观点或承诺。同时，主体部分还可以根据需要设置多个小节，分别介绍不同的方面或特点。结尾部分则需要简洁明了地总结全文，并引导读者采取进一步的行动，如购买产品、关注品牌等。

(7) 倒置式

倒置式布局与常规的文章结构相反，它先呈现结果或结论，再逐步展开论述过程和原因。这种布局方式能够打破读者的思维定式，产生强烈的视觉冲击力和阅读欲望。例如，一篇关于减肥成功的软文可以先展示主人公瘦身前后的对比照片和成果数据，再详细介绍减肥方法和经验分享。

在实际应用中，新媒体运营者可以根据目标受众、产品特点和营销目标选择合适的正文布局方式。同时，也可以将不同的布局方式结合起来使用，从而创造出更加丰富多样的软文形式。无论采用哪种布局方式，都需要确保文章内容真实可信、有价值且引人入胜，这样才能真正吸引并留住读者的注意力，实现有效的信息传播和营销转化。

综上所述，软文正文的布局方式多种多样，每种方式都有其独特的优势和适用场景。选择合适的布局方式能够增强软文的吸引力和说服力，从而更好地实现营销目标。在实际操作中，应根据具体情况灵活运用这些布局方式，以创造出高质量的软文作品。

5.软文结尾布局

软文结尾的布局对于整篇文章的连贯性和吸引力至关重要。一个恰当的结尾不仅能够给读者留下深刻印象，还能增强文章的说服力，甚至激发读者的进一步行动。以下是对六种常见软文结尾布局的详细探讨。

(1)自然收尾

自然收尾是指文章在论述完主要内容后，顺势而为，自然而然地结束全文。这种方式简洁明了，不给读者留下突兀感。例如，在介绍完一款产品的特点和优势后，可以简单总结："综上所述，该产品以其卓越的性能和人性化的设计，确实值得消费者的关注与选择。"

(2)首尾呼应式

首尾呼应式结尾是指结尾与开头相呼应，使文章结构更加严谨。这种布局能够强化文章的主题，并给读者留下深刻印象。例如，开头提出一个问题，结尾再回到这个问题上来，给出明确的答案或解决方案。

(3)点题式

点题式结尾是在文章末尾明确点出文章的中心思想或主题，帮助读者把握文章的重点。这种结尾方式直截了当，有助于读者快速理解作者的意图。例如，在探讨某个社会现象后，结尾可以明确指出："因此，我们应该重视这个现象对社会的影响，并积极寻求解决方案。"

(4) 名言警句式

名言警句式结尾是引用名人名言或警句来结束文章，旨在通过权威或深刻的话语来增强文章的说服力。这种结尾方式往往能给读者留下深刻的思考。例如，在谈论坚持与毅力的重要性时，可以引用"锲而舍之，朽木不折；锲而不舍，金石可镂"来强调坚持不懈的意义。

(5) 抒情议论式

抒情议论式结尾是通过抒发情感或发表议论来结束文章，旨在引发读者的共鸣和思考。这种结尾方式能够拉近与读者的距离，增强文章的感染力。例如，在描述一个感人至深的故事后，可以抒发自己的感慨："在这个充满爱的世界里，每一个微小的善举都可能成为他人生命中的一缕阳光。"

(6) 请求号召法

请求号召法结尾是通过向读者发出请求或号召来结束文章，旨在激发读者的行动和参与。这种结尾方式具有很强的动员性和煽动性。例如，在推广一项公益活动时，可以在结尾写道："让我们携手行动，为那些需要帮助的人送去一份温暖和关爱吧！"

在实际写作中，应根据文章的内容和目的选择合适的结尾方式，以达到最佳的传播效果。

第四节　产品卖点：文案的策划及撰写

产品文案的主要目的是让公司的产品变得更好卖，更有效地把最具竞争力的价值提供给客户，所以文案工作人员不仅要准确把握用户对产品的认知，还要足够了解产品的属性及价值。

一、互联网产品文案与电商文案的区别

互联网产品文案与电商文案同属于文案的范畴，但因两者面对的用户群体不同，从而形成了不同的撰写风格及表达方式，下面从以下几个方面来解析两者文案间的差别。

(一) 用户认知的不同

互联网产品文案面向的是对产品毫无了解或了解不多的用户群体，文案的目的就是打响市场知名度，让用户了解产品，让用户心动。就相当于新产品要进入市场前，先要做的肯定是宣传打广告，让用户知道有这个产品。

电商文案面向的是对该类商品有需求的用户，文案目的是促进用户购买。比如，用户打算购买一个玩具，于是在电商平台搜索相关玩具词条，并且浏览了多家玩具店铺，在对比过程中，被某个产品吸引，于是深入了解该产品的描述，最后下单购买。所以，电商文案需要把握的是用户进店铺浏览到购买这个阶段，用户已经了解产品，知道自己需要什么，文案要做的就是突出产品优势，打动消费者。

(二) 表达方式的不同

互联网文案无须消费者思考，强调直观、简单、量化、图像化，消费者可轻易对产品做出判断。简单点讲，就是用户能一眼就看懂文案要传达的意思，能在脑海中呈现一个具体的图像。

电商文案着重的是转换，而不是传达品牌精神或品牌风格等，一切以"解决用户问题"为核心，以卖出产品为目的，强调有吸引力、有说服力、有使用氛围。

二、互联网产品文案

好的互联网产品文案与产品、设计、市场、营销策略、品牌包装、人性的洞察是分不开的，能表达出产品的本质，能触动客户心底的声音，而不仅仅是浮夸的辞藻和高大上的语句。

(一) 优秀的产品型文案

优秀的产品文案，往往能够精准捕捉并传达出产品的独特气质，同时融入一种态度、主张、追求或价值观，使之成为消费者与产品之间的情感纽带。这样的文案，不仅提升了产品的品牌形象，更能在消费者心中留下深刻印象。

1. 能直击用户的痛点

优秀的产品文案,首先要能够准确识别并击中用户的痛点。所谓痛点,即用户在使用产品或服务过程中遇到的问题或不便。文案通过精准描述这些问题,并提出解决方案,从而引发用户的共鸣和购买欲望。例如,针对一款解决失眠问题的产品,文案可以突出"摆脱失眠困扰,重拾健康睡眠"的痛点,吸引用户的关注。

2. 代入感强

好的文案常常运用生动的场景或深刻的感受去描绘产品,利用人们的想象力,将用户带入文案所描绘的场景中。这种代入感不仅能够增强用户对产品的理解,还能激发他们的情感体验,使其更加容易产生购买行为。比如,通过描绘一个温馨的家庭聚餐场景,来推广一款家用烹饪设备,让用户感受到产品带来的便捷和温馨。

3. 对产品卖点分析到位

优秀的产品文案必须对产品卖点进行深入的分析和精准的提炼。卖点即产品的独特优势或特色功能,是吸引用户的关键因素。文案需要通过简洁明了的语言,突出产品卖点,让消费者在短时间内了解产品的核心价值。例如,针对一款智能手机,文案可以强调其"高性能处理器、超长续航、出色拍照效果"等卖点,来吸引消费者的注意。

4. 具有传播性

优秀的产品文案不仅要在产品页面上吸引用户,还要具备传播性,能够在用户之间口耳相传,扩大产品的影响力。这就要求文案要具有独特性和创意性,能够引发用户的好奇心和分享欲望。例如,通过创造有趣的网络热词或话题标签,来增强文案的传播性,让更多的人了解和关注产品。

(二)产品文案撰写步骤

在互联网营销中,产品文案的重要性不言而喻。一份好的文案能够精准地传达产品价值,吸引潜在客户,并促成购买行为。以下将详细阐述互联网产品文案的撰写步骤。

1. 明确用户群体

在撰写产品文案之前,深入了解目标用户群体是至关重要的一步。这

涉及对用户的基本信息、消费习惯、兴趣爱好、价值观等方面的综合分析。只有准确把握用户群体的特征，才能确保文案的内容与用户的期望和需求相契合。

例如，如果目标用户是年轻人群体，文案的语言风格可以更加活泼、时尚，使用年轻人常用的网络热词和表达方式。对于中老年用户群体，文案则应该更加简洁明了，注重实用性和产品功能的介绍。

此外，了解用户的购买动机和决策过程也是关键。这有助于在文案中设置合适的诱因，引导用户产生购买行为。

2. 分解产品属性

产品属性是构成产品质量的基础，也是用户选择产品的重要依据。在撰写文案时，需要对产品的各个属性进行详细的分解和分析，包括产品的功能、性能、外观、材质、安全性等方面。

通过深入了解产品的各项属性，文案撰写者可以更加准确地把握产品的核心价值，从而在文案中突出产品的优势和特点。同时，针对不同用户的需求和痛点，强调相应的产品属性，能够更有效地吸引用户的注意力。

3. 提炼卖点，找到独特的切入方式

在分解产品属性的基础上，需要进一步提炼卖点，即产品最能够吸引用户的独特之处。卖点的提炼需要遵循简洁明了、易于理解的原则，同时要注重与竞品的差异化。

切入产品卖点的方式有三种主要策略：横向对比、纵向对比、指出用户利益点和建立情感联系。横向对比主要是与同类产品进行比较，突出自身产品的优势；纵向对比则是从产品的发展历程或技术革新等角度进行阐述；指出用户利益点则是直接明了地告诉用户该产品能给他们带来哪些实际好处；建立情感联系则是通过情感化的语言描述和产品使用场景来打动用户。

在选择切入方式时，需要根据产品的特性和目标用户的需求进行权衡。例如，对于创新性强的产品，可以采用纵向对比来展示其技术上的领先地位；对于实用性强的产品，则可以通过指出用户利益点来吸引用户。

4. 场景化

场景化文案是近年来营销中常用的一种手法。通过将产品置身于特定的使用场景中，可以更加生动地展示产品的功能和效果，从而引发用户的共鸣和购买欲望。

在设计场景时,需要结合产品的特点和目标用户的生活习惯进行构思。例如,针对一款智能家居产品,可以构想一个用户在下班后通过智能设备远程控制家中的电器设备、享受便捷生活的场景。这样的场景化描述能够让用户更加直观地感受到产品的价值。

同时,场景化文案也需要注重情感的渲染。通过描绘温馨、舒适和高效的生活场景,可以激发用户对美好生活的向往和追求,从而增强购买动力。

三、电商产品文案

传统的广告文案是指广告中的语言文字部分,是沟通标识与文字符号的一种元素。文案通过描述产品卖点,把控消费者心理,激发消费者的购买欲望,达成销售目标,因此也常被称为"纸上销售术"。

电商文案作为一种商业文体,主要是基于电子商务行业平台,以文字为元素,以吸引消费者为目的而存在的。近些年,随着电子商务不断发展,电子商务文案既传承了传统文案写作的特点,又有其独特的写作要求。电商文案既是一种艺术创作,也是经济活动的一部分,成功的电商文案能依靠卓越的文字表现力,描绘出美好的产品形象,促进产品的销售,并塑造品牌形象。

(一) 电商文案具备的特点

1. 创作目标市场化

电商文案的首要特点是其创作目标的市场化导向。与传统文案相比,电商文案更加注重时效性和针对性,旨在通过精准的市场定位和消费者心理分析,实现商品的销售和品牌推广。市场化目标贯穿文案创作的始终,要求文案作者不仅具备深厚的文学功底,还需对市场动态、消费者需求及产品特性有深入的了解。这种市场化的创作目标,使电商文案在吸引消费者、激发购买欲望方面发挥至关重要的作用。

2. 平台渠道互联网化

电商文案的传播主要依赖于互联网平台,这使其传播速度和覆盖范围远超传统媒体。通过互联网化的平台渠道,电商文案能够迅速触达目标受

众，实现信息的即时传递和互动。此外，互联网平台还为电商文案提供了多媒体化的展现形式，如图文结合、视频嵌入等，进一步丰富了文案的表现力和吸引力。这种互联网化的特点，使电商文案在提升品牌形象、增强消费者黏性方面发挥了显著作用。

3. 内容表现多媒体化

随着网络技术的发展，电商文案不再局限于单一的文字表达，而是融入了图片、视频、音频等多种媒体元素，形成了多媒体化的内容表现形式。这种多媒体化的文案不仅能够更加直观地展示产品特性和使用效果，还能通过丰富的视觉和听觉元素提升消费者的阅读体验，进而增强购买意愿。多媒体化的内容表现，使电商文案在信息传递和消费者沟通方面更加高效和生动。

4. 广告效果可测量化

电商文案的另一个重要特点是其广告效果的可测量化。通过互联网平台的数据分析工具，可以精确地追踪和分析文案的阅读量、点击率、转化率等关键指标，从而科学地评估文案的实际效果。这种可测量化的特点，使电商文案的优化和调整更加有据可依，能够根据实际情况进行精准改进，提升销售效果。

综上所述，电商文案以其市场化的创作目标、互联网化的传播渠道、多媒体化的内容表现以及可测量化的广告效果等特点，在电子商务活动中占据着举足轻重的地位。它不仅是一种艺术创作，更是经济活动的重要推动力。通过深入了解和分析电商文案的特点，我们可以更好地把握市场动态和消费者需求，进而创作出更具吸引力和时效性的文案作品，推动电子商务行业的持续发展。

（二）电商文案的分类

电商文案，作为电子商务活动中的信息传递工具，可根据其目的和形式的不同，细分为多种类型。本文将从展示类、品牌类、推广类和软文类四个方面，对电商文案进行详细分类和探讨。

1. 展示类电商文案

展示类电商文案主要用于直观、详细地展示产品或服务，以便消费者能够全面了解商品信息。这类文案通常出现在商品详情页、广告横幅等位置，以吸引消费者的注意力并引导其进行购买。

(1) 横幅展示类广告文案

这类文案通常以简洁、醒目的形式出现在电商平台的首页或重要页面，其主要目的是吸引消费者的眼球，激发他们的购买欲望。横幅广告文案需要简洁明了，能够在短时间内传达出商品的核心卖点，同时具有一定的创意和吸引力，从而引起消费者的兴趣。

(2) 产品详情页展示文案

产品详情页是消费者了解产品信息的重要渠道，因此，这里的文案需要详尽而准确。文案应包含产品的功能、特点、使用方法、售后服务等关键信息，以便消费者做出明智的购买决策。同时，文案的排版和设计也需注重用户体验，确保信息清晰易懂，便于消费者阅读和理解。

2. 品牌类电商文案

品牌类电商文案主要用于塑造和传达品牌形象，提升品牌知名度和美誉度。这类文案通常通过讲述品牌故事、传递品牌价值观等方式，与消费者建立情感连接，培养品牌忠诚度。品牌文案需要具有独特的创意和深刻的内涵，能够引发消费者的共鸣和认同，从而增强品牌的吸引力和影响力。

3. 推广类电商文案

推广类电商文案旨在通过各种促销手段和营销活动，推动产品的销售。这类文案通常包括限时折扣、满减优惠、赠品活动等促销信息，以吸引消费者的关注和参与。推广文案需要具有吸引力和说服力，能够让消费者感受到购买的紧迫性和价值感，从而激发其购买意愿。同时，文案还需清晰明了地说明活动规则和条件，避免消费者产生误解或不满。

4. 软文类电商文案

软文类电商文案是一种更为隐晦的广告形式，通常以故事、资讯、评测等内容为载体，巧妙地将产品信息融入其中，从而达到宣传推广的目的。软文文案需要具有高超的写作技巧和策划能力，能够在保证文章内容质量的同时，自然地引出产品信息并引导消费者产生购买行为。软文的优势在于其隐蔽性和趣味性，能够在消费者不知不觉中传递广告信息，提高营销效果。

综上所述，电商文案的分类多种多样，每种类型的文案都有其独特的

功能和写作要求。作为新媒体运营专家或电商从业者，应熟练掌握各类文案的写作技巧和方法，根据实际需求选择合适的文案类型进行创作。同时，还需不断关注市场动态和消费者需求变化，及时调整文案策略和内容，以适应市场变化。通过精心策划和撰写电商文案，可以有效提升品牌形象、推动产品销售并增强消费者忠诚度，从而实现电商营销的最终目标。

（三）电商文案写作的步骤

电商文案作为电子商务活动中的关键元素，其撰写过程需要遵循一定的步骤以确保文案的有效性和吸引力。以下将详细介绍电商文案写作的三个主要步骤：分析市场、熟悉产品以及了解受众群体。

1. 分析市场

在撰写电商文案之前，深入的市场分析是不可或缺的环节。市场分析主要包括市场环境分析和市场调研两部分。

（1）市场环境分析

市场环境分析旨在了解当前市场的宏观经济状况、行业政策、法律法规及技术发展趋势等外部因素。这些因素直接或间接地影响消费者的购买行为和市场需求。例如，经济增长率、通货膨胀率等宏观经济指标会影响消费者的购买力；而行业政策的调整则可能导致市场竞争格局的变化。通过深入分析市场环境，文案创作者能够把握市场动态，为文案撰写提供宏观背景支持。

（2）市场调研

市场调研是获取第一手市场信息的重要手段。通过问卷调查、访谈、观察等多种方法，收集关于目标市场、竞争对手及消费者需求等方面的数据和信息。市场调研有助于文案创作者了解消费者在购买决策过程中的关注点、疑虑和期望，从而有针对性地构建文案内容，提升文案的说服力和转化率。

2. 熟悉产品

电商文案的核心是产品，因此，文案创作者必须对产品有深入的了解和认识。这包括产品的卖点、市场定位和品牌形象等方面。

（1）产品的卖点

卖点是产品独特的功能、特性或优势，是吸引消费者购买的关键因素。

文案创作者需要深入挖掘产品的卖点,并将其以简洁明了的方式呈现在文案中。例如,一款智能手机的卖点可能包括高性能处理器、超高清摄像头或长续航等。通过突出这些卖点,文案能够更有效地吸引潜在消费者的注意。

(2)产品的市场定位

市场定位决定了产品在市场中的竞争地位和目标消费群体。文案创作者需要明确产品的市场定位,确保文案内容与产品的定位相契合。例如,如果产品定位为高端奢侈品,则文案应体现出产品的奢华感和独特性;如果产品定位为性价比高的实用品,则文案应强调产品的实用性和性价比优势。

(3)产品的品牌形象

品牌形象是消费者对产品的整体印象和认知。文案创作者需要了解并传达产品的品牌形象,以增强消费者对产品的信任感和忠诚度。在文案中融入品牌的核心价值观和理念,有助于塑造独特的品牌形象,并提升品牌在消费者心目中的地位。

3. 了解受众群体

深入了解受众群体是撰写有效电商文案的关键。文案创作者需要明确产品的目标用户是谁、他们的需求是什么,以及如何触动他们的情感并激发他们的购买欲望。

(1)用户画像

通过创建详细的用户画像,文案创作者可以更准确地了解目标用户的年龄、性别、职业、兴趣等特征。这些信息有助于文案创作者选择合适的语言风格和内容主题,确保文案与用户的兴趣和需求相匹配。例如,针对年轻人的产品文案可以采用更加活泼、时尚的语言风格,而针对中老年人的产品文案则可能更注重产品的实用性和性价比。

(2)从顾客动机出发

了解消费者的购买动机是撰写成功文案的关键。消费者购买产品的动机可能包括解决问题、满足需求、追求时尚等。文案创作者需要针对消费者的不同动机,制定相应的文案策略。例如,针对追求时尚的消费者,文案可以强调产品的时尚设计和独特品位;针对注重实用性的消费者,文案则可以突出产品的功能性和耐用性。

(3) 找到痛点

痛点是指消费者在购买过程中遇到的问题或困扰。文案创作者需要通过市场调研和消费者反馈等途径，发现消费者的痛点，并在文案中提出解决方案。例如，如果消费者在购买智能家居产品时担心兼容性问题，文案中可以明确说明产品与其他智能家居设备的兼容性，从而打消消费者的顾虑并促成购买行为。

遵循这些步骤，文案创作者能够撰写出更具针对性和吸引力的电商文案，从而提升产品的销售业绩和品牌形象。

(四) 详情页展示文案写作

商品详情页是电商平台上至关重要的环节，其文案设计涵盖多个层面。情感诉求方面，文案通过温馨、感人的语言触动消费者的心弦，使其产生共鸣。大幅产品图片则以直观方式展示商品外貌，增强消费者的购买欲望。价格与促销信息的巧妙呈现，能够进一步刺激消费者的购买决策。同时，荣誉展示的板块突出产品的品质保证和市场认可度。店铺情况的详细介绍，如历史、信誉等，为消费者提供购买信心。客户体验部分则通过真实的用户反馈，展示产品的实际应用效果。

在撰写文案时，创作者必须深入了解产品的独特之处，以生动有趣的语言细致入微地展现商品细节，从而吸引并留住消费者的注意力。网店的整体设计、色彩搭配、产品特性的突出以及使用场景的描绘，均对消费者的购物满意度产生深远影响。一个优质的商品详情页，不仅能提供详尽的产品信息，还需符合消费者的审美和需求，进而有效提高购买转化率。

商品详情页是电商平台上吸引和转化潜在顾客的关键环节，其文案的质量直接关系到商品的销量。以下是几个关键的文案写作技巧。

2.商品描述务必简洁，产品细节必须真实

在商品详情页中，文案的首要任务是准确传达产品的核心信息。描述应简洁明了，避免冗长和复杂的句子结构。每个词句都应承载有效信息，去除任何冗余和不必要的修饰。同时，产品细节的描绘必须严格基于事实，不可夸大或虚构，确保消费者得到的商品与描述相符，从而维护品牌的信誉和消费者的信任。

2. 精确定位目标消费人群,凸显产品价值

深入了解目标消费人群的需求和痛点,是撰写有效文案的基石。文案应直接回应这些需求和痛点,凸显产品如何满足他们的期望。例如,针对注重健康的消费者,可以强调产品的健康益处;对于追求高效的顾客,可以突出产品的便捷性和效率。通过这种方式,文案能够更精确地触达潜在顾客的内心,提升产品的市场吸引力。

3. "晓之以理,动之以情",触动顾客心弦

除了理性地阐述产品的功能和优点,文案还应触及消费者的情感层面。通过讲述与产品相关的故事,或者描绘产品能带来的生活场景,来激发消费者的情感共鸣。这种"情感化"的文案策略能够增强消费者对产品的好感度,进而提高其购买意愿。

(五)提高客户转化率

为了进一步提高客户的转化率,电商文案创作者在撰写商品详情页文案时,可进行以下几个方面的改进。

1. 获得客户的信任

信任是电商交易中的基石。文案创作者应通过多种方式建立并强化客户的信任感。首先,可以在文案中明确提及商品的质量保证,如使用的优质材料、经过严格的生产工艺等。其次,展示品牌的信誉和历史以及所获得的行业认证和顾客评价,都能有效增加客户的信赖度。此外,提供详细的售后服务政策和退换货流程,也是建立客户信任的重要手段。

2. 突出价格优势

价格是消费者购买决策中的重要考量因素。文案中应巧妙地突出商品的价格优势,而不是简单地罗列价格信息。这可以通过对比市场同类产品的价格来实现,展示商品的高性价比。同时,可以运用限时折扣、满减优惠等促销手段,进一步刺激消费者的购买欲望。在呈现价格信息时,应确保清晰明了,避免任何可能导致误解的模糊表述。

3. 商品信息的优化

商品信息的展示方式直接影响客户的购买决策。以下几个方面是优化的重点。

(1) 商品细节图优化

高清、多角度的商品细节图能够让客户更直观地了解商品的质量和细节。文案创作者应确保提供的图片清晰度高，能够充分展示商品的材质、工艺和特色。此外，可以通过添加标签或文字说明来进一步解释图片中的内容，帮助客户更好地理解商品。

(2) 评价模块

客户评价是潜在客户了解商品真实质量和使用效果的重要途径。文案创作者应鼓励已购买客户留下详细、真实的评价，并将这些评价以易于浏览的方式呈现在商品详情页上。对于特别有价值或具有代表性的评价，可以给予突出展示，以增强其影响力。

(3) 知识科普

对于某些专业性较强或需要一定使用技巧的商品，文案创作者可以提供相关的知识科普内容。这不仅能够帮助客户更好地理解商品的功能和使用方法，还能提升客户的购买信心和满意度。知识科普的内容应简洁明了，避免使用过于专业的术语，确保信息的有效传达。

第三章　新媒体主流平台的运营探究

不同的新媒体平台有着不同的运营策略。本章将带领读者深入了解微博、微信、直播、短视频、今日头条、小红书等主流平台的运营特点，从而把握每个平台的优势，提升运营效果。

第一节　微博与微信运营

一、微博运营

"微博是一种基于用户关系的信息分享、传播以及获取平台，是通过关注机制分享简短实时信息的广播式社交媒体。在微博上，用户可以使用文字、图片、视频、音频等多种媒体形式，实现信息的及时分享、传播和互动。使用微博进行运营前，运营人员需先对微博账号进行设置，确定微博账号的定位，使用户在看到微博账号时就能初步了解该微博的类型。"[①]

（一）微博营销的优劣势

1.微博营销的优势

在当今的社交媒体营销领域，微博以其独特的功能和广泛的用户基础，成为企业不可或缺的市场推广平台。微博营销相较于传统的营销方式，展现出更为突出的推广、沟通、公关及成本效益优势。

（1）推广优势

微博作为一个拥有庞大用户群体的社交媒体平台，其信息传播速度快、覆盖面广，为企业提供了极佳的产品和服务推广机会。通过精心策划的内

---

① 李俊、魏炜、马晓艳：《新媒体运营》，北京：人民邮电出版社，2020年，第79页。

容，企业能够在短时间内将信息传递给成千上万的潜在消费者。微博的"话题"和"热搜"功能进一步放大了这种推广效应，使企业的营销活动能够迅速占据公众视野，达到品牌曝光和产品宣传的目的。此外，微博还支持图文、视频等多种形式的内容发布，为企业提供了丰富的营销手段，能够更好地吸引和留住用户的注意力。

(2) 沟通优势

微博平台上的互动性强是其另一大特点，它为企业与消费者之间搭建了一个即时、高效的沟通桥梁。企业可以通过发布微博、评论回复、私信等方式与粉丝进行互动，及时了解消费者的需求和反馈。这种双向沟通模式不仅增强了企业与消费者之间的联系，还有助于企业快速响应市场变化，调整营销策略。同时，微博上的用户生成内容也能为企业提供宝贵的市场洞察和口碑传播机会。

(3) 公关优势

在危机公关方面，微博同样表现出色。由于信息传播速度快，微博成为企业应对危机事件、澄清谣言、维护品牌形象的重要阵地。通过实时监测微博上的舆论动态，企业可以在第一时间发现潜在危机，并迅速采取措施进行干预。此外，微博的公开性使企业的回应和解释能够被更多人看到，从而增强公众对企业的信任和理解。

(4) 成本效益优势

相较于传统的广告投放方式，微博营销具有更低的成本投入。企业可以通过精心策划的内容吸引用户的关注，实现低成本的品牌传播。同时，微博提供了丰富的数据分析工具，帮助企业精准定位目标受众，优化广告投放策略，进一步提高营销效率。这种低成本、高效率的营销方式对于中小型企业尤为有利，使它们能够在有限的预算内实现最大化的市场推广效果。

2. 微博营销的劣势

当然，作为营销工具，微博也存在着诸多缺陷，如信息量大导致的营销控制力弱，难以管理；微博环境下出现危机的可能性增加而危机管理准备时间缩短，危机管理制度尚不完善，与此同时，裂变式的传播方式会使微博上的企业危机迅速扩散；管理者难以吸引用户长期关注，且营销效果难以评估，盈利模式亦不够明朗；企业微博营销也存在着大量信息冗余、传播能力有限、受众关系偏于单向等问题。微博的信息老化与热点消退特点也令企业微博营销必须常做常新。企业应正确认识微博营销的优劣势,正确定位、充分规划、扬长避短,用好微博这个营销工具,使之成为企业发展的强力支撑。

(二)微博运营的常用工具

微博,作为当下热门的社交媒体之一,其运营不仅需要精心策划的内容,还依赖于一系列高效的管理工具。这些工具能够帮助运营者更好地分析数据、管理内容、与粉丝互动,从而提升微博账号的影响力和运营效率。以下将详细介绍微博运营的几种常用工具。

1. 微博内容库工具

微博内容库工具是运营者进行内容策划与管理的得力助手。这类工具通常提供丰富的内容素材库,包括图片、视频、文案等,方便运营者快速找到合适的发布内容。同时,内容库工具还支持对发布过的内容进行存储和分类,便于后续的查找和再利用。通过内容库工具,运营者可以更加高效地管理和规划微博内容,确保内容的质量和更新的持续性。

微博图文编辑器是一款不可或缺的工具。它内置了丰富的模板和素材库,支持高级的图文混排、滤镜编辑等功能。通过这款编辑器,运营者可以轻松制作出专业且吸引人的微博内容,提升用户的阅读体验和互动意愿。

2. 粉丝分析工具

粉丝分析工具对于微博运营至关重要。这类工具能够深入分析粉丝的行为习惯、兴趣爱好、地域分布等关键数据,帮助运营者更全面地了解自己的受众群体。通过粉丝分析工具,运营者可以精准定位目标用户,从而制定出更符合粉丝需求的内容策略。此外,这些工具还能够监测粉丝的增长和流失情况,为运营者提供宝贵的用户反馈,以便其及时调整运营策略。

微博数据中心——新浪微博官方提供的数据分析工具,可以帮助企业了解微博用户的行为、兴趣以及微博营销的效果,包括粉丝增长情况、粉丝画像等。

3. 综合管理平台

综合管理平台为微博运营提供了"一站式"的解决方案。这类平台通常

集成了多种功能，包括数据分析、内容管理、用户互动等。通过综合管理平台，运营者可以实时监控微博账号的各项数据指标，如转发量、评论量、点赞量等，以便及时评估运营效果。同时，平台还提供强大的内容编辑和发布功能，使运营者能够轻松管理多个微博账号，提高工作效率。

例如，微博互动助手——提供私信自动回复、评论自动回复等功能，有助于提升互动效率，展现更好的品牌形象。再如，易媒——一款支持70+自媒体矩阵管理的工具，包括微博在内，可以一键管理多个自媒体平台，提高运营效率。同时提供数据统计、评论及私信管理等功能。

4.定时发布与多平台发布平台

定时发布与多平台发布平台是微博运营的又一大利器。这类平台允许运营者预先设定微博的发布时间和内容，实现内容的自动化发布。这一功能对于需要定期更新内容的微博账号来说尤为实用，可以有效节省运营者的时间和精力。同时，多平台发布功能则支持将内容同步至其他社交媒体平台，进一步扩大内容的影响力。通过定时发布与多平台发布平台，运营者可以更加高效地管理微博账号，提升内容的传播效果。常用的平台有：

（1）微博助手

除了支持微博账号管理、数据统计等功能外，还具备一键发布功能，支持图文、视频等内容的定时或批量发布。

（2）飞翔发布器

飞翔发布器可以将文章发布到微博等多个平台上，实现多平台内容的同步更新。

（三）微博运营的有效策略

微博，作为一种基于网络社交的自媒体平台，已经成为企业与用户之间沟通的重要桥梁。企业通过官方微博，不仅能够直接与用户进行互动，还能有效传递品牌信息和企业文化。在这个过程中，如何运用有效的策略进行微博运营，就显得尤为重要。

1.精准定位，组建专业运营团队

（1）精准的定位

企业在涉足微博运营之初，就必须对自身有一个清晰、明确的定位。这种定位不仅关乎品牌形象的塑造，还直接影响到后续内容策划、受众互动以及营销策略的制定。定位的准确性，是决定企业在微博这一社交媒体平台上能否脱颖而出的关键。

品牌定位是核心。企业需要通过深入的市场调研和自我剖析，明确自己的核心价值观和产品特色。这种定位要能够准确地传达给目标受众，使他们在繁杂的微博信息中，一眼就能识别出企业的独特性和价值所在。例如，一家专注于环保产品的企业，其品牌定位可能强调"绿色、健康、可持续"，这样的定位既体现了企业的社会责任感，也符合当前消费者对环保的日益关注。

内容定位则是品牌定位的具体化。企业在微博上发布的内容，应与品牌形象高度契合，同时又要能引发目标受众的共鸣和兴趣。这就要求企业在策划内容时，既要保持与品牌定位的一致性，又要注重内容的趣味性和实用性，以吸引用户的关注和留存。例如，上述环保企业可以发布一些关于环保知识、绿色生活方式的贴士，或者分享企业研发环保产品背后的故事，这样的内容既能体现品牌定位，又能引发用户的兴趣和参与。

受众定位同样重要。企业在微博上的运营，不可能面向所有人群，因此需要精准锁定目标用户群。这要求企业对目标用户的需求、兴趣、消费习惯等有深入的了解，以便更好地进行内容策划和互动。例如，如果目标用户群是年青一代的环保爱好者，那么企业在策划内容时，就可以结合年轻人的语言和兴趣点，用更加活泼、有趣的方式来传递环保理念。

精准的定位不仅有助于企业在微博上形成独特的品牌形象，更能帮助企业深入了解目标用户的需求和兴趣点，从而打造出更符合用户期待的内容。这种以用户为中心的运营策略，将大大提高用户的黏性和互动度，为企业在微博上的长远发展奠定坚实基础。

（2）专业的运营团队

一个专业、高效的运营团队，是企业微博运营成功的关键所在。这个团队不仅需要具备丰富的社交媒体运营经验，还需有敏锐的市场洞察力和出色的内容创作能力。他们的工作，将直接影响到企业在微博上的品牌形象、用户互动以及最终的营销效果。

首先，团队成员必须熟悉微博平台的运营规则和算法机制，这样才能确保发布的内容能够被更多目标用户看到。他们还需要时刻关注微博上的

热点话题和流行趋势，以便及时跟进并策划出相关内容。此外，对于用户的评论和反馈，运营团队也需要给予及时的回应和处理，以维护良好的用户关系。

其次，在内容创作方面，运营团队需要具备高度的创意和策划能力。他们要根据企业的品牌定位和受众需求，创作出既有趣又有价值的内容。这包括文字、图片、视频等多种形式，旨在吸引用户的眼球并引发他们的共鸣。同时，团队成员还需要不断学习和尝试新的内容形式和推广方式，以保持企业在微博上的活跃度和竞争力。

除了创意和策划能力外，数据分析能力也是运营团队不可或缺的一项技能。通过深入分析微博后台的数据反馈，团队成员可以了解用户的喜好和行为习惯，从而调整内容策略和发布时间等，以提升运营效果。这种数据驱动的决策方式，将使企业的微博运营更加精准和高效。

最后，一个优秀的运营团队还需要具备强大的执行力和团队协作能力。在面对各种突发情况和挑战时，他们能够迅速做出反应并调整策略，确保微博运营的顺利进行。同时，团队成员之间也需要保持良好的沟通和协作，共同为企业在微博上的发展贡献力量。

2.注重内容建设，丰富内容形式

（1）多形式内容营销——打造引人入胜的传播体系

在微博这个信息爆炸的平台上，内容的质量和展现形式的多样性成为吸引用户眼球的关键。企业在进行微博营销时，必须高度重视内容的原创性、有趣性和深度，避免陷入简单的复制粘贴或者过于直白的广告宣传的误区。原创内容不仅能够体现企业的独特性和专业性，还能在海量信息中脱颖而出，给用户留下深刻印象。

为了满足不同用户群体的需求和阅读习惯，企业应充分利用微博平台提供的多媒体功能，打造图文、视频、直播等多样化的内容形式。图文内容简洁明了，适合传递信息和观点；视频内容则更加生动直观，能够展示产品的实际使用效果或者企业的真实面貌；直播形式则更具互动性和即时性，能够让用户感受到更加真实的企业氛围，并实时参与交流。

在内容选题上，企业应结合自身的行业特点和目标受众的兴趣点，发布有价值的信息。例如，分享行业前沿资讯，展现企业对行业动态的敏锐洞察；提供产品使用技巧和心得分享，帮助用户更好地了解和使用产品；还可以邀请行业专家或领袖进行访谈或撰写专栏，提升内容的权威性和影响力。

通过持续发布高质量、多样化的内容，企业可以逐步建立起与用户的信任和连接。这种基于内容建立的信任关系是无价的，它不仅能够提升用户对品牌的认知度和好感度，还能在后续的产品推广和销售中发挥巨大的作用。当用户对企业产生信任感后，他们更有可能主动关注企业的最新动态，参与企业的互动活动，甚至自发地分享和推荐企业的内容给他们的朋友和亲人。

(2) 借势、造势的事件营销——抓住时事热点，引爆品牌关注度

微博作为一个实时性极强的社交媒体平台，具有极高的信息传播速度和广泛的覆盖面。这使得微博成为企业进行事件营销的理想场所。通过巧妙地结合时事热点或自创话题进行有针对性的内容策划和推广，企业可以在极短的时间内吸引大量用户的关注，显著提升品牌的曝光度和影响力。

在进行事件营销时，话题的选择和策划至关重要。企业应选择那些积极正面、与企业品牌形象相契合且能够引发用户共鸣的话题。例如，可以关注社会热点事件或节日庆典等时机，及时发布与之相关的内容并引导用户进行讨论和互动。同时，企业还可以根据自身特点和目标受众的喜好自创话题，通过有趣、有创意的内容吸引用户的参与和分享。

除了话题选择和策划外，与用户的互动方式也是事件营销成功的关键。企业应密切关注用户的评论和反馈，及时回应他们的疑问和建议，保持良好的沟通氛围。通过积极的互动和真诚的回应，企业不仅能够增强与用户的情感联系，还能进一步提升品牌的形象和口碑。

总之，在微博营销中，注重内容建设和丰富内容形式是提升企业影响力和用户黏性的重要手段。通过发布高质量、多样化的内容和巧妙地运用事件营销策略，企业可以在微博平台上脱颖而出，实现品牌价值的最大化传播。

3. 玩转粉丝经济，人格化、IP[①]化运营

(1) 玩转粉丝经济——深度激发粉丝力量

粉丝经济在当今社交媒体时代显得越发重要，它不仅是品牌影响力的

---

① 此处的 IP（Intellectual Property），是一个网络流行语，直译为"知识产权"，该词在互联网界已经有所引申。互联网界的"IP"可以理解为所有成名文创（文学、影视、动漫、游戏等）作品的统称。也就是说，此时的 IP 更多的只是代表智力创造的著作版权，比如发明、文学和艺术作品一类。

体现,更是企业营销战略中的关键一环。在微博运营中,如何玩转粉丝经济,将粉丝的潜力最大化,成为每个企业必须深思的问题。

为了充分激发粉丝的参与感和归属感,企业应积极采取多元化的互动方式。例如,定期举办线上互动活动,如问答、投票、话题讨论等,不仅能够吸引粉丝的积极参与,还能在互动中加深粉丝对品牌的了解和认同。同时,邀请粉丝参与产品测试也是一种有效的互动手段。这不仅能让粉丝感受到自己对于品牌的价值,还能帮助企业在产品开发初期就获取宝贵的用户反馈。

提供粉丝专属优惠则是增强粉丝忠诚度的另一大利器。通过为粉丝提供独特的优惠和福利,企业可以让粉丝感受到被重视和关怀,从而进一步巩固他们对品牌的忠诚度。这种忠诚度不仅体现在粉丝对品牌的持续关注和支持上,更有可能转化为实际的购买行为,为品牌带来直接的经济效益。

在玩转粉丝经济的过程中,企业还需时刻关注粉丝的需求和反馈。通过微博等社交媒体的即时互动功能,企业可以迅速收集到粉丝的意见和建议,从而及时调整产品和服务以满足他们的期望。这种以用户为中心的经营理念,不仅能够提升品牌的用户满意度,还能在激烈的市场竞争中为企业赢得先机。

通过与粉丝的紧密互动和持续关怀,企业可以逐步建立起强大的粉丝基础。这些忠诚的粉丝不仅会成为品牌的坚定支持者,还会自发地为品牌进行口碑传播,为品牌的长远发展奠定坚实基础。

(2) 人格化、IP 化运营——打造鲜明品牌形象

在微博运营中,人格化和 IP 化运营的重要性日益凸显。这种运营方式旨在为企业或产品塑造一个鲜明、独特的人物形象或 IP 符号,从而让用户更加直观地感受到品牌的独特魅力和核心价值观。

实施人格化、IP 化运营的关键在于形象的塑造和故事的讲述。企业需要深入挖掘品牌背后的文化和精神内涵,通过有趣、引人入胜的故事情节和生动的人物形象来展现品牌的个性和价值观。这种运营方式不仅能够提升用户对品牌的认同感和归属感,还能有效促进品牌的口碑传播和影响力提升。

在具体实施过程中,企业可以结合自身的产品特点和目标受众的喜好来打造独特的人物形象或 IP 符号。例如,通过设计可爱的卡通形象或塑造富有感染力的品牌代言人,来传递品牌的核心理念和产品特色。同时,企业

还可以利用微博等社交媒体平台的互动性，与用户共同参与品牌形象的塑造过程，从而进一步增强用户对品牌的参与感和归属感。

除了形象的塑造外，故事的讲述也是人格化、IP化运营中不可或缺的一环。企业可以通过讲述品牌创立背后的故事、产品研发的过程以及与用户之间的互动故事等，来让用户更加深入地了解品牌的内涵和价值。这些故事不仅能够激发用户的共鸣和情感连接，还能为品牌注入更多的情感价值和人文关怀。

4.活用整合营销，探索微博矩阵

(1) 全平台整合营销的深入实践

在数字化、信息化的时代背景下，营销的方式和手段已经发生了翻天覆地的变化。单一的营销渠道，无论其效果如何显著，都难以满足现代企业对于品牌传播、用户互动以及市场拓展的多元需求。正因如此，活用全平台的整合营销策略显得至关重要。

全平台整合营销，顾名思义，就是将企业在微博上的营销活动与其他社交媒体平台、线下活动等紧密结合起来，形成一个全方位、多层次的营销体系。这种策略的核心优势在于，它能够有效地扩大品牌的覆盖面和影响力，吸引更多潜在用户的目光。

然而，要想成功实施全平台整合营销，并非易事。企业需要精心策划，确保各个平台之间的营销活动能够协同工作，而不是各自为战。首先，内容的策划和推广策略必须保持高度的一致性。无论是在微博上发布的短视频，还是在其他社交媒体上分享的图片或文章，都应该围绕同一个主题或品牌信息展开，确保用户在任何一个平台上接触到的信息都是统一、协调的。

其次，企业还需要根据不同平台的特点和用户群体来进行有针对性的内容优化。例如，微博用户可能更倾向于观看短视频和图文结合的内容，而其他平台如微信、抖音等则可能更适合发布长文或直播内容。因此，企业在制作和发布营销内容时，必须充分考虑到这些差异，确保内容能够在各个平台上都达到最佳的传播效果。

此外，线下活动与线上营销的紧密结合也是全平台整合营销的重要一环。企业可以通过举办线下发布会、体验活动等方式，吸引用户的实际参与，并通过微博等社交媒体平台进行实时的现场直播和互动，从而进一步增强用户的参与感和品牌忠诚度。

(2) 蓝 V 矩阵联动的战略价值与实施要点

蓝 V 矩阵联动,作为一种新兴的品牌传播策略,正受到越来越多企业的关注和青睐。这种策略的核心思想是通过与其他蓝 V 账号进行合作和推广,共同构建一个强大的品牌传播网络,从而实现品牌价值的最大化。

蓝 V 矩阵联动的战略价值主要体现在以下几个方面:首先,通过与多个蓝 V 账号的联动,企业可以迅速扩大品牌的曝光度和影响力,吸引更多潜在用户的关注;其次,这种联动方式能够有效地提高用户的参与度和互动性,从而增强用户对品牌的认知和情感连接;最后,蓝 V 矩阵联动还有助于企业在社交媒体平台上建立起更加稳固和广泛的用户关系网络,为未来的市场拓展和品牌推广奠定坚实基础。

然而,要想成功实施蓝 V 矩阵联动策略,企业需要注意以下几个要点:首先,选择合适的合作伙伴至关重要。这些合作伙伴不仅需要在社交媒体上具有一定的影响力和粉丝基础,还需要与企业的品牌形象和价值观相契合。其次,制订明确的合作计划也是必不可少的环节。企业需要与合作伙伴共同策划有趣、有价值的内容活动或互动话题,以激发用户的兴趣和参与度。最后,企业还需要注意与合作伙伴之间的沟通和协调问题。只有确保双方能够在活动过程中保持紧密的配合和默契的合作,才能实现活动效果的最大化并达到双赢的局面。

5. 关注危机公关,及时降低负面影响

在微博这一社交媒体平台上,信息的传播速度之快、影响范围之广都是前所未有的。因此,企业在微博运营过程中,必须高度关注危机公关,做好随时应对各种突发情况或危机事件的准备。只有这样,才能在危机来临时,迅速而有效地降低负面影响,保护企业的品牌形象和声誉。

当企业在微博上遭遇危机事件时,首要任务是迅速地做出反应。任何拖延或迟缓都可能使危机进一步恶化,导致更广泛的负面影响。因此,企业需要建立一套高效的危机应对机制,确保在第一时间发现并响应危机。这包括但不限于通过微博的实时监测功能,及时发现并跟踪与品牌相关的负面信息;设立专门的危机应对小组,负责快速评估危机性质、制定应对策略,并协调内外部资源共同应对。

在处理危机事件时，及时发布官方声明至关重要。这份声明不仅是企业对危机事件的回应，更是向公众展示企业态度和决心的重要方式。在编写官方声明时，企业应确保内容真实、准确、客观，避免使用模糊或误导性的语言。同时，声明中应明确企业的立场和措施，以消除公众的疑虑和不安。此外，声明的发布时机也需谨慎选择，确保信息能够及时、有效地传达给目标受众。

除了发布官方声明外，企业还需要积极回应用户的关切。在危机事件发生后，用户往往会在微博上表达自己的担忧、疑问或不满。企业应认真倾听这些声音，及时给予回应和解释。通过真诚的沟通和交流，企业可以增进与用户的理解和信任，从而降低危机对品牌形象的损害。

在回应用户关切的过程中，提供解决方案至关重要。企业应根据危机事件的具体情况，制定相应的补救措施或改进方案。这些方案应切实可行、有针对性，能够真正解决问题并满足用户的需求。同时，企业还需通过微博等渠道广泛宣传这些解决方案，让更多用户了解和认可。

为了更有效地应对危机情况，企业需要建立完善的危机公关机制和预案。这一机制应包括明确的危机应对流程、指定专人负责危机公关工作以及定期进行危机模拟演练等环节。通过这些措施的实施，企业可以在危机发生时迅速启动应急响应程序，确保各项应对措施能够有条不紊地展开。此外，定期的危机模拟演练还可以帮助企业发现并改进危机应对过程中的不足之处，提高团队的协同作战能力和应急反应速度。

6. 应用广告投放，科学规划预算

广告投放作为微博运营中的一项核心推广策略，被众多企业采纳。其背后的逻辑很简单：通过有针对性的广告推送，企业能够在极短的时间内大幅度提升品牌的曝光度和知名度，从而快速抓住目标受众的眼球。但这一策略的成功并非偶然，它需要精心的规划和科学的预算管理。

首先，明确投放目标是广告投放的第一步。企业是希望提升品牌知名度、推广新产品，还是希望引导用户进行某种行为？不同的目标将决定广告的内容、形式和推送策略。例如，如果目标是推广新产品，那么广告内容应着重展示产品的独特功能和优势，同时，推送策略也应更加精准，确保广告能够触达最可能对产品感兴趣的用户群体。

其次,深入了解目标受众是确保广告投放效果的关键。企业需要通过数据分析,明确目标受众的年龄、性别、地域、兴趣等特征,从而制作出更符合他们喜好的广告内容。同时,利用微博的广告定向功能,企业可以进一步确保广告能够精准触达这些用户,提高广告的点击率和转化率。

预算分配也是广告投放过程中不可忽视的一环。企业需要根据自身的财务状况和市场环境,为广告投放设定一个合理的预算。预算的分配应基于广告的目标、受众规模、竞争状况等因素进行综合考虑。过低的预算可能导致广告效果不佳,而过高的预算可能给企业带来不必要的经济压力。

在广告投放过程中,创意设计至关重要。一个吸引人的广告不仅需要有趣、有吸引力的内容,还需要与受众产生情感共鸣,从而引导他们进行点击和转化。因此,企业需要聘请专业的创意团队,根据目标和受众特征,制作出高质量的广告内容。

此外,对广告效果的实时监控和调整也是确保广告投放成功的关键。企业需要密切关注广告的点击率、转化率、曝光量等数据,根据实际情况及时调整投放策略。例如,如果发现某一类广告的点击率持续低迷,企业可以考虑更换广告内容或调整推送策略。

值得一提的是,微博平台提供了丰富的广告工具和数据分析功能,帮助企业更好地管理和优化广告投放。通过这些工具,企业可以更加直观地了解广告的效果,及时发现并解决问题,从而确保每一分预算都能产生最大的价值。

二、微信公众号运营

微信公众平台是腾讯于 2012 年 8 月在微信发展的基础上推出的互联网时代网络推广、营销的新媒体移动化媒介。"微信公众号是基于微信通信软件而开发的功能模块,它充分利用了微信的特点,吸引了大量个人和企业通过其开展新媒体运营。与微信朋友圈相比,微信公众号主要通过文字、图片、语音、视频等形式发布原创内容或与粉丝互动来打造自己的特色,以建立品牌形象并为用户服务。"①

对于微信公众号运营者来说,要获得高流量吸引用户的关注,进而赢

---

① 李俊、魏炜、马晓艳:《新媒体运营》,北京:人民邮电出版社,2020 年,第 57 页。

得用户产生订阅行为，用户的使用心理、需求与意愿是运营者要时刻把握和了解并要随时改善和更新的，从而有效地留住用户，增强用户的黏性，力争达到通过用户进行公众号的再次传播。

(一) 微信公众号运营的优劣势

微信公众号作为当今主流的新媒体平台之一，对于品牌宣传、信息传递、用户互动等方面都有着显著的优势，但同时也存在一些劣势。以下是对微信公众号运营优劣势的详细分析。

1.微信公众号运营的优势

广泛的用户基础：微信作为中国最大的社交平台，拥有庞大的用户群体，公众号可以借此迅速触达大量目标受众。

低成本高效果：相比传统媒体，微信公众号运营的成本相对较低，但信息传播的速度和范围却非常广，能够实现较高的营销效果。

精准营销：微信公众号后台提供了丰富的用户数据分析工具，运营者可以根据用户的性别、年龄、地域等特征进行精准的内容推送和营销活动。

互动性强：公众号支持多种形式的互动，如评论、点赞、投票等，能够增强用户黏性和活跃度。同时，运营者可以通过这些互动收集用户反馈，不断优化内容和服务。

多媒体内容支持：微信公众号支持图文、视频、音频等多种形式的内容展示，为运营者提供了丰富的创意空间。

2.微信公众号运营的劣势

内容同质化：随着微信公众号数量的激增，内容同质化现象日益严重，如何在海量信息中脱颖而出成为一大挑战。

打开率下降：由于信息过载，用户关注的公众号众多，单个公众号的文章打开率普遍不高。

算法限制：微信的推送算法会影响文章的曝光率，即使内容优质，也可能因为算法的原因无法被更多用户看到。

运营门槛提高：随着微信公众号平台的不断规范和完善，对运营者的专业性和内容质量要求越来越高，新手运营者可能面临较大的压力。

依赖第三方工具：微信公众号自身的功能相对有限，为了实现更复杂

的运营需求，往往需要借助第三方工具或平台，这可能会增加运营成本和复杂性。

(二) 微信公众号的运营策略

微信公众号，作为微信平台上的重要信息传播工具，已经成为企业、机构和个人进行品牌推广、信息发布和互动交流的关键渠道。从用户的角度出发，微信公众号的运营策略至关重要，它直接关系到公众号能否成功吸引并留住目标受众。以下是对微信公众号运营策略的一些深入认知。

1. 准确定位推广，吸引用户订阅

微信公众号运营作为当今数字化营销的重要手段，其核心目标无疑是吸引并留住用户。在这个信息爆炸的时代，如何赢得用户的青睐并成功获取稳定的用户流量，成为公众号运营的首要问题和关键因素；而衡量一个公众号价值的重要指标，便是用户的订阅量。因此，提高订阅量自然成为公众号运营者的首要任务。

(1) 精准内容定位

在公众号运营中，内容的精准定位是吸引目标用户群体的基石。为了实现这一点，公众号运营者首先需要对自己的目标用户有一个深入且全面的了解。这包括他们的年龄、性别、职业、兴趣、消费习惯等维度。只有深入了解用户，才能为其提供真正有价值、有吸引力的内容。

市场调研是获取这些信息的重要途径。通过问卷调查、访谈、数据分析等方式，运营者可以更加准确地把握目标用户的需求和兴趣点。例如，如果目标用户主要是年轻人，那么公众号的内容就应该更加偏向时尚、潮流、娱乐等方向；如果目标用户是中老年人，那么健康、养生、旅游等内容可能更受欢迎。

除了市场调研，数据分析也是确定内容定位的重要工具。通过分析用户的行为数据，如阅读量、点赞量、评论量等，运营者可以了解哪些内容更受用户欢迎，从而调整内容策略，确保每一篇文章都能触达用户的痛点，引发用户的共鸣。

(2) 多种形式的推广

在内容定位明确之后，如何将这些优质的内容推广出去，便成为接下来的重点。推广是提高订阅量的重要手段，而多种形式的推广策略则能够更全面地覆盖潜在用户。

线上推广方面，运营者可以利用社交媒体、论坛、博客等平台发布优质内容。在这些平台上，运营者可以通过精心策划的标题、引人入胜的内容以及醒目的公众号二维码或链接，引导用户关注。同时，与其他具有影响力的公众号或 KOL 进行合作推广，也是一个有效的策略。通过互相推荐、共享资源，可以迅速扩大公众号的影响力和订阅量。

线下推广同样不可忽视。运营者可以组织各类线下活动，如讲座、研讨会、展览等，吸引潜在用户的关注。在活动现场，通过设置展板、派发宣传资料、提供优惠券等方式，引导用户扫描二维码关注公众号。此外，与实体店铺、企业等进行合作，将公众号的二维码或链接放置在显眼位置，也能有效地吸引目标用户。

(3) 实现二次传播

二次传播是指公众号内容被用户分享至其社交网络的过程。这种传播方式能够带来更多的曝光和关注，是公众号运营中不可或缺的一环。为了实现二次传播，运营者需要在内容创作上下功夫。

首先，文章的质量是关键。只有高质量、有趣、有深度的文章才能激发用户的分享欲望。因此，运营者在撰写文章时，应注重选题的新颖性、观点的独特性以及行文的流畅性。同时，结合时事热点、社会现象等话题进行创作，能够增加文章的传播力和影响力。

其次，设置合理的分享激励机制也能有效提高内容的传播率。例如，运营者可以举办分享抽奖活动，鼓励用户将文章分享至朋友圈或微信群，并截图发送给公众号参与抽奖。这种方式既能激发用户的分享热情，又能增加公众号的曝光度和订阅量。

2. 用户维护，优化运营

微信公众平台的运营绝非一蹴而就，而是一个长期且需要持续投入的过程。当用户数量积累到一定规模后，运营工作的重心应逐渐转向如何更好地维护和深化与用户的关系上，确保用户的持续关注和活跃，从而有效防止用户流失。

(1) 内容质量与编排

在微信公众号运营中，内容始终是王道。持续为用户提供高质量、有价值的内容，是维护用户关系、增强用户黏性的基础。运营者必须确保每一篇文章都经过充分的策划、深入的研究和精心的撰写。这不仅是为了传递信息，更是为了在与用户的每一次互动中，都能为其提供有价值、有深度的内容。

同时，内容的编排和呈现方式也同样重要。在这个信息爆炸的时代，用户往往没有足够的时间和耐心去仔细阅读每一篇文章。因此，运营者需要注重文章的排版、结构设计和语言表达，使其更加简洁明了、易于阅读，从而提升用户的阅读体验。

此外，定期更新高质量内容也同样至关重要。这不仅能够保持公众号的活跃度，还能够持续吸引用户的关注。通过不断为用户提供新鲜、有趣、有价值的内容，运营者可以逐渐建立起与用户的深度连接，从而将其转化为忠实的粉丝。

(2) 避免直接推送硬广告

硬广告的推送往往会打断用户的阅读体验，甚至引起其反感和抵触情绪。因此，在微信公众号运营中，运营者应避免直接推送硬广告。相反，他们可以通过更加巧妙和隐晦的方式来传递广告信息。

例如，软文和植入式广告就是两种有效的替代方式。软文通过将广告信息与有价值的内容巧妙地结合在一起，让用户在阅读过程中自然而然地接收到广告信息，从而达到既传递了广告信息，又不影响用户体验的效果。植入式广告则是将广告信息以更加隐蔽的方式融入内容中，使用户在不知不觉中接收到广告信息。

(3) 建立激励机制

为了鼓励用户更加积极地参与互动和分享，运营者可以建立一套完善的激励机制。这种机制可以通过多种方式来实现，如设置积分系统、举办有奖活动等。

通过参与活动或完成任务，用户可以获得一定的积分或奖励，这不仅能够激发用户的参与热情，还能够提高用户的黏性和活跃度。同时，这种激励机制还能够增强用户对公众号的归属感和忠诚度，从而进一步巩固用户与公众号之间的关系。

(4) 推送频率与时间

推送的频率与时间也是微信公众号运营中需要精心考虑的因素。过于频繁的推送可能会让用户感到厌烦和打扰，甚至导致其取消关注；而推送时间不合理则可能降低用户的阅读率和参与度。

因此，运营者需要根据用户的活跃时间和阅读习惯来制订合理的推送计划。例如，可以在用户活跃度较高的时间段进行推送，以提高内容的曝光率和阅读率。同时，运营者还需要根据用户的反馈和数据分析来不断调整推送频率和时间，以找到最佳的推送策略。

(5) 提供个性化服务

随着大数据和人工智能技术的不断发展，个性化服务已经成为提升用户体验的重要手段。微信公众号运营者可以利用这些先进技术来为用户提供更加个性化的内容推荐和服务。

通过分析用户的浏览历史、行为数据及偏好等信息，运营者可以为用户推送更加精准和符合其需求的内容。这种个性化服务不仅能够提高用户的阅读体验和满意度，还能够进一步增强用户对公众号的依赖和忠诚度。例如，根据用户的兴趣标签，为其推送相关的文章、活动或产品推荐；或者通过智能客服系统，为用户提供更加便捷和高效的服务支持。

总之，以微信公众号具有的广覆盖、快传播、了解需求、统计分析、互转互动、灵活便利的营销方式、过程呈多元化等特点，可为用户建立起一个非常正面的品牌形象，加之认证后的公众号之信服力更强，品牌的权威形象即在用户心中树立。微信公众号运营策略应以用户为中心，进行精准定位，同时做到"内容为王"，要能够针对用户的需求与意愿对微信公众号进行不断的优化与改善，从而利于运营者以其微信公众平台实现其运营的推广与营销。

第二节　直播与短视频运营

一、网络直播运营

"直播"一词最初为"现场直播"的简略说法，"原本是指记者、摄影师等专业人员及团队，通过在现场搭建专业设备等必需硬件，把正在发生的事

件或活动，如重要新闻、赛事、庆典等的图像、声音以及其他相关内容转换为广播或电视信号，不经过完整的后期处理而直接发送、传输，观众在终端实时接收并掌握现场情况的一种信息传播方式"[1]。

近年来，随着科技，尤其是网络以及相关技术的兴起和发展，接收现场直播信号的设备终端从原本单一的电视机和收音机，慢慢转变为PC端，最终形成目前以移动设备为主的态势，如平板与手机端的APP等。而网络直播，顾名思义就是将直播这一信息传播方式搭建在互联网平台上，依靠互联网提供给信息发布者与受众之间的互动性，使网络直播这种信息传播方式具有极强的双向流通性。因此可以得出，网络直播是在移动互联化的语境下，通过互联网媒体介质，将某人、某物、某事件当下发生的即时状况展示给终端用户，以满足用户各种需求的一种新的高互动性互联网新态势。

（一）直播平台内容及分类

受早期技术水平限制，娱乐的社会参与度较低，互联网时代，借助新媒体的快捷优势，大众娱乐呈现出爆炸性的狂欢态势。马斯洛需求层次论把人的需求分成生理需求、安全需求、社交需求、尊重和自我实现需求五类。随着人们生活水平的不断提升，大众情感上的需求量也得到了进一步的提升，对于娱乐性内容的需求量也随之增加。此外，社会节奏的不断加快，导致人们的工作压力跟生活压力也大幅度增加，用来进行休闲娱乐的时间也随之减少，在这一基础上宅男宅女的数量也变得越来越多，越来越多的人也喜欢在家里来满足自身的娱乐需求，而各种直播平台给网民提供了满足需求的平台。

直播平台主要分为四类：第一类是泛娱乐直播平台，特点是电脑端、移动端皆可登录，这类平台的代表有斗鱼、战旗、全民、龙珠等；第二类是移动直播平台，特点是重点发力移动端，直播内容主要为秀场、户外、生活，这类平台的代表有映客、花椒、一直播等；第三类为纯秀场直播平台，这类平台的代表有KK、9158等；第四类是电商类直播平台，内挂于电商平台，直播内容为展示产品吸引观众购买，这类平台以淘宝直播和聚美优品直播为代表。

目前，网络直播的直播内容包含游戏、户外、生活、秀场、明星等五大

---

[1] 邓丽、易路博：《新媒体运营》，重庆：重庆大学出版社，2018年，第57页。

类型。其中游戏内容包含各种电脑端移动主流游戏，户外内容包含旅游、野外生存等，生活内容包含萌宠、美食等，秀场内容则是传统的聊天、唱歌及跳舞等，明星内容则主要是一些其他行业在该直播平台中进行直播的内容。

互联网以及智能手机的迅速发展，也为人们提供了新的娱乐入口，较之于传统的社交平台，网站及 APP 平台的网络直播具备更强的互动性，通过视频直播的模式还能够实现用户跟主播两者的实时互动，而平台的主播们也能够结合用户们发送的弹幕对自身的直播内容进行随时的调整，这样也就能够很好地满足用户们的参与感，并给予用户良好的互动体验。通过网络直播模式还能够让用户们在家就可以充分满足自身的各种娱乐性需求，这就是网络直播能吸引大量用户的原因所在。

(二) 网络直播的基础运营模式

作为互联网行业的新宠，近年来网络直播平台的发展呈现井喷的局势；而网络直播平台要想获得有序的发展，除了数量庞大的主播群体之外，还需要配置大量的管理人员。在网络直播行业飞速发展的这几年，直播行业已经发展出较为成熟的运营模式。目前，网络直播形成了直播平台运营模式和经纪公司运营两种模式，这两种模式成为网络直播运营的基础模式，两种模式相互支撑，较为稳定，为专业直播平台的模式衍生提供了基础，推动了直播行业的发展。

1. 直播平台的运营模式

在网络直播中还能够将互联网技术的直观性、快速性、准确性以及交互性进行充分发挥，并且具备表现形式好和内容丰富的优势，能很好地满足青年们的观影需求，这也是网络直播得以迅速发展的重要因素。

中国的网络直播平台按直播内容可分为秀场直播平台、游戏直播平台、泛娱乐直播平台和专业直播平台四大类。不同的直播平台，其运营模式也有着不同的侧重点，但直播平台有自己的基础运营模式，不管什么类型的直播都离不开主播和受众，直播平台以此为基础，形成了相对稳定的运营模式。

(1) 直播平台主播的来源

直播平台作为新媒体的一种重要形式，其成功运营离不开主播的积极参与。主播是直播平台内容生产的核心，他们的来源多元且各具特点，主要

可以归结为以下三个方面。

主播自发开播：一部分主播是出于对直播的兴趣和热情，自发在直播平台上开播。这类主播通常具有较强的个人魅力和表达能力，他们通过直播展示自己的才艺、分享生活点滴或提供专业知识，以此吸引观众。自发开播的主播往往能够形成独特的直播风格，与观众建立紧密的互动关系。这种来源的主播为直播平台带来了丰富多样的内容，同时也为平台注入了活力和创新力。

平台活动招募：为了扩大主播队伍、提高平台内容质量，直播平台会定期举办各类招募活动。这些活动通常设置一定的奖励机制，吸引有潜力的新人主播加入。通过活动招募，平台能够有针对性地选拔出符合平台定位和发展需求的主播，进而培养出一批有影响力的直播达人。这种方式不仅提高了平台的知名度，也为那些有梦想、有才华但缺乏展示舞台的年轻人提供了机会。

经纪公司及工会合作招募：除了上述两种方式，直播平台还与经纪公司及工会进行合作，共同招募和培养主播。经纪公司和工会通常拥有丰富的艺人资源和成熟的培训体系，能够为平台输送专业素养高、表现力强的主播。这种合作模式使直播平台能够快速获得一批优质主播资源，同时也为主播提供了更加专业的指导和发展规划。通过经纪公司及工会的支持，直播平台的主播队伍得以更加专业化、规范化，从而提升了平台的整体竞争力。

(2) 直播平台主播管理

平台实行金字塔式的管理结构。从平台大的分区，到大分区下的小分区，各设置管理人员。管理人员分为运营及超管。运营的职责除了分区发展思路跟方向的制定之外，还包含主播的招募以及活动策划等多项内容。超管的责任是对各个直播间进行日常的巡视，然后对部分举报信息进行受理。对于部分存在违规的主播需要给予其调整指令或者进行直播间的直接封停。在对主播进行管理时，平台还会跟主播进行线上交流组织的构建，运营不定时向主播下达平台活动通告并要求主播参与，还需要对主播们的直播时间进行协调。此外，超管还需要对监控过程中发现的违规主播进行整改通知的发放。

对于部分还未进行签约的自由主播，运营人员还会持续挑选一些直播内容有趣,并具备较高人气的主播,并积极与这些主播进行签约等事宜的商定,这样也就能够通过合同签订的模式来避免该人气主播被其他平台挖走,并起到良好的约束效果。在签约完成之后,还需要对这些签约主播进行包装及宣传,并需要进行直播时长以及直播内容的合理制定,从而帮助该平台获得最大化的经济效益。

(3) 直播平台盈利模式

直播平台的盈利模式是其商业架构中至关重要的一环,直接关系到平台的持续运营和发展。随着网络技术的不断进步和直播行业的日益成熟,直播平台的盈利模式呈现多样化和创新化的趋势。下面从跨界经营、开展电商合作以及延长产业链条三个方面,深入探讨直播平台的盈利模式。

跨界经营盈利模式的多样化:跨界经营是当前直播平台盈利的重要策略之一。传统的直播收入主要依赖观众打赏和广告植入,但随着市场竞争的加剧,单一的盈利模式已难以满足平台发展的需求。因此,直播平台开始积极寻求与其他行业的跨界合作,以拓宽盈利渠道。具体而言,直播平台通过与音乐、影视、游戏等娱乐产业的深度融合,推出了一系列联动活动。例如,举办线上线下音乐会、影视剧宣传直播、游戏赛事直播等,这些活动不仅吸引了大量观众关注,也为平台带来了可观的流量和收益。同时,通过与这些产业合作,直播平台还能够获得更多的内容资源和推广渠道,进一步提升自身的品牌影响力和市场竞争力。

开展电商合作:电商合作是直播平台近年来兴起的另一种盈利模式。借助直播平台的实时互动性和真实感,越来越多的电商品牌选择通过直播形式进行产品推广和销售。直播平台与电商平台的结合,形成了一种新型的"直播+电商"模式。在这一模式下,主播在直播过程中展示和介绍商品,观众可以通过直播间直接购买商品,实现了从流量到销量的有效转化。这种盈利模式不仅为直播平台带来了佣金收入,还为主播提供了更多的变现机会,同时也为电商品牌带来了更广阔的市场空间。可以说,"直播+电商"模式实现了直播平台、主播和电商品牌的三方共赢。

延长产业链条:除了跨界经营和开展电商合作外,直播平台还通过延长产业链条来拓展盈利空间。这主要体现在两个方面:一是向上游内容制作领域延伸,二是向下游衍生品市场开发。向上游内容制作领域延伸,直播平台

开始涉足自制节目、网络大电影等内容生产，通过独家内容吸引观众付费观看，增加平台的订阅收入和广告收入。同时，自制内容还能够提升平台的品牌形象和文化价值，增强用户黏性。向下游衍生品市场开发，直播平台利用自身的品牌影响力和用户基础，推出与直播内容相关的衍生品，如服装、饰品、游戏等。这些衍生品不仅能够满足观众的个性化需求，也为平台带来了额外的销售收入。

综上所述，直播平台的盈利模式正朝着多元化、创新化的方向发展。通过跨界经营、开展电商合作以及延长产业链条等策略，直播平台不仅提升了自身的盈利能力，还为整个直播行业的可持续发展注入了新的活力。

2.经纪公司的运营模式

工会或者经纪公司作为连接网络直播平台跟网络主播间的机构，其具体职能与娱乐圈中的明星经纪公司基本相当。早在秀场直播模式之前工会就已经存在，其不属于网络直播公司，而是由平台上的观众们、主播们自发组成的一种组织，也是经纪公司的雏形。在工会上大家通过网络来进行联系，并由管理者们对主播进行直播任务的安排以及对主播们的直播间进行管理工作，然后获取部分观众的打赏以及分成。后来，许多工会都逐步发展为经纪公司，并进行主播跟网络直播平台两者的联系。但是现阶段多数经纪公司还存在管理过于松散以及对主播监管跟培训力度不足的问题，并难以充分发挥出自身的监管职能。

（1）经纪公司运营流程

对主播而言，要想获得一定的收入，除了一台电脑这一开播设备之外，还需要应用到专业的声卡、麦克风、摄像头、灯光及背景等多项设备，在设备齐全了之后，还需要进行化妆、灯光的设置，应用直播软件以及对直播间进行管理等，这些工作仅凭主播一个人是无法完成的，而经纪公司除了主播的招募工作之外，还需要协助主播们来完成上述工作。

经纪公司还需要对主播进行必要的管理和培训工作，进而让主播获取到更多的打赏。经纪人需要对主播的内容进行策划，并进行长期发展计划的制订。近年来，随着直播平台以及主播数量的爆发式增多，经纪公司也因为自身内容生产能力而受到了各主播平台的重视。

在网络直播平台中，只有少部分主播的流量会比较突出，而90%的主播人气都比较一般，这也是经纪公司力捧的结果。部分公司为了捧主播，还会跟平台进行合作，比如给予主播更加靠前的推荐位，又如在平台上通过低折扣充值的模式来对部分主播进行打赏，以增加该主播的人气。

从经纪公司的角度进行分析，主播还能够分为仅凭礼物分成收入以及签约费＋礼物分成两种主播类型。在秀场直播平台中，公司多是以公会的形式存在，并能够在公会之后对主播的直播市场以及具体收入情况进行分析，并由公会负责每个主播的直播发展情况。当每月进行结算时，平台将所有主播礼物都分发到公司的账户中，然后再由经纪公司根据主播们的礼物收入情况进行统一发放。较之于其他的主播，经纪公司在完成主播的包装之后，能够使该主播的人气得到进一步的提升，其月薪跟与其他平台签约也能够得到进一步的提升。

(2) 收入来源

在秀场直播方面，扣除了平台方抽成的礼物分成之后，公司与主播对剩下的礼物收入按照三七开或者五五开的模式进行分成，其他直播方面公司不跟主播们进行礼物分成。此外，在主播的经纪公司中还存在资源共享，比如由大公司对小公司进行主播挂靠服务的提供，通过将知名主播暂签到小公司所属直播平台的模式，还能够使小公司的直播平台的知名度得到进一步的提升，经纪公司在该过程中也能够抽取到一定的提成，从而达到互利的效果。

主播经纪行业作为一种新兴的暴利行业，还存在行业规范缺失以及缺乏相应规范制度的问题，部分公司为了自己的利益还对主播的分成进行恶意的降低，这也就对直播行业的进一步发展造成一定的阻碍。

(二) 网络直播平台实现良性发展的对策

随着网络技术的迅猛发展，网络直播平台已成为信息传播、娱乐互动的重要渠道。然而，在快速发展的同时，直播平台也面临着内容质量参差不齐、行业规范缺失以及盈利模式单一等问题。为实现网络直播平台的良性发展，提出以下几项对策。

1. 进行技术创新，对直播内容进行干预

技术创新是推动网络直播平台持续发展的核心动力。当前，直播内容

的质量和合规性已成为公众关注的焦点,因此,平台应通过技术创新对直播内容进行有效干预,以提高内容质量和确保内容安全。

首先,平台应引入先进的内容识别技术,如深度学习、自然语言处理等,以实现对直播内容的实时监控和智能分析。通过这些技术,平台可以迅速识别并处理违规、低俗或恶意的内容,从而维护一个健康、积极的直播环境。

其次,平台还应建立完善的内容审核机制。通过人机结合的审核方式,对直播内容进行全面、细致的审查,确保所有上线内容均符合社会公德和法律法规的要求。同时,审核机制还应具备灵活性和可扩展性,以适应不断变化的监管需求和内容形态。

最后,平台应鼓励和支持主播创作优质内容。通过设立奖励机制、提供专业培训等方式,激发主播的创新精神和创作热情,推动直播内容向高质量、多元化方向发展。

2. 行业模式规范化、公开化

行业模式的规范化和公开化是网络直播平台良性发展的关键。规范化能够确保平台的合规运营和用户权益的保障,而公开化则有助于提升平台的透明度和用户信任度。

为实现行业模式的规范化,政府和相关部门应制定和完善相关法律法规,明确直播平台的责任和义务,为平台的合规运营提供法律支撑。同时,平台自身也应建立完善的内部管理制度,包括主播准入机制、内容审核流程、用户投诉处理等方面,确保平台的规范运营和用户权益的保障。

在公开化方面,平台应定期发布运营报告和用户满意度调查结果,接受社会监督。通过公开透明的运营数据和信息披露,平台可以增强用户的信任度和忠诚度,进而提升平台的品牌形象和市场竞争力。

此外,平台还应积极参与行业交流和合作,推动行业标准的制定和实施。通过与同行业企业的沟通和协作,平台可以共同应对行业挑战和问题,推动整个行业的健康发展。

3. 开展付费看直播与广告业务

盈利模式的多元化是网络直播平台持续发展的重要保障。目前,许多平台过于依赖用户打赏和广告植入等单一的盈利模式,这不仅限制了平台的收入增长空间,还可能对用户体验造成负面影响。因此,开展付费看直播与广告业务成为平台实现盈利多元化的有效途径。

付费看直播模式可以为平台带来更稳定的收入来源。通过提供高质量、独家的直播内容，平台可以吸引用户付费观看，从而实现收入的持续增长。同时，付费看直播模式还有助于提升用户的黏性和忠诚度，因为付费用户往往对直播内容有更高的需求和期望。

在广告业务方面，平台应创新广告形式和内容，以提高广告的吸引力和有效性。例如，可以与知名品牌合作推出定制化的广告内容，或者通过数据分析为用户提供精准的广告推送服务。这些创新的广告形式不仅可以增加平台的广告收入，还有助于提升用户的参与度和互动性。

此外，平台还应注重用户体验和服务质量的提升。通过优化直播界面、提高视频流畅度、增加互动功能等措施，平台可以为用户提供更好的观看体验和服务质量。这将有助于提升用户的满意度和忠诚度，进而促进平台的持续发展和盈利增长。

二、短视频运营

在新时期，许多人利用信息技术和互联网技术成为短视频的拍摄者，成为短视频博主，在拍摄视频后会对视频或图片进行色彩处理，使视频更加具有独特性。同时，短视频博主还会采取相应的运营策略，进行短视频推广，增加短视频的浏览量，从而获得经济利益。

(一) 短视频账号运营

1. 短视频账号定位

开启短视频账号运营的前提是明确方向和目标，一般起号前要先明确几个问题：做什么样的账号？有什么优势？怎么变现？账号定位包括三个方面：变现定位、内容定位和人设定位。账号定位准确是账号成功运营的前提。

(1) 变现定位

变现定位是指确定短视频账号的盈利方式和目标受众。确定短视频账号的变现定位是非常重要的一步，目前，短视频平台最常见的变现方式有四种：商业广告、电商带货、流量收益和私域转化。

新媒体运营全景与趋势研究

商业广告是短视频账号最常见的变现方式。收入主要取决于品牌和投放量，通常来说，品牌越大、投放量越多，则收入越高。

电商带货是短视频平台最主要的变现方式之一。账号发布了一定量的作品，有了一定粉丝（商家可以直接开通），可以通过商品橱窗，短视频挂购物车直接带货变现，也可以通过短视频引流到直播间进行直播卖货变现。通过电商带货，创作者可以获得销售分成或合作费用。

流量收益，流量即播放量，主要通过中视频计划来实现。中视频计划是指在西瓜视频、今日头条和抖音等平台上发布原创视频，并获得一定播放量后，可以开通中视频计划以获取相应收益。

私域转化是指脱离平台生态进行线下私域运营。通过短视频内容吸引用户加入自己的粉丝团，然后进行线下活动或销售自己的产品等。这需要创作者具备社群运营和产品销售能力，并拥有一定粉丝基础和观众认可度。

在选择变现方式时，创作者需要根据自己的兴趣、专长及目标受众需求确定变现定位。若擅长产品推广，可以选择电商带货；若善于制作有趣的原创视频，可以选择流量收益；若擅长社群运营和线下销售，则可以选择私域转化。同时，密切关注市场动态，了解变现方式的最新趋势和机会，及时调整变现策略。

(2) 内容定位

内容定位是确定短视频账号的核心内容和风格。做账号内容定位要综合考虑平台的内容垂类、内容类型和内容表现形式。同时，还要考虑自己的兴趣、专长和目标受众需求。

首先，根据平台的内容垂类来确定账号定位，这一点非常重要。抖音目前有一级垂类赛道和二级细分垂类赛道，一级垂类赛道包括财经、"三农"、美食、科技、旅行、文化教育等。每个垂类下面还有细分赛道，比如美食下面有教程、探店、测评等。选择垂类赛道就是给自己的账号打上内容标签，而平台是依据账号标签做流量推送的。内容越细分，标签越清晰，平台给的流量就越精准。

其次，要考虑内容类型，包括搞笑、炫酷、剧情、情感等。要找准自己的优势，选择擅长的内容类型。

最后，要选择适合自己的内容表现形式，比如真人口播、图文、视频＋

语音、vlog等。通过提供独特的内容,并与观众互动和定期更新等方式增加观众的黏性和参与度。总结起来,内容定位可以通过以下公式来表达:内容定位公式=垂类目+内容类型+内容表现形式。

(3) 人设定位

人设定位,即短视频账号对角色设定的具象化展现,它体现了运营者期望在公众视野中塑造的形象及其所期望留给观众的首要印象。简言之,人设定位可等同于账号的知识产权(IP),构成了粉丝对账号的基本认识。该定位有助于在粉丝心目中构建明确的认知标签,进而吸引粉丝的持续关注,增强记忆度,甚至赢得他们的崇拜,并确立账号持续提供价值的公众形象。

人设定位所包含的信息范围甚广,不仅涉及个体的基础信息,如姓名、年龄、身高,还包括更为复杂的性格特质、个人喜好等心理层面的描绘。同时,它还包括身份信息,如工作领域、职业角色和专业技能等。此外,生活习惯,如作息规律,以及外貌特征,包括发型、服装风格和配饰选择等,也是人设定位中不可忽视的要素。

在构建人设时,内容创作者需要精心选择一个或多个显著的个人特征进行强调,确保自己在众多账号中独树一帜。值得注意的是,人设一旦确立,不仅代表着创作者的个人形象,更意味着其后续发布的所有视频、直播等公开内容,均需与人设形象保持高度一致。这种人设的一致性有助于加强粉丝对账号的认同感和忠诚度。

2. 短视频账号对标

账号定位确定之后,接下来就是进行账号对标,对标是在短视频平台上提高运营水平的重要步骤。通过对比分析同行业热门账号,我们可以了解行业趋势和受众需求,从而规划自己的内容方向并提升影响力。

为了进行对标分析,需要找到一些同行业热门账号。可以通过以下渠道来寻找这些热门账号:第一,搜索引擎:使用关键词搜索相关行业的热门账号。第二,短视频平台推荐功能:短视频平台通常会推荐一些热门账号,可以通过浏览推荐列表来找到热门账号。第三,行业相关论坛和社交媒体:在行业相关的论坛和社交媒体上,专业运营分享的一些热门账号。

在找到一些热门账号之后,我们可以进行对比分析。对比分析的目的是拆解热门账号的人设定位、内容方向和表现形式,借鉴其成功之处,为自

己的账号规划内容方向。

(1) 人设定位对标

观察热门账号的人设定位，看看他们是如何塑造自己的形象的，如美食达人、美妆达人、旅行博主等。了解他们在受众心目中的形象和特点，并思考如何在自己的账号中塑造一个独特的形象。

(2) 内容方向对标

观察热门账号的内容方向，看看他们的创作主题和类型。观察并思考以下问题：他们的视频内容是什么？主题有哪些？视频类型有哪些？通过观察热门账号的内容方向，我们可以了解行业的热门话题和受众的需求，从而确定自己的创作内容的主题和类型。

(3) 表现形式对标

观察热门账号的表现形式，看看他们是如何拍摄和呈现视频的。同样带着思考关注以下问题：他们是用什么样的方式来拍摄视频的？他们的视频是使用口播、图文、口播+图文、实景拍摄、短视频剪辑中的哪种形式？由此，可以了解不同的拍摄方式和呈现形式，借鉴其成功之处，通过记录建立自己的内容结构和素材库并在自己的账号中"模仿"使用。

需要注意的是，这里所说的"模仿"并不等同于"抄袭和搬运"，因为平台规则严禁抄袭和搬运行为。在账号内容创作时，可以拆解热门账号视频的人设、文案、画面、节奏，并进行模仿拍摄，进行内容迁移或者二次创作，从而创作自己的内容。

3. 短视频账号搭建

在短视频平台的运营中，账号搭建是至关重要的一步。一个精心设计的账号不仅能够吸引更多用户的关注，还能有效地传达创作者或品牌的形象与理念。账号搭建主要涉及四个核心要素——头像、背景图、昵称和简介，每一个要素都承载着特定的功能与意义。

(1) 头像

头像是用户在短视频平台上最先接触到的视觉元素，它直接反映了账号的形象与风格。创作者在选择头像时，应注重其辨识度和专业性。对于个人创作者，可以选择清晰、正面的个人照片，以展示真实、可信赖的形象；对于品牌账号，则应使用与品牌形象相符的LOGO或标志性图案，以增强品牌的认知度和记忆点。

(2) 背景图

背景图作为账号的视觉延伸，为用户提供了更为丰富的视觉信息。创作者可以通过背景图来进一步展示个人风格、品牌理念或者近期的推广活动。设计背景图时，应考虑其与头像、昵称等元素的协调性，同时保证图片的清晰度和美观性，以吸引用户的目光并引导他们深入了解账号内容。

(3) 昵称

昵称是用户在平台上的身份标识，它应简洁、易记且富有特色。对于个人创作者，昵称可以是个人的名字、昵称或与其创作内容相关的名称；对于品牌账号，昵称则通常与品牌名称保持一致，以便于用户识别和记忆。选择一个好的昵称，有助于提高账号的曝光率和关注度。

(4) 简介

简介是用户了解账号的重要窗口，它应简洁明了地介绍账号的定位、特色或理念。在编写简介时，创作者应突出自己的核心价值和差异化特点，以吸引目标受众的关注。同时，简介中也可以包含联系方式或合作意向等信息，便于与其他用户或品牌进行合作与交流。

综上，通过精心设计和规划，创作者可以有效提升账号的知名度和影响力，进而在短视频平台上获得更多的关注和支持。

(二) 短视频后期处理

短视频博主在对视频进行后期处理时，会注重个人特色，彰显短视频博主的个人才华和创作灵感。

1. 数字拍摄后期处理

(1) 剪裁

在进行短视频拍摄时，由于客观因素或主观因素的限制，拍摄时可能会存在许多的问题。因此，首先需要进行后期处理，采用处理软件对短视频进行检查，让短视频更加完善。其次，通过软件检查，还能够有效剪掉短视频中多余的部分，让短视频的内容更加符合创作者的创作灵感，让视频的时间线更加清晰、内容更加简洁明了、主题更加鲜明，从而使短视频在传播时更具有感染力，充分传达短视频博主的创作初衷。最后，采用剪裁软件还能

够将短视频的画幅进行修改，可以将短视频的竖幅改成横幅，还可以根据短视频博主的自身意愿改变短视频的长宽比例，通常的操作方法就是点击剪裁软件中的剪裁工具图标，然后拉住选区，选中短视频中的图像，移动下面的横条位置，直到被剪裁掉的对象呈灰色后，进行删除，或进行后期观察，检查完成后单击右上角的确定按钮即可。

(2) 矫正倾斜变形

"矫正倾斜变形也是短视频后期处理的常用方法，首先可以用裁剪工具选中短视频全图，然后进行鼠标拖动，在短视频的一角旋转短视频，然后利用裁剪工具沿着短视频的边缘线进行移动，直到与短视频的横竖线保持平行即可。"[1] 还可以使用裁剪工具，关注短视频的图像，然后点击后期处理软件中的透视功能，将鼠标中的图像两角拉动，直到与图像内的水平线保持平行即可。通过矫正倾斜变形能够有效调整短视频的幅度，防止短视频中的人物或树木出现变形，影响短视频的质量，还能够有效矫正短视频图像高低比例严重失调的问题。

(3) 调整整个画面或者画面局部的亮度及对比度

短视频在拍摄后如果局部或者全部亮度不一致，或者部分亮度较高，部分亮度偏暗，反差过于强烈，可以对短视频的整体亮度、对比度进行有效调整，通常会采用处理软件，进行图像调整命令，还可以进行设计修改，在软件进行处理时，通过弹出的对话框选择黑白三角位置，调整短视频的对比度，调整后单击右上角的确定按钮即可保存。另外，也可以直接拖动短视频后期处理软件中的对比度滑块，通过横向推动对比度，找到最合适的对比比例，防止短视频出现过于逆光或过于曝光的现象，影响短视频的美学色彩，从而调整短视频的区域比例，调整短视频的暗部高度或高光区域，使短视频的色彩能够保持一致，提升短视频的整体美感。

(4) 调整整个画面或者画面局部的色彩

短视频在拍摄后如果局部出现对比度过于强烈或局部出现偏色的现象时，需要对短视频的整体画面或某一局部色彩进行单方面处理，可以在后期处理软件中采用执行命令，圈住所处理的局部区域，然后点击羽化功能进行

---

[1] 徐康：《短视频拍摄后期处理及运营策略分析》，《采写编》，2022年第10期，第35—37页。

调整，从其他部分进行取色，从而更好地保证短视频颜色和对比度的一致性。如果在调整时不满意，也可以在软件中进行删除或取消，或者是在软件中选择色彩平衡的命令，进行鼠标选区，选择应用部分和高光位置，并拖动比例滑块，直到满意后单击右上方的确定按钮即可。

(5) 调整整个画面或者画面局部的饱和度

饱和度也是短视频拍摄中的重要组成部分，能够使短视频的色彩协调，使短视频的画面更加具有亲和力。短视频出现局部色彩不一致或者是整体不饱和时，需要对短视频的整体画面进行调整，可以在后期处理软件中选择执行命令，用鼠标选择调整区域，将调整区域固定后选择羽化功能，进行饱和度的对比和调整，然后单击编辑按钮，对短视频的全部内容进行单色处理，并移动饱和度的滑块，直到选择合适的饱和度比例后，再单击确定按钮，从而保证短视频饱和度的一致性，增加短视频整体的美感。

2. 视频图像后期处理

(1) 图片处理

短视频有许多类型，有故事性短视频、有剧情短视频，还有图片播放式短视频，在制作图片式短视频时需要拍摄许多图片，然后将图片进行合成或采用幻灯片的方式进行制作，形成图片短视频。因此，在进行后期处理时，也需要对拍摄的图片进行处理，但是在实际拍摄环境中，自然天气或拍摄角度都会影响图片拍摄的质量，会影响图片拍摄的美感，导致相机参数出现变化，进而导致图片整体偏暗或局部色彩饱和度较低。因此，在拍摄完成后需要用修图软件对图像进行有效处理，对图片进行打光，调整图片整体的饱和度。通常我们采用 Photoshop 图像工具，对图片进行修理，打开软件后可以在菜单栏选择图像调整亮度、对比度工具，对图像中的亮部和暗部进行对比，然后还可以选择曝光，根据图像的曝光程度加大曝光比例，提亮图片的整体色彩。最后，还可以根据图片的整体特征采用饱和度工具，提高图片的整体美感，从而更好地制作图片，增加短视频的个性特征。

(2) 音频编辑

音频编辑是影视作品和短视频作品中的重要组成部分，是短视频中不可缺少的内容。因此，在短视频拍摄完成后，也需要后期处理，为短视频搭配合适的音频或个人配音，从而让短视频的内容更加完整，让短视频更加具

有个性特征，促进短视频的传播和推广，提高短视频的流量。如果短视频的全部内容没有对白，都是人物影像，那么可以采用 Audition 软件，进行音频编辑。首先，可以录制音频，然后在电脑上新建音频文件，在软件中打开，明确音乐音频的波形编辑面积，然后单击录制按钮，录制所需的音频文件，并和短视频中的具体内容进行有效匹配，将多余的部分进行删除，还可以将多个音频进行重叠，增强短视频音频的感染力，为短视频增加特色。

(3) 影片合成

将图片和音频进行有效处理后，需要将处理的内容进行有效合成，完成短视频作品。首先，可以将处理过的素材导入 Premiere 软件，将修改后的素材按照顺序放入软件轨道中，明确图像和音频出现的时间线，图片导入后还可以将音频放入固定轨道，根据图片的顺序合理地调整音频。其次，在图像和音频添加完成后，也可以根据音频文件的主要内容在视频中添加字幕，可以采用滚动字幕或文字字幕，在视频中输入文字，调整文字的字体和大小，直到符合短视频的整体画面比例，然后进行画面滚动，为短视频的所有内容添加字幕，保证短视频字幕的完整性。

(4) 视频输出

在影片合成之后，需要将短视频进行输出并保存，可以在软件中单击回车键进行渲染，然后单击文件进行导出，在导出时需要重视文件的格式，要保证短视频图像的画面比例，保证短视频图像的清晰度，使短视频具有较高的质量，增加短视频的美学色彩。

视频图像后期处理应注意以下问题：

第一，视频图像后期处理的原则。在进行视频图像处理时，传统的处理方法通常是在暗房中进行处理，放大或缩小图片，然后调整图片的对比度和饱和度，通过对图片特定区域的光效情况来调整整个图像的整体效果。但目前我国已经进入数据媒体时代，数字影像技术迅猛发展，改变了传统的图像处理方式和图片冲印方式，传统的图像处理技术已经难以满足社会和时代发展的要求。因此，相关工作人员必须学习先进的信息技术，采用先进的图像处理方式对短视频中的视频和图像进行处理，代替传统的暗房处理方法，对图像进行数码后期处理，对图像的对比度和饱和度进行仔细调整，增大图片的视觉冲击，并根据短视频的主题进行处理，提高短视频整体的视觉效果。

第二，拍摄对视频图像后期处理的依赖性。无论是采用暗房图像处理法还是采用新时期的数字图像处理法，都是短视频制作中的重要组成部分，要想保证短视频拍摄的质量以及短视频所使用照片的完美，就必须对图片和视频进行后期处理，即使是有丰富的拍摄经验，也需要进行后期处理。图像后期处理法已经是短视频拍摄工作中的重要组成部分，是有效完成短视频拍摄作品的重要内容，能够弥补短视频在拍摄过程中的不足，使短视频更加有质量，更加具有美感。

第三，视频图像后期处理"度"的把握。后期处理法有利于提高短视频图像的质量，增加短视频的美学效果，但人们在进行后期处理时也具有较大的差异。在进行后期处理时，人们会注重自己的个人特色和个人特征，会根据自己的创作初衷进行色彩调节，有些人只是短暂地调整了短视频的色调和饱和度，有些人会调整短视频的整体幅度，甚至有些人还会对短视频的内容进行大规模处理，采用3D软件进行虚拟场景的模拟等，因此，视频图像后期处理方法因人而异，但在进行图像和短视频处理时，要严格把握后期处理的限度，保证图片和短视频的真实性，不能过度扭曲或夸大短视频中的内容，或对图像进行过度修改，失去了图像原本的色彩，不能过度使用后期处理方法，要保留短视频的本身价值，让短视频更加具有社会意义。

（三）短视频的运营策略

短视频作为一种新兴的媒介形式，以其直观、生动的特点迅速占领了市场，成为大众娱乐和信息获取的重要途径。为了有效地运营短视频平台，提升用户体验和商业价值，以下策略值得关注和实践。

1.*传播内容互动化、生产分享互动化*

在短视频运营中，内容的互动性是吸引用户的关键。传统的内容传播方式往往是单向的，而短视频则提供了更多元化的互动可能。通过引入话题讨论、问答环节、观众投票等形式，可以显著增加用户对内容的参与度和沉浸感。例如，在视频结尾处设置问题或投票选项，鼓励观众在评论区留言或参与投票，这样不仅能收集到用户的真实反馈，还能根据用户的喜好调整后续内容制作方向。

此外，生产分享的互动化也是提升短视频平台活力的有效手段。平台

可以设立激励机制，鼓励用户自主创作并分享短视频。通过举办创作大赛、设立创作者基金等方式，激发用户的创作热情，同时也为平台带来更多原创、多样化的内容资源。用户之间的互动和分享，还能形成口碑传播，进一步扩大平台的影响力。

2. 强化社交基础，增强用户黏性

社交属性是短视频平台不可或缺的一部分。通过强化社交基础，可以显著提升用户的黏性和活跃度。首先，平台应提供便捷的社交功能，如关注、私信、点赞、评论等，以满足用户之间的基本交流需求。其次，可以引入社群概念，创建基于共同兴趣或主题的社群，让用户能够在社群内找到志同道合的朋友，进一步加深用户之间的联系。

为了增强用户黏性，平台还可以利用算法推荐技术，根据用户的观看历史和偏好，为其推送个性化的短视频内容。这种"越用越懂你"的智能推荐，能够让用户感受到平台的贴心服务，从而更加依赖和喜爱该平台。

3. 与电商融合，流量变现

短视频平台拥有庞大的用户基础和高度活跃的社区环境，这为与电商的融合提供了得天独厚的条件。通过与电商平台合作，短视频平台可以实现流量的有效变现，同时为用户提供更为便捷的购物体验。

具体来说，平台可以在短视频中嵌入购买链接或推广代码，引导用户直接跳转到电商平台进行购买。此外，还可以与品牌商合作，推出定制化的短视频广告或推广活动，通过内容植入、互动游戏等方式吸引用户参与并促进消费转化。这种与电商的融合模式不仅为平台带来了可观的收益来源，还为用户提供了从观看到购买的"一站式"服务体验。

4. 宣传主流价值观，提高影响力

作为大众传播媒介的重要组成部分，短视频平台在宣传主流价值观方面肩负着重要责任。通过发布具有正能量、积极向上的短视频内容，平台可以引导用户树立正确的价值观念和行为规范。例如，推出以爱国主义、社会公德、家庭美德等为主题的短视频系列作品，用生动有趣的故事情节和形象鲜明的角色塑造来传递正能量信息。

同时，平台还应积极参与社会公益活动并倡导用户参与其中。通过组织线上线下的公益活动如环保宣传、扶贫助学等，鼓励用户通过短视频记录并分享自己的公益行动成果来共同推动社会进步和发展。这种正能量的传播方式不仅能够提升平台的社会形象和影响力，还能培养用户的公益意识和社会责任感。

综上所述，在新媒体时代，短视频蓬勃发展，短视频博主要掌握一定的后期处理方法，要对短视频及图片进行有效处理，增加短视频的美学特征。同时，也要采用一定的运营策略，增强短视频的流量，扩大短视频的传播范围，充分发挥短视频的影响力，形成健康良好的网络环境。

第三节　今日头条的内容运营

今日头条是北京字节跳动科技有限公司开发的一款基于数据挖掘的推荐引擎产品，创立于2012年3月，2012年8月对外发布第一个版本。如今的今日头条，不再仅仅是一个新闻资讯客户端或者说是内容聚合平台。经过六年左右的发展，今日头条已经成功孵化出多款产品，如悟空问答、抖音短视频、微头条等，与此同时，今日头条还通过投资收购激萌、半次元等产品，不断地扩充自身的内容矩阵。

在成立初期，今日头条基于建设优势渠道的理念，并没有组建自身的编辑团队，而是利用爬虫技术抓取传统新闻网站和门户网站上的内容，并利用智能分发技术将抓取到的内容推送给平台上的用户。这种方式与搜索引擎有一些类似，但其中有一点值得注意，今日头条会对抓取到的内容进行转码和二次加工，即呈现给用户的内容并不是原网页，而是经过今日头条技术处理过的页面。正是因为这一行为，部分新闻网站和媒体平台对今日头条提出了侵权指责，今日头条也曾一度陷入侵权风波当中。对此，今日头条开始积极寻求与内容提供方的合作。与此同时，今日头条也开始转变思路，推出了类似微信公众号的自媒体创作平台，即"头条号"自媒体平台。今日头条通过"头条号"自媒体平台的打造，一方面，拥有了源源不断向平台输出内容的创作者团队，避免了在内容上过度依赖外部媒体内容而陷入被动；另一方面，借助头条号平台实现了内容创作者、用户和广告商的连接，形成了一个更加稳定持续发展的内容生态体系。

一、今日头条的内容运营策略

"内容策略既包括内容生产,也包括内容创建之后的维护和管理。"① 在新的时代背景下,内容策略开始更多地被称为内容运营策略,这也说明内容运营不仅仅将注意力放在内容本身,而是更多地关注到以内容为主导的整个系统的运行,包括内容创建之前的调研筹划及内容触达受众后的反馈活动等。在目前的新媒体环境下,内容生产固然重要,但内容的分发、管理等环节同样不可忽视。"今日头条"利用算法技术打入互联网生态圈,抢占了内容分发领域的蓝海,无疑在一定程度上说明了这一点。以智能推荐技术起家的今日头条虽然曾一再强调自己不生产内容,只将内容与用户偏好进行匹配,但不可否认的是,发展至今的今日头条,不仅拥有完善精准的算法推荐技术和巨大的用户规模,同时也拥有了更多元的 UGC 内容生产机制和全内容的产品矩阵。在此基础上,对平台内容进行合理规划和优化,能够提升用户体验,增强用户黏性,实现内容效益的最大化。下面将从内容选择、特色内容产品的打造、内容的管理和内容的变现四个方面对今日头条的内容运营策略进行研究分析。

(一)以"用户为中心"的内容选择策略

在移动互联网时代,用户成为各手机客户端竞相争夺的宝贵资源。而吸引用户最基本的原则,就是以用户需求为出发点,提供用户所需要的内容信息。今日头条基于"内容的搬运工"这一定位,一方面通过与相关的媒体、企业、网站、政府部门等内容生产机构合作获取海量信息;另一方面通过搭建自身的自媒体平台,引进创作者来获取大量内容。今日头条在对平台内容整合的基础上,利用智能算法推荐技术挖掘平台用户的阅读兴趣,并将符合用户阅读兴趣的内容准确推送给每一位用户,从而满足了用户的内容消费需求。

"使用与满足"理论认为,受众作为传播过程中的重要一环,是具有主观能动性的个体,而不是只能被动接受信息的存在。该理论充分肯定了受众

---

① 耿伟茜:《今日头条的内容运营策略研究》,河北大学硕士学位论文,2018 年,第 23 页。

对信息的主观选择能力，这意味着受众对信息有着各种各样的需求，受众对媒体的选择和使用则是为了满足自己的各种信息需求，并且受众能够根据自己的需要主动选择合适的媒体。基于此，媒体不仅要充分重视受众的需要，还要根据受众的需求及时调整内容的生产和选择。今日头条在内容的推荐和功能的设置上十分重视受众的个性化需求，并将内容的选择权充分让渡给了受众，让用户来决定自己看什么。

总之，今日头条之所以能够在各大媒体不断进行转型升级、布局"两微一端"的形势下、在各类新闻资讯客户端纷纷涌入市场的移动互联网时代脱颖而出，是因为其率先洞察到受众个性化的阅读需求和供给端海量资源难以达成高效率匹配的痛点，并致力于运用自身的技术优势将内容与用户兴趣进行精准匹配，提高内容分发效率，不断满足用户的个性化阅读需求。

1."千人千面"的受众细分定位，实现内容的"个人定制"

20世纪初的传播学观点认为，受众是一群活动于现代社会中的无差别、无个体思想、人云亦云的"乌合之众"。其中，以美国传播学者布鲁默对受众的分析为代表，布鲁默认为受众是分散的、众多的、隐匿的、纷杂的、人云亦云的、容易被操纵的"木偶"，并且，其用"mass"一词指代受众，也包含了"乌合之众"的意味。后来，随着时代的不断发展和变迁，传播学理论得到进一步完善和发展，布鲁默的理论也逐渐被"社会分化论"取代。在新的媒体环境下，人们逐渐认识到受众的差异化，受众也开始从无差别的"乌合之众"中分离出来，成为"千人千面"的个体。在全媒体时代，受众的分层现象越来越凸显出来，年龄、性别、受教育程度、职业、阶级、爱好等都是构成受众个体差异的重要因素，这些因素将受众划分为千千万万个细分群体，不同的群体对内容信息有不同的需求，甚至每个个体对于信息都有着与众不同的个性化需求。"今日头条"则充分重视了个体与个体间的差异性，将对用户的定位细分到"个人"，而不仅仅止步于"群体"，并根据"个人"对内容信息的需求为其推荐符合个人阅读兴趣的内容资讯，真正做到了内容呈现的"个人定制"。

相比于传统媒体，今日头条更注重分析受众的个人属性。今日头条在使用搜索引擎、大数据挖掘技术的基础上，通过绑定用户的社交账号，对用户使用社交软件的历史行为数据进行多方位的挖掘和分析，构建出用户的兴

趣图谱，为用户提供符合其兴趣的个性化内容。并且，在用户对今日头条的进一步使用中，通过收集用户对推荐内容的具体操作行为，不断记录、更新和修正用户的兴趣图谱，从而提高兴趣内容推荐的准确率。今日头条通过为用户定制内容提高用户黏性，满足用户的个性化需求，使每个用户看到不一样的专属新闻界面。

实质上，今日头条所呈现的内容并非由今日头条为用户选择的，而是今日头条用户在日常的使用过程中自主做出的。今日头条的智能推荐技术能够根据用户对不同主题内容的阅读行为来判断用户对该主题内容的喜欢程度，如通过记录用户对该主题内容的点击率、阅读时长、转发量和点评等操作数据对该主题内容进行评估，以决定日后是否继续对目标用户着重推送此类内容，并不断调整该类内容的推送比例；智能推荐系统也会通过挖掘用户绑定社交账号的历史行为数据，分析用户的兴趣特征，全面了解用户的需求。随着用户对今日头条的不断使用，智能推荐系统对用户兴趣图谱的构建会越来越完善，为用户推荐的内容也能够更加符合其阅读兴趣。通过这种模式，今日头条不仅实现了对用户"千人千面"的细分定位，也为用户提供了"个人定制"的内容资讯服务。

2. 整合海量内容资源，内容形式多样化

今日头条作为一个信息聚合平台，拥有海量的内容资源，其内容来源主要有三个：爬虫技术抓取+PGC（专业内容生产）+UGC。目前，今日头条不仅聚合了包括传统媒体网站、新闻门户网站、论坛、社交网站等在内的大量网页内容，还有包括专业媒体在内的，超过120万个头条号每日为用户提供大量新鲜精彩内容。

其中，2014年9月推出的自媒体内容创作平台——"头条号"是今日头条基于内容分发所做的一次横向扩张。建立"头条号"创作平台的目的主要是拓展今日头条自身的内容资源，增加平台的优质原创内容，提升内容竞争力。与此同时，头条号作者入驻平台后，其发布的图文、视频等内容也可借助今日头条的算法推荐技术获得更多的曝光和关注，并获得与之相应的现金收益。此外，头条号作者在微信公众号等第三方内容平台上发布的内容，也可通过设置"同步发文"功能同步发送到今日头条，从而实现今日头条与第三方平台的联动，并进一步拓展了内容资源。

为了吸引优质的内容作者入驻，并激励其为头条用户贡献更多的优质内容，今日头条在"头条号"平台成立之初便发布了一系列扶持政策和措施，投入大量资金来帮助其发展。例如，2015年今日头条推出原创功能，头条号作者可以通过申请原创标签获得更多的收益和获取现金补贴的资格。此外，今日头条还推出了"千人万元"补贴计划以及"头条号创作空间"，帮助头条号作者进行内容生产。今日头条通过搭建"头条号"创作平台，一方面拓展了自身的内容来源，并依托海量内容满足用户多样化的信息需求，为用户提供更好的信息服务；另一方面，利用智能的个性化推荐机制对内容进行高效率的分发，使海量内容准确地触达受众。

今日头条的内容十分丰富，除了新闻资讯，还有诸如冷笑话、段子、生活服务信息、问答类资讯等多个领域的内容，这些领域的内容都集中在固定的主题频道，如"图片""视频""小品""搞笑""段子"等频道。垂直细分的频道设置，能够使用户快速找到自己喜欢的内容，尽可能地满足了用户的多样化需求。此外，其资讯形式也丰富多样，包括文章、图集、短视频和直播等，满足了用户的多场景阅读需求。

移动互联网时代，网民的阅读习惯日趋碎片化，阅读场景的切换节奏也越来越快，使网络用户专注于同一内容的时间变得十分有限，因此，如何将新闻内容以更为丰富多样的形式呈现给用户，如何吸引读者注意力，延长用户的使用时间成为各内容平台需要考虑的问题。今日头条十分注重在内容领域的拓展，一是在内容类型上拓展，如今日头条对图虫摄影的投资，对COS绘画小说社区"半次元"的收购等；二是在内容形态上的扩展，如对接外部短视频产品矩阵——抖音、西瓜、火山，打造自己的音频类产品"知听"等，一方面，作为核心的今日头条可为其带来流量；另一方面，产品矩阵又源源不断地为头条输出新的内容。

作为内容分发平台的今日头条，在发挥其核心技术优势的基础上，不断拓展自身的内容资源，丰富自身的内容形式，打造内容产品矩阵，满足用户形式多样化的需求。并且，随着信息服务业态的更新，为了满足新时代用户对内容信息的需求，今日头条不断对自身内容产品进行改进，并有效降低了用户切换于不同平台间的时间成本，也使平台不断地进行自我更新，不断地探索在移动互联网时代下新的发展路径。

（二）打造特色内容产品，构建全内容平台

随着移动互联网时代人口红利日趋殆尽，未来内容平台依靠用户量的增长来创造市场增量可能性很低，自身平台价值的提升将主要通过提高用户韧性、延长用户使用时间来实现。

为了提高用户黏性，延长用户在平台上的停留时间，今日头条不断地在内容分发领域进行探索，并通过发力短视频，打造问答社区，推出强社交化产品等实现了自身的横向扩张，形成一个庞大的APP矩阵。目前，今日头条旗下拥有9个独立APP产品，分别是内容分发平台——今日头条和今日头条极速版，短视频领域的火山小视频、西瓜视频、抖音以及去年11月刚收购的Muse，知识问答领域的悟空问答，专注于搞笑娱乐社区的内涵段子，专注于汽车领域的懂车帝。其中，西瓜视频、悟空问答、内涵段子和懂车帝都是由今日头条原有的内容板块拆分而出的。此外，在没有拆出独立APP的产品中，微头条、头条商城和即将上线的音频付费频道"新知"也算是相对独立的产品。

值得关注的是，过去每一个从今日头条中分裂出来的APP，都依然保持着与今日头条这个中央APP的强关系。今日头条APP像一个数据和用户的"路由器"，在统一的账号体系和平滑的内容推荐机制下，将用户和内容多项分流，形成一个巨大且内部不断细分的APP矩阵。由此可见，今日头条要做的绝不仅仅是一个新闻客户端，它与搜索引擎、网址导航、微信朋友圈一样，想做的是未来普通用户进入整个互联网世界的入口。

（三）完善的内容管理机制，提升用户体验

无论是内容生产平台还是分发平台，内容质量的好坏直接影响到用户的使用体验，同时也关系到平台健康持续的未来发展。高质量的内容和良好的体验无疑是信息消费者潜在的需求，也是吸引优质用户的根本。在信息爆炸的移动互联网时代，内容的同质化和粗制滥造现象严重，平台对内容的监管和把控面临着前所未有的困难。今日头条作为国内已经具备一定影响力的内容平台，在内容安全上也一直用最严格的标准要求自己。

1. 人工与技术相结合的审核机制

今日头条的审核机制相当严格，图文信息采用人工＋机器的方式进行审核，而视频方内容全部为人工的审核方式。除了专业审核团队，今日头条还建立了低俗低质打击算法模型，采取人工审核＋技术识别的方式。

今日头条的内容主要来源于两部分，一是具有成熟内容生产能力的PGC平台；二是UGC用户内容，如问答、用户评论、微头条。这两部分内容需要通过统一的审核机制。

对于UGC内容，审核流程第一步是风险模型过滤，算法会对内容直接做出色情谩骂、非法信息的识别，如果通过审核，则会先在小范围内进行推广，初步搜集用户反馈。如果收到举报负向反馈，或者用户分享数、阅读数比较大，还会再回到复审环节，有问题直接下架。如果小范围推广没有问题，则会进行大范围推广，如果在这个阶段收到负面反馈或者用户阅读量超过一个阈值，人工审核还会再次进行干预。PGC内容数量相对较少，会直接进行风险审核，没有问题则会大范围推荐。如果有负面反馈或者用户阅读量超过一个阈值，人工审核会再次介入，二次确认。如确实存在问题，则会立马召回。

头条风险过滤模型中包括鉴黄模型、低俗模型和谩骂模型。今日头条的低俗模型样本库非常大，通过深度学习和算法训练，能够同时对图片、文本进行分析。谩骂模型主要针对用户在评论区的低俗发言，其样本库同样超过百万。此外，对谩骂行为还有一些相应的惩罚机制。总体来看，风险过滤模型更注重召回率，甚至会为了保证内容不出现问题而牺牲一些准确率。目前，整个内容审核机制已经比较完善，但随着内容的增长和业务的快速发展，入驻平台的自媒体作者不断增多，UGC内容生产所占比重越来越大，在此背景下，今日头条的内容管理成本也在不断上升。未来，如何建立一套科学有效的自媒体作者管理机制，降低内容管理成本，从根本上提高平台的内容质量，是众多智能内容平台所面临的共同问题。

2. 利用算法打击"标题党"

针对"标题党"[①]内容，今日头条建立了检测模型，这一点与国际上通

[①] 标题党是指用夸张的标题吸引人点击查看，内容却是非官方来源的"小道消息"，甚至是严重失实信息，网络"标题党"推文背后的发布者以此赚取网络点击量和高额广告费。

行的做法类似。在模型运行过程中，机器会从文本上对标题内容进行识别判定，将标题内容中的单个字词和词组进行拆分，并对这些字词进行打分，当分数超过一定的阈值时便会被判定为存在"标题党"行为，系统便会向头条号作者发出警示。此外，机器还会通过对文章评论的分析及用户阅读文章后对"不喜欢"按钮的点击行为对文章进行总体上的判定，如果存在"标题党"行为或者内容低质问题，则会限制对该文章内容的推送，使其只能在很小的范围内得到传播。

今日头条对于"标题党"的打击，主要是从平台作者的内容创作和平台对内容的分发两个方面来进行控制管理。在平台作者的内容创作过程中，今日头条根据"标题党"常用的内容元素在文本层面进行总结，并定义了一系列与"标题党"相关的词汇形成"正则表达式"，并在此基础上建立了检测"标题党"的规则模型，进而用这些规则对每一篇文章进行检测。例如，在编辑内容时，如果头条号作者在标题栏中输入"惊呆""惊人"等字样的话，则被判定为可能存在标题夸张的行为，页面上会弹出一个黄色提示窗口，提示其标题内容可能存在夸张行为，并建议作者对标题内容进行修改。如果作者忽略提醒继续发布的话，则会在分发层面对该内容进行干预。一方面，系统会在分发的过程中减少对该内容的推荐量，使其内容传播限定在很小的范围内；另一方面，平台也会针对头条号作者发布违规内容的行为进行相应的惩罚。根据 2015 年头条号发布的违禁行为惩罚方案可知，若文章存在"标题党"、题文不符、抄袭、含有广告等问题，则会受到相应的扣分处罚，当头条号作者的违禁分数（初始值为 100 分）被扣至 50 分时，便会被关闭头条广告和自营广告的权限，被扣至 0 分则会被永久封禁，等于剥夺了其在头条号上的发言权。由此可见，相较于内容创作层面而言，今日头条在内容分发层面对"标题党"的控制管理则显得更加直接有效。

与此同时，今日头条会定期发布对各类违规失范内容的整治公告，例如对平台上伪科学内容、减肥广告营销信息等这些容易出现"标题党"现象的内容进行专门的治理。

3. 通过消重机制优化用户体验

今日头条的审核机制不仅针对平台上的敏感话题内容、低质烂俗的文章内容或是虚假内容进行过滤或召回，还能够对平台上的重复内容进行消重处理。消重是指在一系列重复、相似或相关的内容中，选出一篇"最权威"的内容进行推荐，而其余被消重的内容不再获得推荐。简单来说，就是作者在发布文章时，系统会将该文章与平台上已有内容样本库进行比对和消重，如果该文章与平台现有文章存在重复现象时，系统便会自动对该文章进行消重处理，不会继续对该文章进行大范围推送。对用户而言，如果反复向其推荐同质化的内容，则容易使用户兴趣递减，影响其使用体验。

"消重机制"起初是针对今日头条所抓取的媒体内容建立的，利用算法在对重复内容进行聚合之后，挑选出来源最可靠、权威性最高的内容进行推荐。例如，人民网和新浪网同时发布了一条社会新闻，均被今日头条收录，但由于门户网站并不具备新闻报道的资格，所以今日头条虽然同时抓取了两个不同来源的相同内容，但很大程度上会选择最权威的信源，就这个例子来说，则会选择人民网的报道进行推荐。这样做一方面增加平台的权威性，另一方面也避免让用户看到相似的内容。

另外，在2017年8月，今日头条向所有头条号作者推送了一条通知《"号外"功能扩大可投放文章范围，支持未推荐内容投放》，其中明确表示，"消重是指在一系列重复、相似或相关的内容中，选出一篇'最权威'的内容。被消重的内容不会获得任何推荐量，也无法投放'号外'"。这个规定对于今日头条而言，很大程度上提高了平台的内容质量，但对于头条号作者而言，却提出了更高的要求，这意味着原来头条号作者只需生产内容便能获得推荐，而现在必须创作出与其他作者不同的内容才能够获得推荐。

随着今日头条的人工智能消重技术日益进步以及平台上内容资源的不断增长，头条号作者的原创内容不被推荐的可能性越来越高。同时，在相同内容的选择上，也会存在媒体头条号的内容会优先于普通头条号被推荐，而有"原创"标签的头条号作者的内容会优先于无"原创"标签的头条号作者被推荐的情况。显然，这在一定程度上也会打击到头条号作者内容生产的积极性。

（四）灵活投放广告，实现内容变现

随着移动互联网技术的发展和内容分发模式的改变，信息流广告成为国内主要内容平台最常见的一种广告形式。凭借高转化率、用户干扰少、跨屏覆盖、定向精准的优势，信息流广告受到越来越多广告主的青睐。

1. 多样化的头条广告呈现方式

今日头条的内容变现主要是通过广告的投放来实现的，目前今日头条上的广告呈现方式主要有三种：第一种即开屏广告。在用户打开APP的操作时，会出现一个广告页，显示4秒钟便会跳转到首页页面。第二种是信息流广告。信息流广告即穿插在用户所接收的信息流当中，根据用户地域、年龄、性别、兴趣等因素主动推送给用户的广告。推送的信息流广告呈现格式与其他内容的格式完全相同，同样由标题和图片构成，仅在下方标注有"推广"字样。信息流广告是今日头条投放的最广泛的广告形式，同样利用智能分发技术将广告与用户需求相匹配，使广告能够更好地展示给目标群体，实现更好的传播效果。第三种是详情页广告。此类广告需要用户进入内容阅读界面才能看到，大多位于整篇资讯内容文章结尾处，或者位于视频播放界面的下方，以卡片的形式展示。

今日头条通过自身个性化推荐技术，能够根据用户的各方面特征向其推荐不同的广告内容，使广告的投放能更好地抵达目标群体，从而收到更好的效果。与此同时，今日头条还能够为企业精准地挖掘目标用户，并利用自身的平台优势为电商平台进行导流，从而实现自身更好的盈利。例如，今日头条上线"今日特卖频道"和京东进行合作，打通双方平台上的用户，利用今日头条内容的精细化推荐，缩短头条用户的决策过程，再将其引导到京东平台上，实现购买行为。此外，今日头条还吸引了淘宝、天猫作为电商流量入口，进行信息流合作与多元化经营。

2. 内容创作者的内容变现渠道

头条号作者作为今日头条内容生产的主力军，其自身的成长和壮大对于平台的发展而言意义重大。故自头条号平台成立之初，今日头条针对其推出的政策扶持和投入的资金补贴便从未停止，目的是希望头条号作者产出更多优质内容，满足平台用户的个性化阅读需求。

针对头条号作者的内容变现，今日头条制定了一系列标准并推出了相应的渠道，可供达到规定标准的头条号作者选择。其主要有以下四种：一是开通头条广告。度过新手期的头条号作者可以开通头条广告，即在发表文章等内容时勾选"投放头条广告"选项，当其发表内容获得推荐之后，便可根据文章的阅读量获取相应的广告收益。二是赞赏功能。赞赏功能只对具有"原创"标签的头条号作者开放,而申请"原创"标签需要头条号作者发表原创内容到一定数目,并且内容质量达标才可以开通。开通后即可通过用户打赏来获得收益。三是开通自营广告。开通自营广告的标准比较低,但若想通过自营广告获得收益,需要作者自己联络广告商进行合作,并在发文时进行自营广告内容投放,并获取相应收益。四是商品功能。累计粉丝数达到2000以上并且头条号指数在650以上的头条号作者,可以申请开通商品功能。商品功能开通后,头条号作者可以将第三方平台的商品链接插入文章中,目前今日头条合作的第三方电商平台有京东、天猫、亚马逊(Amazon)等。内容发布后,用户便可通过点击文中的商品链接跳转到购买页面,完成购买行为后,头条号作者便能够获得相应的分成收益。

二、今日头条内容运营策略的优化

今日头条于2012年上线,凭借个性化推荐技术迅速抢占了移动互联网时代的发展先机,并不断扩展自身的产品矩阵,在国内国外积极进行战略投资,扩张自身传播范围,在短短的六年时间里,今日头条已发展为和BAT三巨头并列的"第四极"。由于算法推荐的技术门槛并不高,一时间,包括阿里、腾讯和百度在内的众多互联网企业都纷纷入局内容分发领域,推出了依靠算法实现个性化推荐的新闻内容产品。随着越来越多的新闻客户端"头条化",UGC内容生产成为大多数平台的主要内容来源,因此,平台的内容运营也面临着更多的挑战。

此外,在新形势下,今日头条的内容运营策略也需要不断做出调整优化。笔者在对其内容运营策略进行全面的梳理和系统的分析研究之后,发现其主要存在以下问题:一是过于依赖算法,从而导致平台内容中存在严重新闻价值观的偏离现象;二是拥有强大的内容矩阵,但仍然面临互联网巨头的威胁,自身精品内容缺乏;三是算法推荐技术需要升级,内容管理机制需要完善;四是内容变现机制尚有很大的发展空间。

下面结合国内外内容平台的发展经验,针对今日头条在内容运营上存在的问题和不足提出具体的优化建议,以期为其未来的健康持续发展提供一些有益的建议,以供参考借鉴。

(一) 树立新的"把关人"理念，营造良好阅读环境

美国社会心理学家库尔特·卢因认为，在群体传播中存在一些"把关人"，是他们决定了什么样的信息能够被传播给群众，即只有符合把关人价值标准或者群体规范的信息才能够进入传播流程当中，而不符合规范的信息则会被剔除，无法进入传播渠道。这便是最早由卢因提出的"把关人"理论。后来这一概念被传播学者怀特引入新闻传播学中，怀特认为在大众传播新闻报道中决定了哪些新闻信息能够传播给受众，是传媒组织对新闻信息进行选择和取舍，最终即传媒组织在实际中扮演了"把关人"，可以说，在自媒体出现之前的很长一段时间内，无论是传统媒体还是新媒体，都是由编辑扮演了"把关人"的角色，决定什么样的内容可以传播给受众。在移动互联网时代，随着传者与受者界限的模糊，"把关人"的形态也发生了巨大的变化，对于今日头条这样的内容分发平台，"把关人"的权力很大程度上让渡给了算法，然而算法在目前看来仍有很大的缺陷。[①]

仅靠关闭频道、封禁账号并不能从根源上解决低俗内容泛滥的问题，关键还得建立长效机制，加强对平台内容的把关，树立并传播正确的新闻价值观。本书提出以下优化建议：

首先，对平台自身而言，需要优化审核机制加强对内容的"把关"。一方面，要继续优化算法模型，提升算法对低质恶俗内容的识别和过滤；另一方面，仍需引进大量编辑人员对内容进行人工审核，因为算法在对信息价值的判断上仍有很大的局限，这一点上机器无法取代人工。

其次，从源头抓起，针对自媒体创作者制定有效的监督和激励机制，从而提高内容质量。具体来说，针对大部分的普通用户作者，应该利用有效的市场手段来激励其创作优质内容，在现有的原创内容扶持政策上，进一步突出奖惩机制。同时，应制定科学、严谨的原创内容评价机制来对平台的原创内容进行全面的考核与评价，并根据此评价标准来确定后期对内容进行推送的权重。

最后，还要充分发挥用户对内容的"把关"作用。今日头条应建立更完

[①] 屠筱茵：《网络与新媒体环境下的"把关人"理论》，《西部广播电视》，2015年第14期，第18—19页。

善的用户监察机制,调动用户对平台内容把关的积极性,例如,在文章下方设置文章打分功能,参与打分达到一定数量的用户,可以获得平台颁发的虚拟头衔或者给予一定现金补贴等,以此来吸引用户加入内容监管的队伍。此外,增加用户意见反馈对文章质量等级评定的权重,鼓励用户举报低俗违规内容,对积极举报低俗、违规内容的用户进行奖励。总之,对平台内容的把关需要算法推荐技术、内容源头和平台三方共同发力,从而实现对平台内容的全方位把关过滤。

(二)挖掘精品内容,提升品牌形象

目前,今日头条经过多年的发展,已成为一个超级内容平台,其内容包含了段子、文章、图集、视频、问答等几乎所有内容体裁,其旗下所孵化的产品矩阵也横跨段子、问答、视频等领域。拥有如此强大内容体系的今日头条,却少有精品内容产出,而这主要是由今日头条的算法推荐机制导致的。由于算法推荐机制只会根据用户的阅读兴趣图谱来进行内容的推荐,这便使符合大众口味的泛娱乐内容和浅显易懂的内容获得更多的推荐和曝光,而那些有深度、高质量小众内容则获得较少推广,从而使对信息质量有要求的那部分用户转向其他平台,而推荐算法则在现有用户对低质内容的不断阅读与反馈中强化其对低质内容的推送,形成一种恶性循环。从内容上看,今日头条与其他同类客户端发布的内容同质化现象严重,各大内容分发平台存在"信息海量,实用不足;内容泛滥,精品不多;贪大求全,特色不强"的现状。不仅如此,产品设计同质化、营销模式同质化、品牌策略同质化在各互联网公司之间也屡见不鲜。对于智能内容平台而言,如何在碎片化阅读趋势下,有针对性地为不断细分的互联网用户群体持续打造精品内容成为下一步发展的关键。

无论是在职场中工作,还是在自媒体领域创业,都要有一种将自身打造成独一无二的生意的能力,打造核心竞争力。对于内容平台而言,精品内容便是其核心竞争力。例如同样做内容分发平台,2018年4月上线的"即刻"APP将目光瞄准"小众需求",致力于为对内容有一定品质要求的偏精英互联网用户群体提供内容服务,选择的是更为细分领域的信息推荐,而不是效仿今日头条、一点资讯等,走大众化资讯模式的路子。即刻通过人工编辑

从知乎、微信公众账号、微博、自媒体、简书等平台上挖掘到好的内容之后，经过审核和质量把控，再智能推荐给平台上的受众，满足其内容需求。专做小众化内容聚合与分发的"即刻"APP，上线一年就达到了200万的用户量。与其相似的还有专做财经金融领域的财新传媒和专注于社会时政的澎湃新闻。再看内容矩阵更为强大的腾讯，虽然腾讯也存在内容同质化现象，但与今日头条不同的是，腾讯经过多年的发展，拥有诸如"今日话题""财经眼""企鹅智酷"等上百个独家栏目，在社会常识、科技、财经等垂直细分领域拥有众多的独家精品内容，这无疑构成了其核心竞争力，而其旗下的"企鹅号"也正在积极打造自身的精品内容，比如其联合精品短视频制作团队打造的微综艺《催眠大师》和微型剧《谢谢你，陌生人》等，都在向精品化发展。

综上所述，为保证自身内容生态的良好发展，今日头条需加强对精品内容的挖掘。借鉴腾讯等互联网企业对精品内容打造的先进经验，结合今日头条发展实际，本书提出以下三点建议。

第一，在垂直细分领域内进行精耕，形成特色品牌。目前，各平台在内容领域的竞争已趋白热化，如何走出同质化的困境，成为摆在包括今日头条在内的各内容平台面前的共同问题，而在自身内容大而全的基础上选择垂直细分领域精耕，或将有望走出一条差异化的道路。例如网易号在2017年推出的特色内容激励计划，即利用曝光加权、垂直榜单、星级成长体系等形式对有潜力的垂直细分领域的自媒体作者进行扶持，充分发挥其长尾效应，帮助作者获得更多关注，同时也在一定程度上避免了"劣币驱良币"的风险，从而吸引更多的精品账号的入驻，使内容平台出现更多匹配兴趣、知识增量的优质内容。今日头条也可以参照网易的做法，选择几个垂直领域去进行精耕，挖掘或引进该领域的优质作者，通过给予其各方面扶持帮助其发展壮大，打造成自身特色品牌。

第二，全方位扶持自媒体作者，助力精品内容的打造。从目前来看，今日头条对自媒体作者的主要扶持体现在现金补贴和流量分发上，这些扶持一定程度上可以鼓励作者产出优质内容，但内容能否创造更多价值，还需要平台进一步助力。在未来，平台对内容生产者的扶持，不应只停留在现金补贴和流量上，而应该为其提供包括策划、推广在内的全方位的扶持，比如通过对平台用户相关大数据的挖掘，了解用户的兴趣、喜好，从而为创作者提供内容的选题和创作方向等，从而能更好地投其受众所好。这对于内容生产者而言，能够保证其更加专注于精品内容生产，而其不擅长的地方则由平台帮助其解决。

第三，借助明星效应和 IP 能力，打造自身独家内容。目前来看，未来一段时间内，各平台在短视频内容自制领域将面临激烈的竞争，打造自身独家精品内容则是重中之重。今日头条在技术和用户、渠道资源等方面具有强大优势，而明星、大 V 则自带 IP、热度和粉丝，两者联合，在自制内容方面大有可为。今日头条在未来需要投入更大的人力和资源去进行短视频领域精品内容的打造，并且要不断地摸索和积累经验，为以后更大规模的合作积累经验。

（三）升级算法推荐技术，完善内容管理机制

2017 年 9 月，人民网连续发表三篇文章批评以算法决定推荐内容的今日头条，指出算法推荐无法判断新闻价值的局限性以及算法导致"信息茧房"的弊端，并提出应避免一味迎合大众口味，避免算法走向创新的反面。由此可见，以今日头条为代表的智能分发平台过于依赖算法，从而导致"信息茧房"和新闻内容价值观的偏离。目前，算法的局限性已日益凸显，如何打破"信息茧房"，如何实现算法的升级，如何使用人工智能对文章内容观点、新闻价值等做出判断，这是以今日头条为代表的智能分发平台下一步需要解决的问题，也是其未来发展必须解决的问题。

目前，各平台的算法主要是利用数学模型对大量数据进行分析，从而实现内容和作者的兴趣匹配，其多是通过记录内容外部的行为实现的。算法如果要对文本内容做出价值判断，则技术不能只停留在文本表面，而必须深入文本内容的内部，去理解其语义，判别好的内容和坏的内容，这是算法推荐系统下一步需要突破的难点。在这一点上，今日头条或可向走在人工智能前端的百度借鉴一些经验。

在推荐算法方面，今日头条可以说和百度实力相当，二者难分高下，但作为 "All in AI" 公司，百度在人工智能技术的全面性上无疑要远远领先今日头条。相较于今日头条，百度不仅将人工智能技术应用在推荐机制中，百度还利用 AI 技术辅助创作者进行内容生产。例如，2017 年 11 月百度对外

公布的"百家号写作大脑"辅助写作平台,该平台能够根据后台监测数据判断出当前平台的热门内容或稀缺内容,从而有针对性地为创作者提供写作方向,同时也避免了作者们为了追求热点生产出大量同质化内容,有利于平台内容生态的平衡。

此外,百度的 NLU(自然语言理解)技术也处于业界前沿的位置,其 NLU 技术已经广泛地应用在语言学知识处理上、大数据分析和知识图谱的分析上等,在不断地实践中积累了较为丰富的技术经验。由于自然语言理解与生成技术能够深入文本语义内部,对文本内容的质量和情感倾向进行一定程度上的识别,在未来一段时间内 NLU 技术将会是智能内容平台对新闻做出价值判断的关键技术角力点。今日头条或可借助自然语言理解技术,进一步升级算法推荐系统,从技术上去对内容质量、价值取向做出更为精准的判断,一方面能够避免低质内容的传播,另一方面,也可以减少人工审核产生的巨大成本。

(四)完善内容变现模式,构建双赢的内容生态

无论是今日头条推出的头条号还是悟空问答、火山小视频等,在其自媒体平台成立的初期,行业内都是通过投入大量现金补贴的方式,在短期内吸引大量内容生产者入驻。这也成为通用的做法,比如 UC 在推出之初,也都砸下重金来吸引作者。头条推出的"大鱼号",腾讯推出的"企鹅号",但随着平台的发展,这种与阅读量挂钩的现金方式也暴露出其弊端。首先,由于原创作者太多,而且大部分创作者水平或精力有限,获得的分成比较低,使作者投入产出比太大,往往是一份内容发布到多个平台上,无法成为独家内容。其次,巨大的现金补贴引来许多"做号者",通过特定软件批量注册成千上万个账号,并利用机器抓取爆款文章进行拆分重组,然后利用这些"伪爆款"的文章获取平台大量补贴,这不仅造成平台内容低质化,也损害了其他原创者的利益,严重危害平台的内容生态。对平台来说,惠及全体创作者的大量现金补贴不是长久之计。为平台内容创作者寻求新的变现模式,成为平台生存的当务之急。对此,本书提出以下建议。

第一,通过内容营销实现内容生产者和品牌商连接。在这一点上,背靠阿里大量电商资源的内容创作平台——"大鱼号"拥有先天优势。2017 年

11月,"大鱼号"正式推出"大鱼任务"计划,以此来实现内容和品牌商的合作连接。符合条件的创作者可以通过开通此功能,自主承接平台合作商家的推广需求,从而获得多重收益。合作模式主要有"商家软广推荐"和"品牌内容定制"两种,作者可以自主选择。作者完成推广任务之后,除了可以获得创作稿酬外,还能获得流量套餐分成和商品推广佣金等多重收益。这种内容变现方式在一定程度上调动了作者的积极能动性,同时,在惠及商家的同时兼顾了作者,实现共赢。今日头条虽然也有与之类似的"商品功能",但目前只支持在文中插入商品卡片链接的形式,未来还需要探索更多的合作模式,供创作者灵活选择,此外,在推广收益方面也有待提高。

第二,为优质 PGC 提供商业合作机会,帮助其实现内容变现。可以预料的是,短视频营销将成为未来广告营销的热潮。未来,今日头条可以在扶持自身优质 PGC 的基础上,继续为其创造更多与品牌方合作的机会,利用短视频营销把 PGC 背后的粉丝量和流量转化为巨大的商业价值。在这种合作模式下,品牌方通过今日头条精准的内容推送获得更多消费者,今日头条通过短视频营销的成功获得更多品牌商的青睐,而优质自媒体则获得更多收入来源从而能够产出更多优质内容,使今日头条、品牌方和优质自媒体三方形成一个良性循环。

第三,发展粉丝经济。今日头条的人工智能推荐技术对于优质内容作者发展粉丝经济具有先天优势,算法可以将内容精准推荐给目标用户,从而为优质作者积累粉丝,当粉丝数量达到一定规模时,便可以利用粉丝提升账号的商业价值,比如通过商业广告的植入、电商导购链接的发布等获取收益,从而与流量和现金补贴形成互补。此外,内容创作者还可以通过打造独家优质内容,提升粉丝忠诚度,获得粉丝进一步认同,进而发展付费用户,通过付费内容来实现自身内容变现。

第四节　小红书平台的运营

小红书成立于2013年,最初软件是做社区内容分享,许多用户在软件上发布自己的"种草"购物类笔记以及生活分享、旅游攻略等。紧接着,小

红书推出了福利社功能,向电商购物平台转型,也开创了社区电商的新模式。短短几年,小红书的粉丝量和受欢迎程度大幅提升,如今已成功成为新兴的网络社区,再加上跨境电商的新型模式融合,软件也不断地进行改造升级,从"关注、发现、同城"三个基本模块逐渐增加了"视频、直播",以及根据内容也进行了更多的分类,截至今日,小红书的月活跃用户数仍然过亿。

一、小红书概述与历史发展

小红书最初以"香港购物指南"的名字问世,旨在为那些热衷于海外购物的消费者提供实用的购物攻略。① 在那个时候,海外购物对于中国消费者来说还相对陌生,市场上缺乏专业的指导信息。小红书正是瞄准了这一市场空白,通过分享海外购物经验、推荐热门商品,迅速吸引了一批忠实的用户。

然而,小红书并没有止步于仅仅提供购物攻略。随着用户需求的不断演变和市场的快速发展,小红书敏锐地捕捉到了用户对社交和分享的需求。因此,平台开始鼓励用户分享自己的购物心得、使用体验及生活方式,逐渐形成一个充满活力的社区。这一转变不仅丰富了平台的内容,还极大地提高了用户的参与度和黏性。

在转型过程中,小红书成功地把握了几个关键因素,从而实现了从单一攻略平台到综合性新媒体平台的华丽转身。首先,小红书始终坚持用户体验至上的原则,不断优化平台功能,提高内容质量,确保用户能够在平台上找到有价值的信息。其次,小红书非常注重社区氛围的营造,通过举办线上线下活动、设立话题讨论等方式,增强用户之间的互动和交流。最后,小红书在商业化进程中巧妙地平衡了用户体验和商业利益,既满足了品牌商家的营销需求,又保证了用户不会因过度商业化而感到反感。

正是由于这些成功的转型策略,小红书逐渐发展成为一个集购物、分享、社交于一体的综合性新媒体平台。如今的小红书已经不仅是一个购物攻略的提供者,更是一个连接消费者、品牌和商家的桥梁,为用户提供了一个全方位、"一站式"的购物和社交体验。

---

① 赵璐宁:《小红书的运营模式分析研究》,《中国储运》,2023年第09期,第185—186页。

二、小红书的运营模式

小红书的运营模式独具特色，它成功地将用户生成内容、精准的个性化推荐与强大的电商整合能力结合在一起，构建了一个高效且富有吸引力的平台。这一模式不仅促进了用户之间的互动和交流，还极大地提升用户的黏性和活跃度，同时也为电商业务的发展奠定了坚实基础。

首先，小红书的 UGC 模式是其运营的核心。平台鼓励用户分享自己的购物心得、使用体验及生活方式，这些内容不仅真实可信，而且极具参考价值。用户发布的每一篇笔记、每一张图片都是对小红书内容库的丰富，这些高质量的 UGC 内容为平台吸引了大量潜在用户，提高了平台的知名度和影响力。UGC 模式的成功运用，使小红书成为一个充满活力和创造力的社区，用户在这里可以找到与自己兴趣相投的人，分享彼此的生活和经验。

其次，小红书通过精准的个性化推荐技术，为用户提供了更加贴心的服务。平台利用先进的算法，根据用户的浏览历史、点赞、评论等行为数据，为用户推荐符合其兴趣和需求的内容。这种个性化推荐不仅提高了内容的曝光率和用户的满意度，还进一步增强了用户对平台的依赖和信任。用户在小红书上花费的时间越长，平台就能越准确地把握其偏好，从而推送更加精准的内容，形成一个良性循环。

最后，小红书强大的电商整合能力也是其运营模式的重要组成部分。平台通过与众多品牌和商家的合作，为用户提供了丰富的商品选择。用户在浏览 UGC 内容的过程中，很容易被种草各种好物，而小红书则提供了便捷的购买渠道，让用户能够轻松拔草。这种从种草到拔草的"一站式"购物体验，大大提高了用户的购物效率和满意度。同时，小红书还通过优惠券、拼团、限时秒杀等营销活动，激发了用户的购买欲望，促进了电商业务的蓬勃发展。

此外，小红书还非常注重用户体验和社区氛围的营造。平台通过严格的内容审核机制，确保 UGC 内容的质量和真实性，避免了虚假广告和恶意营销行为的干扰。同时，小红书还积极举办线上线下活动，增强用户之间的互动和交流，营造了一个温馨、友好的社区环境。

三、小红书用户分析

用户是任何平台发展的核心，对于小红书这样的社交电商平台而言，深入了解用户群体显得尤为重要。下面从年龄、性别、地域分布以及消费习惯等多个维度，对小红书的用户进行详尽的分析，旨在为平台的内容策略和营销策略提供有力的数据支撑。

（一）用户年龄分布

小红书的用户年龄分布相对广泛，但主要集中在年轻人群。其中，以"90后"和"00后"为主力军，他们年轻、活跃，对新鲜事物充满好奇和追求。这部分用户正处于消费能力上升期，对于时尚、美妆、旅行等领域的关注度较高，是小红书内容创作和消费的重要力量。同时，"80后"及部分"70后"用户也占有一定比例，他们多为职场人士或家庭主妇，对家居、育儿、健康养生等内容有较高兴趣。

（二）用户性别比例

小红书的用户性别比例中，女性用户占绝大多数。这与小红书起初的定位和主要内容方向密不可分，即围绕美妆、时尚、生活等领域展开。女性用户在这些领域有着天然的兴趣和更高的参与度。然而，随着平台内容的多样化和拓展，如科技、旅行、美食等领域的加入，也吸引了越来越多的男性用户加入小红书社区。

（三）用户地域分布

在地域分布上，小红书的用户主要集中在经济发达、消费能力较强的一线城市和部分二线城市。这些地区的用户对于时尚潮流、品质生活有着更高的追求，与小红书的内容定位高度契合。同时，随着平台影响力的扩大，三、四线城市及农村地区的用户也在逐步增长，为小红书带来了更广阔的市场空间。

(四) 用户消费习惯分析

小红书的用户在消费习惯上表现出明显的个性化和品质化倾向。他们注重产品的品质和口碑，愿意为高品质的商品或服务买单。同时，这部分用户也具有较强的购物欲望和消费能力，对于新兴品牌和潮流产品有着敏锐的洞察力。在购物决策过程中，他们更倾向于听取来自同好或专业人士的意见和建议，这也正是小红书 UGC 模式得以成功的重要因素之一。

此外，小红书的用户还表现出较强的社交属性。他们乐于在平台上分享自己的购物心得和使用体验，与他人交流消费观念和生活方式。这种社交互动不仅增强了用户对平台的归属感和黏性，也为品牌商家提供了与消费者直接沟通的机会，有助于提升品牌知名度和用户忠诚度。

(五) 用户行为特征

除了以上基本的用户属性外，小红书用户的行为特征也值得关注。他们活跃度高，喜欢点赞、评论和分享，这些行为不仅丰富了平台的内容生态，也提高了用户的参与度。同时，用户在使用小红书时还表现出明显的时段性特征，如晚上和周末是用户活跃度的高峰期，这为平台的内容发布和营销活动提供了重要的时间参考。

四、小红书的内容策略

在数字化时代，内容的质量与多样性成为吸引和留住用户的关键因素。小红书深谙此道，通过精心策划的内容策略，成功打造了一个充满活力和吸引力的社区。以下将详细剖析小红书的内容策略，从内容类型、内容质量把控到内容推荐机制等，逐一探讨其背后的逻辑与效果。

(一) 内容类型的多元化

小红书的内容涵盖众多领域，包括但不限于美妆、时尚、旅行、美食、健身、读书等。这种多元化的内容策略不仅满足了不同用户的兴趣需求，也扩大了平台的受众基础。用户可以在小红书上找到自己感兴趣的话题，同时也能接触到其他领域的精彩内容，从而增加用户的停留时间和参与度。

美妆与时尚：作为小红书的两大核心内容，美妆与时尚板块汇聚了大量热爱化妆和穿搭的用户。他们分享自己的妆容教程、护肤心得及时尚搭配，形成了独特的社区氛围。

旅行与美食：旅行和美食是小红书另外两个受欢迎的内容领域。用户在这里记录自己的旅行经历，分享各地的美食文化，为其他用户提供了丰富的旅行和饮食参考。

健身与健康：随着健康生活方式的兴起，越来越多的用户开始在小红书上分享自己的健身日常和健康饮食。这些内容不仅激发了用户的健身热情，也促进了健康理念的传播。

读书与成长：小红书还鼓励用户分享读书心得和个人成长经历。这些内容不仅为用户提供了精神滋养，也营造了一个积极向上的社区环境。

（二）内容质量的严格把控

为了保证平台内容的质量，小红书实施了一系列严格的内容审核机制。这包括对用户发布的内容进行人工审核，确保信息的真实性和准确性。同时，平台还通过算法和技术手段识别并处理低质量或违规内容，从而维护一个健康、正向的社区环境。

真实性原则：小红书强调内容的真实性，鼓励用户分享自己的真实体验和见解。对于虚假宣传或误导性信息，平台会进行严厉打击。

专业性审核：针对部分专业领域的内容，如美妆、护肤等，小红书会邀请行业专家或意见领袖进行内容审核，确保信息的专业性和可靠性。

（三）智能的内容推荐机制

小红书采用先进的算法技术，根据用户的兴趣偏好和行为数据，为用户提供个性化的内容推荐。这种智能推荐机制不仅提高了内容的曝光率和用户的满意度，还进一步增强了用户对平台的黏性。

用户画像构建：通过分析用户的浏览历史、点赞、评论等行为数据，小红书能够精准地构建用户画像，为其个性化推荐提供数据支持。

实时更新推荐：随着用户兴趣的变化和新内容的涌现，小红书的推荐系统会实时更新，确保用户始终能够接触到最新、最符合自己兴趣的内容。

(四)内容策略的提升效果

通过上述内容策略的实施,小红书成功提升了用户参与度和平台影响力。用户在这里找到归属感和认同感,愿意花费更多时间在平台上浏览和参与互动。同时,高质量的内容和精准的推荐也吸引了更多新用户加入小红书社区,进一步扩大了平台的用户基础。

五、小红书的营销策略

小红书作为一个融合了社交与电商的平台,其独特的营销策略在业界颇受瞩目。本节将深入探讨小红书如何通过KOL营销、品牌合作、广告投放等策略,巧妙地将用户与品牌连接起来,实现商业价值的最大化,并在这一过程中如何精心维护用户体验,确保商业利益与用户体验之间的平衡。

(一) KOL营销:借力意见领袖,传递品牌价值

在小红书精心策划的营销策略中,KOL(关键意见领袖)营销被赋予了举足轻重的地位。这一策略巧妙地利用社交媒体中的影响力传播机制,通过汇聚在各个领域具有显著影响力的KOL,构建一个品牌与消费者之间的桥梁。这些KOL不仅拥有庞大的粉丝基础,更因其专业性和真实性而深受粉丝信赖。他们通过分享个人的使用体验、心得感悟以及对相关产品的独到见解,成功地将品牌价值以更为亲和、可信的方式传递给广大粉丝。这种营销方式不仅显著提升了品牌的曝光度和市场认知度,更在无形中引导并影响消费者的购买决策,为品牌带来可观的商业价值。同时,KOL营销也展示了社交媒体时代品牌营销的新趋势,即通过真实、有影响力的个体来传递品牌信息,从而更深入地触达目标受众。

(二) 品牌合作:深度融合,共创内容

在营销策略的布局中,小红书与各大品牌构建了紧密的合作关系,这种合作远超越传统的广告投放模式,深入内容创作的核心层面。品牌方不仅提供其产品或服务作为内容创作的物质基础,更与小红书平台上的创作者进行深度合作,共同打造具有高质量和高度吸引力的内容。这种合作模式使品

牌信息能够自然地融入内容之中，而非简单地硬性植入，从而大大提高了受众的接受度和品牌的认知度。

通过深度融合与共创内容，小红书与品牌方共同构建了一个互利共赢的生态系统。在这个生态系统中，品牌方得以借助小红书强大的用户基础和创作者资源，实现品牌形象的塑造和产品价值的传递；而小红书则通过提供优质的内容创作环境和品牌合作机会，进一步巩固了其在社交电商领域的领先地位。这种合作模式充分展示了新时代品牌营销的创新思维，为品牌与消费者之间搭建了一座坚实的桥梁。

（三）广告投放：精准触达、高效转化

广告投放策略在小红书的整体营销布局中占有不可或缺的地位。小红书凭借其卓越的数据分析能力，能够精准地识别并定位目标用户群体，确保广告内容能够准确地触达最具潜力的消费者。这一策略的运用，不仅最大化地提升了广告的曝光效果和影响力，还显著增强了广告的针对性和实效性。

同时，小红书在广告投放过程中，持续优化广告内容和投放策略，力求在保持广告信息新颖、吸引人的同时，也能更好地符合目标受众的偏好和需求。这种持续优化的做法，不仅有助于提高广告的点击率和转化率，还能有效降低品牌方的营销成本，实现营销资源的高效利用。

（四）平衡用户体验与商业利益

在营销过程中，小红书始终注重用户体验的维护。平台通过严格的广告审核机制，确保广告内容的质量与平台整体风格相符，避免对用户体验造成干扰。同时，小红书还鼓励创作者在内容创作中保持真实性和独立性，避免因商业合作而损害内容的客观性和公正性。

此外，小红书还通过不断优化算法和推荐系统，确保用户在浏览内容时能够接触到多样化的信息源，避免过度商业化的内容对用户造成"信息茧房"效应。这些举措共同为小红书营造了一个既具有商业价值又兼顾用户体验的良好环境。

第四章 新媒体运营数据分析与平台变现

数据分析是新媒体运营不可或缺的一环。本章将介绍如何通过数据分析洞察用户行为,掌握平台热点,以及如何利用这些数据来实现新媒体平台的变现,从而促进新媒体运营更加精准、高效。

第一节 新媒体用户数据分析流程

一、数据收集阶段

数据分析的基础是数据收集,而数据收集的首要任务是确立清晰的目标、确定可靠的数据源与高效的收集工具、设计详尽的收集方案,并最终实施数据收集。

(一) 明确数据收集目标

在进行新媒体用户数据分析之初,必须明确数据收集的具体目标。这些目标应围绕新媒体运营的核心问题展开,如用户行为特征、内容消费偏好、用户活跃度与留存率等关键指标。确立目标时,应充分考虑运营策略的需求,力求收集到的数据能够直接支持决策制定和效果评估。同时,目标应可量化,以便于后续的数据分析和解读。

(二) 确定数据源及收集工具

在明确数据收集目标后,再确定数据源和选择合适的收集工具。数据源可能包括网站日志、用户行为跟踪数据、社交媒体平台 API 接口等。在选择数据源时,需确保其能够提供与目标紧密相关的数据信息。同时,根据数据源的不同,应选用相应的数据收集工具,如网络爬虫、API 调用工具或

专业的数据分析软件,以确保数据的准确性和高效性。

(三) 设计数据收集方案

设计详尽的数据收集方案是确保数据质量的关键环节。方案应明确收集数据的具体范围、频率和方式,以及数据的存储和处理流程。此外,还需考虑数据的安全性和隐私保护问题,确保在收集过程中遵守相关法律法规和道德规范。设计方案时,还应对可能出现的问题进行预设,并制定相应的应对措施,以确保数据收集顺利进行。

(四) 实施数据收集

在实施数据收集阶段,应严格按照设计方案进行操作。对于通过自动化工具收集的数据,需定期检查工具的运行状态和收集到的数据质量。对于需要人工参与的数据收集任务,应明确责任分工和收集标准,确保数据的准确性和一致性。同时,应建立数据收集过程中的监控机制,及时发现并解决问题,以保证数据收集的效率和完整性。

在实施数据收集的整个过程中,还需注意数据的时效性和可比较性。新媒体领域变化迅速,用户行为和偏好可能随着时间和环境的变化而发生变化。因此,定期更新数据收集方案,以适应新的形势和需求,是保持数据分析结果有效性的重要环节。同时,为确保数据之间的可比较性,应在收集过程中保持数据格式和处理方法的一致性,便于后续的数据整合和分析工作。

二、数据清洗与整理阶段

在数据收集之后,紧接着进入数据清洗与整理阶段。这一阶段对于确保数据质量和后续分析的准确性至关重要。

(一) 数据清洗的重要性

数据清洗是数据处理过程中不可或缺的一环,其主要目的是纠正、删除或替换不准确、不完整、格式不正确或重复的数据。在新媒体用户数据分析中,原始数据往往包含大量的噪声和异常值,这些不良数据会严重影响分析结果的准确性和可靠性。通过数据清洗,可以有效去除这些干扰因素,使得数据集更加规整、一致,从而为后续的数据挖掘和模式识别提供坚实的基础。

此外,数据清洗还有助于提升数据分析的效率。未经清洗的原始数据可能包含大量冗余和无效信息,这些信息在分析过程中会占用大量的计算资源,降低分析速度。通过清洗,可以剔除这些无用数据,使得分析过程更加高效、顺畅。

(二)数据清洗的步骤和方法

数据清洗通常遵循以下步骤:首先,对原始数据进行初步检查,识别并删除明显的错误数据,如空值、重复记录或不合逻辑的值;其次,对于缺失值,根据数据的特点和分析需求,采用插值、回归或基于机器学习的方法进行填补;再次,对异常值进行检测和处理,可以采用统计方法(如 Z-score、IQR 等)来识别并处理这些异常值;最后,对数据进行标准化和归一化,以消除不同量纲和数量级对数据分析结果的影响。

在数据清洗的方法上,除了上述的统计方法外,还可以利用编程语言和数据处理工具(如 Python 和 R、SQL 等)进行自动化清洗。这些工具提供了丰富的数据清洗函数和算法,能够高效地处理大量数据。

(三)数据整理与格式化

数据清洗完成后,需要进行数据整理和格式化。数据整理主要是对清洗后的数据进行进一步的加工和组织,以便于后续的数据分析和可视化。这包括数据的排序、分组、聚合等操作,以及根据分析需求构建新的数据特征。

数据格式化则是将数据转换为特定的格式,以适应不同的分析工具和平台。例如,在将数据导入某些数据分析软件或可视化工具时,可能需要将数据转换为 CSV、Excel 或 JSON 等特定格式。此外,为了确保数据的一致性和可读性,还需要对数据进行统一的命名规范、日期格式和数据类型转换等处理。

三、数据分析阶段

数据分析是新媒体用户数据处理的核心环节,它涉及对清洗整理后的

数据进行深入探究,以揭示用户行为模式、偏好及潜在趋势。本阶段主要包括描述性统计分析、用户行为分析、用户画像构建,以及数据挖掘与模式识别四个主要步骤。

(一) 描述性统计分析

描述性统计分析是数据分析的初步步骤,它通过对数据的基本特征进行量化描述,为后续深入分析提供基础。在新媒体用户数据分析中,描述性统计主要用于刻画用户群体的基本属性,如用户的年龄分布、性别比例、地域分布等。这些统计信息有助于运营者初步了解用户群体的整体状况,为精准营销和内容策划提供数据支持。常用的描述性统计指标包括均值、中位数、众数、标准差等,它们能够反映数据的集中趋势和离散程度。

(二) 用户行为分析

用户行为分析是深入研究新媒体用户数据的关键环节。通过对用户在平台上的行为轨迹进行追踪和分析,可以揭示用户的兴趣偏好、消费习惯及使用习惯。例如,分析用户访问频率、停留时间、点击率等数据,可以了解用户对哪些内容更感兴趣,哪些功能更受用户欢迎。这些信息对于优化新媒体平台的用户体验、提升内容质量和促进用户活跃度具有重要意义。此外,用户行为分析还能帮助运营者发现潜在的问题和机会,从而及时调整运营策略。

(三) 用户画像构建

用户画像构建是基于用户数据分析,将用户特征标签化、具象化的过程。通过整合用户在新媒体平台上的行为数据、社交数据及消费数据等,可以为用户创建全面、细致的特征标签,如"时尚爱好者""科技迷""旅游达人"等。这些标签不仅有助于运营者更深入地理解用户需求,还能为个性化推荐、精准营销等提供有力支持。构建用户画像时,需要注重数据的全面性和准确性,以确保画像的真实性和有效性。

(四) 数据挖掘与模式识别

数据挖掘与模式识别是数据分析的高级阶段,旨在从大量数据中挖掘出有价值的、先前未知的信息和模式。在新媒体用户数据分析中，数据挖掘技术可以帮助我们发现用户行为背后的隐藏规律和趋势，如用户的消费习惯变迁、内容偏好转移等。通过模式识别技术，可以对用户进行更精细的分类和预测，从而实现更精准的个性化服务。例如，利用聚类分析可以将用户划分为不同的群体，每个群体具有相似的兴趣和需求；通过关联规则挖掘可以发现用户行为之间的关联性，为推荐系统提供依据。

四、数据解读与报告阶段

数据解读与报告阶段是新媒体用户数据分析流程的终端环节，其核心任务是将分析结果以直观、易懂的方式呈现出来，并为决策层提供有价值的洞察和建议。

(一) 数据解读的原则

数据解读是数据分析与决策之间的桥梁，它要求分析师不仅具备深厚的数据分析能力，还需掌握有效的沟通技巧。在解读数据时，应遵循几个关键原则：首先要确保数据的准确性，所有解读必须基于真实、可靠的数据源；其次要注重数据的整体性，避免片面解读或断章取义；再次，要考虑数据的时效性，确保解读结果符合当前的市场环境和用户行为特征；最后，要保持客观中立，避免个人主观意见的插入，确保解读的客观性。

(二) 撰写数据分析报告

撰写数据分析报告是数据解读与报告阶段的重要任务。一份高质量的数据分析报告应包含以下几个部分：报告概述，简要说明分析的目的、方法和主要发现；数据分析，详细展示数据分析的过程和结果，包括数据统计、对比、趋势预测等；结论与建议，基于数据分析结果提出有针对性的建议或解决方案；以及附录，提供原始数据、分析模型等附加信息。在撰写报告时，应注意语言的准确性和简洁性，确保报告内容易于理解且具备决策参考价值。

(三) 数据可视化呈现

数据可视化呈现是将数据分析结果以图形、图表等直观方式展示出来

的过程。在新媒体用户数据分析中,数据可视化呈现尤为重要,因为它能够帮助决策者更快速地理解数据、发现问题并作出决策。常用的数据可视化工具包括图表、图像、动画等,如柱状图、折线图、饼图及热力图等。在选择可视化方式时,应根据数据类型和分析目的进行合理搭配,确保可视化结果既美观又实用。

(四) 报告审核与修正

在数据分析报告完成后,需要进行严格的审核与修正。这一步骤旨在确保报告的准确性、完整性和有效性。审核过程中,应重点关注数据的来源、分析方法的合理性、结论的可靠性等方面。若发现报告中存在错误或不足之处,应及时进行修正和完善。此外,审核与修正还包括对报告格式、排版等细节的检查,以确保报告的专业性和易读性。

第二节 新媒体运营平台热点分析

在新媒体运营中,热点分析是一项至关重要的任务。通过对热点的准确识别和追踪,运营者能够把握用户关注的焦点,从而制定更为精准的内容策略,提升运营效果。

一、热点识别与追踪

(一) 热点话题的识别方法

热点话题的识别,是新媒体运营中捕捉市场动态、了解用户兴趣的第一步。有效的识别方法包括但不限于以下几种:

社交媒体监测:通过对微博、微信、抖音等社交媒体平台上的用户讨论进行实时监测,可以捕捉到正在兴起或已经受到广泛关注的话题。这些平台上的话题标签、转发量、评论数等都是判断热点的重要依据。

新闻资讯分析:关注各大新闻网站、媒体发布的最新资讯,特别是那些被多次报道、引发广泛讨论的事件或话题,往往就是当前的热点。

关键词搜索趋势：利用搜索引擎的关键词搜索趋势工具，可以分析出哪些关键词的搜索量在近期内显著上升，从而判断出相关的热点话题。

数据分析工具：借助专业的新媒体数据分析工具，如新榜、清博指数等，可以更为直观地查看到各个领域的热点话题及其相关数据。

(二) 实时追踪热点动态

实时追踪热点动态对于新媒体运营来说至关重要，它能帮助运营者及时调整内容策略，保持与市场的同步。具体追踪方法包括：

定时检查：定期查看社交媒体、新闻网站等渠道，了解热点话题的最新进展和用户反馈。

使用专业工具：利用社交媒体监测工具或新闻聚合应用，设置关键词警报，以便在热点话题有新动态时立即得到通知。

参与讨论：加入相关的在线社群或论坛，通过与其他网友的交流来获取热点的第一手信息。

(三) 热点趋势预测与分析

热点趋势的预测与分析是新媒体运营中的高级技能，它要求运营者不仅能够捕捉当前的热点，还能预见其未来可能的发展方向。这需要进行以下几个方面的深入分析：

用户行为分析：通过研究用户在社交媒体上的互动行为，如点赞、评论、转发等，可以预测热点话题的受欢迎程度和持续时间。

内容属性分析：分析热点话题的内容属性，如话题的严肃性、娱乐性、实用性等，有助于判断其是否具备长期关注的潜力。

社会环境分析：考虑当前的社会环境、政治经济形势等因素对热点话题的影响，以及这些因素如何推动热点话题的发展。

类似案例对比：查找历史上类似的热点话题案例，分析其发展趋势和最终结果，为当前热点话题的预测提供参考。

综上所述，新媒体运营中的热点分析是一个复杂而细致的过程，它要求运营者具备敏锐的市场洞察力、数据分析能力和预测能力。通过有效识别、追踪和分析热点话题，新媒体运营者可以更加精准地把握用户需求和市

场动态,从而制定出更具针对性的内容策略,提升运营效果。

二、热点内容分析

在新媒体运营中,对热点内容的深入分析是提升运营效果、吸引用户关注的重要手段。

(一)热点内容的类型与特点

热点内容通常指的是在一定时间段内,受到广泛关注、讨论和传播的信息或话题。根据来源和性质,热点内容可分为时事新闻类、娱乐八卦类、科技前沿类、社会现象类等。不同类型的热点内容具有各自独特的特点。

时事新闻类热点往往涉及国内外重大事件、政策发布等,具有时效性强、影响范围广的特点。娱乐八卦类热点则围绕明星、名人等公众人物的私生活、工作动态等展开,内容轻松有趣,能够引发公众的广泛讨论。科技前沿类热点关注最新的科技发明、创新成果等,专业性较强,对受众的知识水平有一定要求。社会现象类热点则聚焦于社会普遍关注的问题,如教育、医疗、环境等,容易引发公众的共鸣和思考。

这些热点内容通常具有以下共同特点:一是话题性强,能够激发公众的讨论热情;二是传播速度快,通过新媒体平台迅速扩散;三是影响力大,能够对社会舆论产生重要影响。

(二)热点内容的受众分析

对热点内容的受众进行深入分析,有助于新媒体运营者更精准地定位目标用户群体,提高内容的针对性和吸引力。受众分析主要包括以下几个方面:

受众属性分析:通过数据分析工具,了解关注热点内容的受众的年龄、性别、地域、职业等基本信息,以便制定更符合目标受众需求的内容策略。

受众兴趣分析:通过调查问卷、用户反馈等方式,深入了解受众对热点内容的兴趣点、关注点和态度倾向,为内容创作提供有力依据。

受众行为分析:追踪受众在新媒体平台上的浏览、点赞、评论等行为数据,分析受众对热点内容的互动习惯和偏好,以便优化内容呈现方式和推广策略。

通过综合以上三个方面的受众分析，新媒体运营者可以更加精准地把握受众需求，提高热点内容的吸引力和传播效果。

(三) 热点内容的传播路径与影响力评估

了解热点内容的传播路径和评估其影响力，对于新媒体运营者来说至关重要。这有助于他们更好地把握内容传播的规律，提升运营效果。

1. 传播路径分析

新媒体时代，热点内容的传播路径呈现出多元化、复杂化的特点。热点内容通常首先在社交媒体、新闻网站等平台上发布，随后通过用户分享、转发等行为迅速扩散。在传播过程中，关键意见领袖、网红大V等关键节点的转发和评论往往能加速内容的传播并扩大其影响力。因此，分析热点内容的传播路径时，应重点关注这些关键节点的作用。

2. 影响力评估

评估热点内容的影响力可以从多个维度进行，如阅读量、点赞数、评论数、转发量等。这些数据指标能够直观地反映热点内容在受众中的受欢迎程度和传播广度。同时，还可以通过用户调查、专家评价等方式，深入了解热点内容对社会舆论、公众认知等方面的影响。综合这些评估结果，新媒体运营者可以更加全面地了解热点内容的影响力，为后续的内容策划和推广提供参考。

综上所述，对热点内容的类型与特点、受众，以及传播路径与影响力的深入分析，有助于新媒体运营者更加精准地把握市场动态和用户需求，从而提升运营效果。在未来的新媒体运营实践中，我们应不断总结经验，持续改进分析方法，以适应不断变化的市场环境和用户需求。

三、热点与新媒体运营策略结合

在新媒体运营中，有效地结合热点话题能够显著提升内容的吸引力和传播力。以下将详细探讨借势营销策略、内容创新策略和危机应对策略在新媒体运营中的应用。

（一）借势营销策略

借势营销是指企业利用当前社会热点、事件或趋势，通过巧妙的内容创意和传播手段，将品牌或产品与热点相结合，从而达到提升品牌知名度、塑造品牌形象和促进产品销售的目的。在新媒体运营中，借势营销策略的应用尤为关键。

实施借势营销时，运营者需要密切关注时事动态和社交媒体上的热门话题，准确捕捉与品牌或产品相关的热点。例如，在重大节日、社会事件或行业盛会期间，可以通过发布与热点相关的内容来吸引用户关注。同时，运营者还需精心设计内容，确保在借助热点的同时，能够自然地融入品牌或产品信息，避免过度营销和生硬的广告植入。

此外，选择合适的传播渠道也是借势营销成功的关键。新媒体平台如微博、微信、抖音等具有广泛的用户基础和高效的传播能力，是实施借势营销的理想选择。通过在这些平台上发布有趣、有料的内容，并结合用户互动和社交媒体广告等手段，可以迅速扩大品牌或产品的影响力。

（二）内容创新策略

在新媒体时代，内容创新是吸引用户注意力的核心。结合热点话题进行内容创新，不仅能够提升内容的时效性和话题性，还能够满足用户对新鲜、有趣内容的追求。

内容创新策略要求运营者具备敏锐的市场洞察力和创意思维能力。运营者需要深入了解目标受众的喜好和需求，以及当前热点话题的趋势和内涵。在此基础上，通过独特的视角和新颖的创意，将热点话题与品牌或产品相结合，打造出别具一格的内容。

同时，内容创新还需注重形式的多样性。除了传统的图文内容外，还可以尝试视频、直播、互动游戏等多媒体形式，以丰富用户的阅读体验。此外，运营者还应关注用户反馈和数据分析，不断优化内容策略，以满足用户不断变化的需求。

(三) 危机应对策略

在新媒体运营过程中，可能会遇到各种危机事件，如负面舆论、产品质量问题等。这些危机事件若处理不当，将对品牌形象和市场份额造成严重影响。因此，制定有效的危机应对策略至关重要。

当危机事件发生时，新媒体运营者应迅速响应，及时发布官方声明，澄清事实真相，避免谣言和误解的扩散。同时，要积极与用户沟通，倾听他们的诉求和建议，以诚恳的态度回应关切和质疑。

除了及时应对外，危机预防同样重要。运营者需建立完善的危机预警机制，通过实时监测社交媒体上的舆论动态和用户反馈，及时发现潜在危机并采取措施予以化解。此外，加强内部质量管理，确保产品质量和服务水平符合用户期望，也是预防危机的重要手段。

综上所述，通过巧妙运用借势营销策略、内容创新策略和危机应对策略，新媒体运营者可以在激烈的市场竞争中脱颖而出，实现品牌价值的最大化。在未来的新媒体运营实践中，应不断探索和创新策略方法，以适应不断变化的市场环境和用户需求。

第三节　新媒体用户的相关数据分析

随着新媒体的迅猛发展，深入分析用户数据已成为提升新媒体运营效果的关键。

一、用户基础数据分析

基础数据分析是新媒体运营中不可或缺的一环，它涉及对用户基本属性的了解和把握，为后续的精准营销和用户服务奠定基础。

(一) 用户人口统计学特征

用户人口统计学特征主要包括年龄、性别、职业、受育程度等方面。这些特征对于理解用户群体、划分目标市场和制定个性化营销策略至关重要。

新媒体运营全景与趋势研究

年龄分布：通过分析用户的年龄层次，可以了解不同年龄段用户对新媒体内容的偏好和需求。例如，年轻用户可能更倾向于娱乐、时尚和科技类内容，而中老年用户可能更关注健康、养生和旅游等信息。

性别比例：性别差异会导致用户兴趣点的不同。对男女用户的比例进行分析，有助于针对性地提供符合不同性别喜好的内容，如为女性用户提供美容、时尚类信息，为男性用户提供科技、体育类内容。

职业与受教育程度：用户的职业和教育背景会影响其信息需求和消费习惯。例如，高学历用户可能更注重知识的深度和广度，而从事特定职业的用户可能对行业资讯和专业技能提升类内容更感兴趣。

(二) 用户地理位置分布

用户地理位置分布数据对于新媒体的地域性运营具有重要指导意义。通过分析用户所在地区，可以精准地推送与当地文化、风俗和习惯相关的内容，增强用户的归属感和黏性。

地区分布：了解用户在全国乃至全球的分布情况，有助于把握不同地域的文化差异和市场潜力。例如，针对北方和南方用户的文化差异，可以分别推送符合各自地域特色的内容。

城市层级：一线城市与二、三线城市的用户需求和消费能力存在差异。通过城市层级的分析，可以为不同层级的城市提供更具针对性的服务和产品推荐。

(三) 用户设备使用情况

随着移动互联网的普及，用户设备使用情况成为新媒体运营中不可忽视的一环。分析用户使用的设备类型、操作系统和屏幕尺寸等信息，有助于优化内容呈现方式和提升用户体验。

设备类型：智能手机、平板电脑、笔记本电脑等设备在屏幕尺寸、分辨率和交互方式等方面存在差异。了解用户主要使用的设备类型，可以确保内容在不同设备上都能获得良好的展示效果。

操作系统：不同操作系统（如 iOS、Android 等）在界面设计、功能实现和用户体验上各有特点。分析用户操作系统的使用情况，有助于开发兼容多种系统的应用或优化网页版式设计。

综上所述,通过对用户基础数据的深入分析,新媒体运营者可以更加精准地把握目标用户群体的特征和需求,从而制定出更具针对性的运营策略。未来,新媒体运营者应充分利用数据分析工具和技术手段,不断提升用户数据的挖掘和应用能力,以实现更高效的用户服务和市场拓展。

二、用户行为数据分析

用户行为数据分析是通过对用户在平台上的各种操作行为进行量化分析,帮助运营者了解用户的真实需求和偏好,从而优化内容策略、提升用户体验,并最终实现运营目标。

(一) 用户访问量与访问频率

用户访问量是指在一定时间段内,用户访问新媒体平台的次数。这一指标能够直接反映平台的受欢迎程度和用户黏性。高访问量意味着平台内容吸引了大量用户的关注,是评估新媒体运营效果的重要指标之一。同时,通过分析访问量的变化趋势,可以判断运营策略的有效性,及时调整内容发布和推广方式。

访问频率则是指用户在一段时间内访问平台的频繁程度。高频访问用户往往是平台的忠实粉丝或核心用户,他们对平台的内容和服务有较高满意度和依赖性。因此,提高访问频率是增强用户黏性和忠诚度的重要手段。运营者可以通过定期更新优质内容、开展互动活动等方式,吸引用户频繁访问平台。

(二) 用户停留时间与跳出率

用户停留时间是指用户在平台上浏览内容所花费的平均时间。较长的停留时间表明用户对平台内容感兴趣,愿意投入更多时间进行阅读和互动。因此,提高用户停留时间是提升用户体验和满意度的重要途径。运营者可以通过优化内容布局、增加互动元素等方式,延长用户在平台上的停留时间。

跳出率则是指用户仅浏览了一个页面就离开平台的比例。高跳出率可能意味着平台内容不符合用户需求或用户体验不佳。降低跳出率是提升新媒

体运营效果的关键之一。运营者需要密切关注跳出率的变化，及时分析原因并采取相应的优化措施，如改进页面设计、提供更符合用户需求的内容等。

（三）用户转化率与购买行为分析

用户转化率是指用户通过平台完成特定目标（如注册、购买等）的比例。高转化率意味着平台的内容和服务有效吸引了用户的兴趣并促成了实际行动。在新媒体运营中，提高转化率是实现商业目标的重要手段。运营者可以通过优化转化路径、提供有吸引力的优惠活动等方式，提高用户转化率。

购买行为分析则是对用户在平台上的购买活动进行深入研究。通过分析用户的购买频率、购买金额、购买偏好等数据，可以了解用户的消费习惯和购买力水平。这些信息对于制定精准的营销策略、优化产品组合和定价策略具有重要意义。同时，购买行为分析还可以帮助运营者发现潜在的商业机会和风险因素，为决策提供支持。

综上所述，通过对用户访问量与访问频率、用户停留时间与跳出率及用户转化率与购买行为的深入分析，运营者可以更加精准地了解用户需求和行为习惯，为优化运营策略提供有力支持。在未来的新媒体运营中，应充分利用数据分析工具和技术手段，不断提升用户行为数据分析的准确性和效率，以实现更好的运营效果。

三、用户兴趣与偏好分析

在新媒体时代背景下，深入分析用户兴趣与偏好，是媒体运营者制定个性化内容、提升用户体验及实现精准营销的关键。

（一）内容消费偏好

新媒体用户的内容消费偏好，直接反映了其对不同类型信息的兴趣和需求。通过对用户浏览、点赞、评论及分享等行为的追踪分析，可以洞察用户对内容的偏好。例如，某些用户可能更倾向于消费娱乐八卦新闻，而另一些用户则可能对科技前沿或行业动态更感兴趣。此外，用户对不同形式的内容（如文字、图片、视频等）也有明显的偏好差异。因此，深入了解用户的内容消费偏好，有助于新媒体平台提供更符合用户需求的内容，从而提高用户满意度和黏性。

同时，内容消费偏好还受到用户个人特征（如年龄、性别、受教育背景等）的影响。例如，年轻用户可能更偏爱轻松幽默、时尚潮流的内容，而中老年用户则可能更关注健康养生、家庭生活等话题。因此，在进行内容策划时，应充分考虑目标用户群体的特征，以提供更加精准的内容服务。

(二) 社交互动偏好

社交互动是新媒体平台的重要组成部分，也是用户之间建立联系、分享信息的重要途径。不同用户在社交互动方面表现出明显的偏好差异。一些用户可能更喜欢在平台上发表自己的观点和看法，积极参与讨论和互动；而另一些用户则可能更倾向于默默关注他人的动态，偶尔进行点赞或评论。

分析用户的社交互动偏好，有助于新媒体平台优化社交功能，提升用户体验。例如，对于喜欢发表观点的用户，平台可以提供更加便捷的评论和回复功能，鼓励用户之间的交流和讨论；对于倾向于默默关注的用户，平台则可以通过推送个性化的内容推荐，满足其获取信息的需求。

此外，社交互动偏好还与用户的性格、文化背景等因素有关。例如，开放型性格的用户可能更乐于与他人交流，而内向型性格的用户则可能更倾向于保持沉默。因此，在社交功能设计上，应充分考虑用户的个性差异，以提供更加人性化的服务。

(三) 消费习惯与品牌偏好

新媒体用户的消费习惯直接关系到平台的商业模式和盈利能力。通过分析用户的购买记录、消费频次、消费金额等数据，可以深入了解用户的消费习惯。例如，有些用户可能更倾向于购买高价值的产品或服务，而有些用户则可能更注重性价比。同时，用户对品牌的偏好也是不容忽视的因素。某些用户可能对特定品牌有着强烈的忠诚度，而另一些用户则可能更愿意尝试不同的品牌。

了解用户的消费习惯和品牌偏好，对于新媒体平台进行精准营销和广告投放具有重要意义。例如，针对高消费能力的用户群体，平台可以推荐高端品牌或产品；而对于价格敏感的用户群体，则可以提供更多的优惠活动和

促销信息。此外，通过与用户偏好的品牌进行合作，还可以提升平台的影响力和商业价值。

值得注意的是，消费习惯与品牌偏好也受到用户年龄、性别、地域等因素的影响。例如，年轻用户可能更偏爱时尚潮流的品牌，而中老年用户则可能更注重产品的实用性和品质。因此，在制定营销策略时，应综合考虑多种因素，以实现更加精准的目标用户定位。

综上所述，通过对新媒体用户的内容消费偏好、社交互动偏好及消费习惯与品牌偏好的深入分析，我们可以更加全面地了解用户需求和行为特征。这些信息不仅有助于新媒体平台提供更加精准的内容服务，还可以为平台的商业模式创新和营销策略制定提供有力支持。在未来的新媒体运营中，我们应持续关注用户兴趣与偏好的变化，不断优化服务体验，以满足用户日益多样化的需求。

四、用户忠诚度与流失预警分析

随着新媒体的飞速发展，用户数据分析在运营策略中的重要性日益凸显。尤其是对用户忠诚度和流失预警的分析，对于稳定用户基础、预防用户流失及优化运营策略具有关键作用。

(一) 用户忠诚度评估方法

用户忠诚度是衡量用户对新媒体平台持续使用、推荐及购买的意愿和行为的重要指标。评估用户忠诚度通常涉及多个维度，包括但不限于用户的访问频率、停留时间、互动参与度及消费行为等。

具体来说，可以通过以下几个关键指标来评估用户忠诚度：

用户访问频率与稳定性：高频次且稳定的访问是用户忠诚度的直观体现。通过分析用户访问数据的时间序列变化，可以评估用户对平台的依赖程度。

用户互动深度：包括评论、点赞、分享等行为的频次和质量。高互动度表明用户对平台内容的认可和喜爱，是忠诚度的重要体现。

用户消费行为：包括购买频率、消费金额，以及购买的产品或服务的种类等。消费行为是用户忠诚度的直接经济体现。

用户推荐行为：用户是否愿意将平台推荐给他人，是评估用户满意度和忠诚度的重要指标。

综合以上指标，可以构建一个多维度的用户忠诚度评估体系，为新媒体运营提供有针对性的改进方向。

(二) 流失预警模型的构建与应用

流失预警模型是通过分析用户历史行为数据，预测用户流失风险的一种数据模型。构建流失预警模型的关键步骤如下：

数据收集与预处理：收集用户行为数据，包括访问、互动、消费等，并进行数据清洗和转换，以消除异常值和缺失值的影响。

特征选择与提取：从预处理后的数据中提取与用户流失相关的特征，如访问频率下降、互动减少等。

模型选择与训练：选择合适的机器学习算法（如逻辑回归、随机森林等），利用历史数据进行模型训练。

模型评估与优化：通过交叉验证等方法评估模型的预测性能，并进行必要的参数调整和优化。

应用流失预警模型时，需要定期更新数据并重新训练模型，以保持模型的准确性和时效性。同时，结合业务实际，制定相应的挽留策略，如提供个性化推荐、发放优惠券等，以降低用户流失率。

(三) 提升用户忠诚度的策略

提升用户忠诚度无疑是新媒体运营不可或缺的核心目标。为了实现这一目标，运营者需要精心策划并执行一系列有效的策略。下面我们将详细探讨几种被证实能够显著提升用户忠诚度的策略。

首先，提供优质的内容与服务是吸引并留住用户的关键。在新媒体时代，内容为王的理念依然不变。持续产出高质量、有价值的内容，能够确保用户始终对平台保持高度的兴趣和关注度。这不仅仅是指文章或视频的创意和质量，更包括其提供的信息是否具有实用性、是否能满足用户的实际需求。同时，优质的服务也是必不可少的。无论是平台的访问速度、界面的友好度，还是客服的响应速度和专业度，都会直接影响用户的忠诚度。

其次，增强用户的互动和参与感也至关重要。运营者可以通过举办线上活动、发起有趣的话题讨论等方式，鼓励用户更加积极地参与到平台的互动中来。这样不仅可以增加用户的黏性，还能让他们感受到自己真正成了这个平台的一部分，从而培养起强烈的归属感。

再次，利用大数据和人工智能技术为用户提供个性化的内容推荐和定制服务，也是提升用户忠诚度的重要手段。在信息爆炸的时代，用户更希望获取与自己兴趣和需求相匹配的内容。通过精准的内容推送，可以极大地提高用户的阅读体验和满意度。

复次，建立会员体系与积分机制同样重要。通过设立不同等级的会员制度，以及相应的积分兑换机制，可以有效地激励用户更频繁地使用平台，并积累更多的积分。这种方式不仅增加了用户的黏性，还让他们在使用平台的过程中获得了更多的成就感和满足感。

最后，及时响应用户的反馈和投诉也是至关重要的。一个高效、负责任的用户反馈机制，能够让用户感受到平台的尊重和关注。当用户遇到问题或困扰时，能够得到迅速而满意的解决，无疑会大大增强他们对平台的信任和忠诚度。

综上所述，通过对用户忠诚度的深入分析和流失预警模型的构建与应用，新媒体运营者可以更加精准地把握用户需求和行为特征，从而制定有效的运营策略以提升用户忠诚度。在未来竞争激烈的市场环境中，这些数据分析方法和策略将成为新媒体运营不可或缺的重要工具。

第四节　新媒体运营平台变现分类及方式

在新媒体运营领域，变现是运营者关注的核心问题之一。有效的变现方式不仅能为运营者带来经济收益，还能促进平台的持续发展和内容质量的提升。

一、广告变现

广告变现是新媒体运营中最常见且有效的变现方式，它通过多种广告形式，将流量转化为实际收益。以下将详细介绍四种主要的广告变现方式。

(一)展示广告

展示广告,又称为横幅广告或网幅广告,是新媒体运营中最为基础的广告形式。它通常以图片或 Flash 动画的形式出现在网页的显著位置,如页面顶部、底部或侧边栏。展示广告的优点在于其直观性和视觉冲击力,能够迅速吸引用户的注意力。然而,随着用户对网络广告的逐渐熟悉和广告屏蔽技术的普及,展示广告的点击率和转化率有所下降。因此,为了提升广告效果,运营者需要不断优化广告内容和投放策略,确保广告与用户的兴趣和需求相匹配。

(二)信息流广告

信息流广告是近年来兴起的一种广告形式,它将广告内容融入用户日常浏览的信息流中,以原生内容的形式呈现给用户。信息流广告具有高度的隐蔽性和针对性,能够在不干扰用户体验的前提下,有效地传递广告信息。这种广告形式在社交媒体和新闻资讯类应用中尤为常见。通过精准的用户画像和大数据分析,信息流广告能够实现个性化推送,从而提高广告的点击率和转化率。

(三)视频广告

视频广告是指以视频形式呈现的广告内容,包括贴片广告、插播广告和中插广告等。随着网络视频内容的普及和用户对视频内容的喜爱,视频广告在新媒体运营中的比重逐渐增加。视频广告具有视听结合、表现力强的特点,能够更直观地展示产品特点和品牌形象。然而,视频广告的加载速度和播放流畅度对用户体验影响较大,因此运营者需要确保广告内容与视频平台的技术性能相匹配。

(四)原生广告

原生广告是一种将广告内容与媒体内容高度融合的广告形式,旨在为用户提供一种无缝、自然的广告体验。原生广告通常以文章、图片或视频的形式出现,在视觉设计和交互方式上与原生内容保持一致。这种广告形式的

优点在于其高度的隐蔽性和用户友好性,能够降低用户对广告的抵触情绪。原生广告的制作需要充分考虑目标受众和媒体平台的特点,以确保广告内容与用户需求和媒体定位相匹配。

二、电商变现

电商变现,是指新媒体运营平台通过电子商务活动将流量转化为实际销售收入的过程。根据运营模式和销售方式的不同,电商变现可以分为自营电商模式、平台电商模式和社交电商模式。

(一)自营电商模式

自营电商模式是指新媒体运营平台自行采购、存储、管理和销售商品,从商品的采购到最终的售后服务,全部由平台自行负责。这种模式的优势在于对商品质量、服务质量和用户体验有更强的控制力。平台可以直接管理供应链,确保商品的质量和供货稳定性,同时提供统一的售后服务,增强消费者的购买信心。

然而,自营电商模式也面临较高的运营成本和风险。平台需要投入大量资金进行商品采购、仓储和物流建设,同时还需要承担库存积压和商品滞销的风险。因此,自营电商模式更适合于资金实力雄厚、供应链管理能力强且对商品品质有严格要求的新媒体运营平台。

在实施自营电商模式时,平台需要注重商品选品、定价策略、营销推广和售后服务等关键环节。首先,通过精准的市场分析和用户调研,确定具有市场潜力的商品品类;其次,制定合理的定价策略,平衡利润空间和市场竞争力;再次,利用新媒体渠道的优势进行营销推广,提高品牌知名度和用户黏性;最后,提供优质的售后服务,解决用户在购买和使用过程中遇到的问题,提升用户满意度。

(二)平台电商模式

平台电商模式是指新媒体运营平台提供一个在线交易市场,允许第三方卖家入驻并销售商品。平台负责提供技术支持、交易服务、营销推广等,而商品的采购、存储和销售则由卖家自行负责。这种模式的优势在于降低了平台的运营成本和风险，同时能够吸引更多的卖家和消费者，形成规模效应。

平台电商模式的关键在于打造一个公平、透明、安全的交易环境。平台需要建立完善的卖家审核机制，确保入驻卖家的信誉和商品质量；提供便捷的交易工具和支付系统，保障交易的顺利进行；加强买家权益保护，处理交易纠纷和投诉。此外，平台还需要通过有效的营销推广策略吸引更多的用户和流量，提升平台的知名度和影响力。

然而，平台电商模式也存在竞争激烈、卖家管理难度大等问题。为了在竞争中脱颖而出，平台需要不断创新和优化服务，提升用户体验和满意度。

（三）社交电商模式

社交电商模式结合了社交媒体和电子商务的特点，通过社交媒体平台上的用户关系和互动来推动商品的销售。在这种模式下，新媒体运营平台利用社交功能吸引用户并建立用户社区，然后通过社区内的推荐、分享和讨论等方式促进商品的购买行为。

社交电商模式的优势在于其强大的用户黏性和口碑传播效应。用户之间通过社交媒体建立起信任关系，这种信任关系有助于商品的推广和销售。同时，社交媒体平台上的用户互动和分享行为能够扩大商品的影响力，吸引更多的潜在消费者。

在实施社交电商模式时，平台需要注重社交功能的完善和用户社区的建设。通过提供丰富的社交工具和互动形式，增强用户的参与感和归属感；举办线上活动、话题讨论等方式激发用户的活跃度；利用大数据分析用户行为和兴趣偏好，实现精准的商品推荐和营销。同时，平台还需要关注用户隐私保护和信息安全问题，确保用户在社交电商环境中的安全和信任。

综上所述，在选择合适的电商变现模式时，平台需要综合考虑自身资源、市场需求、竞争态势等因素，以制定科学合理的电商发展战略。

三、内容付费变现

内容付费变现是新媒体运营中一种基于知识或信息价值实现收益的模式。通过为用户提供独家、高质量的内容，引导用户支付费用以获取这些信息或知识。这种变现方式不仅体现了知识的价值，也为新媒体运营平台创造了一种可持续的盈利模式。内容付费变现主要分为会员制付费、单次内容付费和定制内容服务三种形式。

（一）会员制付费

会员制付费是指用户通过支付一定的费用成为平台的会员，从而享受平台提供的特定内容和服务。这种模式的优势在于可以为用户提供一种长期、稳定的内容服务，并通过持续的会员费用实现平台的稳定收入。

在新媒体运营中，会员制付费通常与平台的独家内容、高清音质、无广告观看等特权相结合，以吸引用户付费。平台通过精心策划的会员活动和专属福利，增强会员的归属感和忠诚度。同时，会员制付费也有助于平台更好地了解用户需求，提供更为精准的内容推荐和服务。

实施会员制付费的关键在于提供具有吸引力的会员特权和优质服务，确保会员能够获得超出普通用户的体验和价值。此外，合理的定价策略和灵活的会员制度也是吸引用户并保持会员活跃度的关键因素。

（二）单次内容付费

单次内容付费是指用户为获取某一特定内容而支付一次性费用。这种模式适用于那些具有高价值、独家或专业的内容，如专业研究报告、独家采访、特定领域的教程等。

单次内容付费的优点在于其灵活性和针对性。用户可以根据自己的需求和兴趣选择购买特定的内容，而无须承担长期的会员费用。对于平台而言，单次内容付费有助于实现内容的精细化运营，提高内容的单价和收益。

为了吸引用户进行单次内容付费，平台需要提供具有独特价值和吸引力的内容，并通过精准的营销推广策略将内容触达目标用户。同时，便捷的支付方式和良好的售后服务也是提升用户付费意愿的重要因素。

（三）定制内容服务

定制内容服务是指平台根据用户的特定需求，为其提供量身定制的内容服务。这种模式通常适用于企业用户或具有特殊需求的个人用户，如为企业提供市场调研报告、为个人提供定制化的学习课程等。

定制内容服务的优势在于其高度个性化和专业化。通过深入了解用户的需求和痛点，平台可以为用户提供更具针对性和实用性的内容解决方案。这不仅有助于提升用户的满意度和忠诚度，还能为平台带来更高的收益和口碑。

为了提供优质的定制内容服务，平台需要具备强大的内容创作和整合能力，以及丰富的行业经验和专业知识。同时，平台还需要建立完善的用户沟通和服务机制，确保能够准确理解并满足用户的定制需求。

在实施定制内容服务时，平台还需要注意保护用户隐私和知识产权，避免因信息泄露或侵权行为而引发的法律风险。此外，合理的定价策略和交付周期也是确保定制内容服务成功实施的关键因素。

四、其他变现方式

除了广告、电商和内容付费等常见的变现方式，还存在一些具有创新性和实用性的变现手段。本节将深入探讨游戏联运、数据服务及线下活动与服务收费等三种变现方式，并分析其在新媒体运营中的应用与潜力。

（一）游戏联运

游戏联运是指新媒体运营平台与游戏开发商合作，将游戏引入平台，并通过平台的推广和用户基础，为游戏带来更多的用户和流量。在这个过程中，新媒体运营平台可以获得游戏开发商支付的一定的费用或分成。游戏联运作为一种有效的变现方式，在新媒体领域正逐渐受到重视。

新媒体运营平台通过与热门游戏厂商建立合作关系，将优质游戏内容整合到自身平台上，从而吸引更多的用户。这种合作模式能够充分利用平台的用户基础和流量优势，为游戏提供更广泛的曝光机会。同时，游戏联运也为新媒体运营平台带来了可观的收益，实现了双方共赢。

在实施游戏联运策略时，新媒体运营平台需要注意选择合适的游戏产品，确保其与平台定位和用户需求相符合。此外，平台还需要制订合理的推广计划，提升游戏的曝光度和用户参与度。通过不断优化运营策略，提升用户体验，新媒体运营平台可以在游戏联运领域取得更好的成绩。

(二) 数据服务

数据服务是指新媒体运营平台利用自身积累的用户数据，为企业提供市场调研、用户画像、精准营销等数据支持，从而实现商业变现。在大数据时代，数据成为一种重要的资源，新媒体运营平台通过数据服务可以为企业提供更精准的市场洞察和用户定位。

数据服务作为新媒体运营平台的一种变现方式，具有广阔的市场前景。越来越多的企业意识到数据在决策中的重要性，因此愿意为获取有价值的数据信息支付费用。新媒体运营平台可以利用自身的数据优势，为企业提供定制化的数据解决方案，帮助企业更好地了解市场动态和用户需求。

然而，提供数据服务也需要新媒体运营平台具备强大的数据处理和分析能力。平台需要投入大量资源进行数据整合、挖掘和可视化呈现，以满足企业的实际需求。同时，平台还需要严格遵守数据安全和隐私保护的规定，确保用户信息不被泄露和滥用。

(三) 线下活动与服务收费

线下活动与服务收费是指新媒体运营平台通过组织线下活动或提供服务，并向参与者收取一定费用来实现变现。线下活动可以包括主题讲座、研讨会、展览等，而服务则可能涵盖培训、咨询、策划等方面。

通过线下活动与服务收费，新媒体运营平台不仅能够增加收入来源，还能进一步拓展用户群体和增强品牌影响力。线下活动为平台提供了一个与用户面对面交流的机会，有助于加深用户对平台的认知和信任。同时，提供专业的服务也能提升平台在行业内的权威性和专业度。

为了成功实施线下活动与服务收费策略，新媒体运营平台需要精心策划和组织各类活动，确保活动内容和形式具有吸引力和价值。此外，平台还需要建立完善的服务体系，提供高质量的专业服务以满足客户的实际需求。通过不断优化活动和服务质量，新媒体运营平台可以在激烈的市场竞争中脱颖而出，实现可持续的商业变现。

第五章　大数据赋能新媒体运营的创新变革

大数据技术的运用正在深刻改变新媒体运营的面貌。本章将探讨大数据与新媒体运营之间的紧密联系，以及如何利用大数据处理体系和新媒体营销体系来驱动创新变革，从而提升营销效果。

第一节　大数据与新媒体运营的关系

随着信息技术的迅猛发展，大数据已成为当今社会发展的重要驱动力。在新媒体运营领域，大数据的应用正日益凸显其重要性。

一、大数据是新媒体产业链生存发展的基石

在新媒体时代背景下，我们身处一个信息爆炸的世界，数据已经无所不在，它渗透到了新媒体产业链的每一个环节，成为新媒体发展的核心资源。数据不仅仅是简单的数字或者信息，更是新媒体行业发展的命脉和基石。从内容的策划与生产，到用户的接收与反馈，大数据都在其中发挥着举足轻重的作用，为新媒体行业的蓬勃发展提供了强有力的支撑。

(一) 新媒体机构的本源是数据

新媒体机构，诸如新闻网站、社交媒体平台、自媒体等，它们的运营核心都是数据。这一点，从新媒体机构日常的运营活动中可以清晰地看到。用户的行为数据、消费数据、偏好数据等，这些都是新媒体机构在进行内容生产和运营决策时不可或缺的重要参考。

以用户行为数据为例，通过分析用户在平台上的浏览历史、点击行为、停留时间等，新媒体机构可以深入了解用户的兴趣偏好和需求，从而更加精

准地推送相关内容。比如，如果一个用户经常浏览科技类新闻，那么平台就会更多地为其推送科技相关的内容。这样的个性化推送，无疑会大大提高用户的阅读体验和黏性。

消费数据也是新媒体机构非常重视的一类数据。通过分析用户的消费记录，新媒体机构可以了解用户的消费习惯、消费能力和消费偏好，从而为其提供更加精准、个性化的服务和产品。比如，一些电商平台就会根据用户的购买记录，为其推荐相似的商品或者服务。

除了行为数据和消费数据，用户的偏好数据也是新媒体机构进行内容生产和运营决策的重要依据。通过问卷调查、用户反馈等方式，新媒体机构可以收集到大量关于用户偏好的数据。这些数据不仅可以帮助新媒体机构优化内容生产，还可以帮助其改进服务，提升用户满意度。

(二) 基于网络与新媒体环境的数据服务机构出现

随着大数据技术的飞速发展，越来越多的数据服务机构如雨后春笋般涌现出来。这些机构专注于收集、整理和分析新媒体环境下的各类数据，为新媒体机构提供更为专业、定制化的数据解决方案。

数据服务机构的出现，极大地提高了新媒体运营的效率和精准度。以往，新媒体机构可能需要花费大量的时间和精力去收集、整理和分析数据。而现在，有了数据服务机构的帮助，新媒体机构可以更加专注于内容生产和服务提供，将数据分析的工作交给专业的机构去完成。

同时，数据服务机构还推动了新媒体行业的创新发展。通过对海量数据的深入挖掘和分析，数据服务机构可以发现许多隐藏在数据背后的规律和趋势，从而为新媒体机构提供有价值的洞察和建议。这些洞察和建议，不仅可以帮助新媒体机构优化运营策略，还可以为其带来新的商业机会。

(三) 新型广告营销机构出现

大数据的精准分析能力，使得广告营销变得更加智能化和个性化。在这种背景下，新型广告营销机构应运而生。这些机构利用大数据技术，对消费者行为进行深入挖掘和分析，从而实现广告的精准投放和效果评估。

具体来说，新型广告营销机构会通过收集和分析消费者的浏览记录、购买记录、搜索记录等数据，为其构建精准的用户画像。然后，根据这些用户画像，广告营销机构可以精确地定位目标受众，并为其推送相关的广告内容。

这种以数据为驱动的营销方式，不仅大大提高了广告的投放效果，还降低了营销成本。因为通过精准定位目标受众，广告营销机构可以避免将广告投放到不感兴趣或者不相关的人群中，从而提高广告的转化率和投资回报率。

同时，大数据技术还可以帮助广告营销机构实时评估广告效果。通过收集和分析广告投放后的数据，广告营销机构可以及时了解广告的点击率、转化率等指标，从而根据实际情况调整广告投放策略和优化广告内容。这种动态调整的能力，使得广告营销更加灵活和高效。

二、大数据改变了新媒体的内容运营模式

在新媒体领域，内容的运营一直是其核心竞争力所在。过去，新媒体内容运营往往依赖于编辑的经验判断与对市场的粗略分析。这种模式虽然具有一定的灵活性，但在精确度和效率上存在明显的局限性。随着大数据技术的兴起与应用，新媒体内容运营模式正经历着深刻的变革。

传统模式下，编辑根据自身的专业知识和对市场的直观感受来策划和推出内容，这种方式难以全面、准确地捕捉到受众的细微需求变化。而在大数据时代，新媒体机构能够通过技术手段，系统地收集并分析用户在使用过程中产生的各种数据，如浏览习惯、点击行为、评论反馈等，进而形成对用户需求的深刻洞察。

借助大数据，新媒体机构可以构建一个全面、动态的用户画像，这不仅包括用户的基本信息，还涵盖其兴趣偏好、消费习惯及社交行为等多维度数据。基于这些数据，机构能够更精确地判断哪些内容类型更受特定用户群体的欢迎、哪些话题更能引发用户的共鸣，从而在内容策划和制作阶段就做到有的放矢。

此外，大数据技术还赋予新媒体机构实时监测内容传播效果的能力。通过对内容发布后的用户反应数据进行跟踪分析，如阅读量、点赞数、分享次数等，机构可以迅速了解内容的受众接受度和市场反响。这种及时反馈机

制使得新媒体机构能够在第一时间发现内容策略中的问题，并迅速调整，以确保内容传播的效果达到最优。

三、大数据可以直接形成新媒体的产品，带来全新的商业模式

在大数据技术的推动下，数据本身已经超越其传统的信息载体角色，演变成为一种具有显著商业价值的产品。新媒体机构在这一变革中，通过系统地收集、深度整理与精准分析数据，能够创造出富有市场竞争力的数据产品。

这一转变意味着，新媒体机构不再仅仅是内容的传播者，更成为数据的生产者和加工者。例如，某些前沿的新媒体机构已经开始将海量的用户行为数据、消费数据进行深度挖掘与整合，进而为企业提供精准的市场调研和详尽的用户画像服务。这些服务不仅展现了数据在商业决策中的关键作用，同时也为新媒体机构开辟了全新的盈利渠道。

具体而言，用户行为数据能够揭示消费者的偏好、需求及消费习惯，这对于企业来说是无价之宝。新媒体机构通过专业的数据分析，可以帮助企业洞察市场动态，制定更为精准的营销策略。同时，消费数据的整合分析则能够为企业提供关于消费者购买力、消费趋势等关键信息，从而指导企业的产品开发和市场布局。

值得注意的是，这种以数据为核心的产品不仅提升了新媒体机构的市场竞争力，更在某种程度上重塑了新媒体行业的商业生态。传统的以广告和内容订阅为主的盈利模式正在被以数据服务为新的增长点所补充和扩展。这种商业模式的创新不仅为新媒体机构带来了更为多元化的收入来源，也进一步巩固了其在信息产业链中的核心地位。

此外，大数据产品的兴起还促进了新媒体机构与其他行业的深度融合。例如，通过与电商、金融等行业的合作，新媒体机构可以提供更为个性化的推荐服务和风险评估，从而实现跨界的商业价值。这种跨行业的合作不仅拓展了新媒体机构的市场空间，也为其带来了更多的商业机会。

四、大数据可以帮助新媒体有效地提升用户体验

在数字化信息时代，用户体验已然成为衡量新媒体服务质量的关键指

标，也是新媒体机构在激烈市场竞争中脱颖而出的重要因素。大数据技术以其强大的数据处理和分析能力，为新媒体机构提供了一种全新的视角和手段，以更深入地洞察用户需求与偏好，进而显著提升用户体验。

大数据技术使得新媒体机构能够细致入微地捕捉用户的每一个行为痕迹，如浏览历史、点击行为、搜索记录等。这些数据蕴含着用户丰富的兴趣信息和消费习惯，是理解用户需求的重要窗口。通过对这些数据的深入挖掘和分析，新媒体机构可以构建出精细的用户画像，进而为用户提供更加精准、个性化的内容推荐。这种基于用户偏好的内容推送方式，不仅能够满足用户的个性化需求，还能在一定程度上提升用户对新媒体平台的依赖度和忠诚度。

除了内容推荐，大数据技术还在新媒体平台的页面设计和功能布局优化上发挥着重要作用。用户的每一次点击、每一次滚动，甚至每一次在页面上的停留时间，都是宝贵的用户反馈。通过大数据分析，新媒体机构可以清晰地了解用户对页面设计的喜好、对功能布局的接受程度，以及在使用过程中可能遇到的障碍。这些信息为新媒体机构提供了明确的改进方向，使其能够及时调整页面设计，优化功能布局，从而让用户在使用新媒体平台时感受到更加顺畅、便捷的体验。

此外，大数据技术还能帮助新媒体机构实时监测用户反馈，及时发现并解决潜在问题。无论是通过用户调查、在线评论，还是通过社交媒体上的讨论，大数据技术都能迅速捕捉这些声音，为新媒体机构提供及时、准确的用户反馈。这使得新媒体机构能够在第一时间响应用户需求，解决用户痛点，进一步提升用户满意度和忠诚度。

五、大数据颠覆了传统的基于媒体的营销体系

在传统的营销体系中，广告投放和品牌推广是核心手段，企业通过这些方式向广大受众传递产品信息，以期达到销售和品牌建设的目标。然而，随着大数据时代的到来，这种相对粗放的营销方式正面临着深刻的变革。

大数据技术的迅猛发展，赋予了企业前所未有的能力去深入洞察市场和消费者。通过数据的收集、整合与分析，企业能够更为精确地识别出目标客户群体，理解他们的需求和偏好，甚至预测他们的未来行为。这种基于数

据的深刻洞察，使得营销活动不再是盲目地广撒网，而是可以精准地触达每一个潜在客户。

在大数据的支撑下，企业能够实时追踪和分析营销活动的成效，包括广告投放的转化率、品牌推广的影响力等。这种实时的反馈机制，使得企业能够迅速调整营销策略，优化资源配置，从而提升营销效率和效果。

正是基于大数据的这些优势，越来越多的企业开始转向以数据为驱动的营销方式。他们通过收集和分析客户在社交媒体、电商平台、搜索引擎等各个渠道留下的数据，构建出全面的用户画像，进而制定出更加贴合消费者需求的营销策略。

这种新型的营销方式，不仅显著提高了营销的精准度和效果，还在一定程度上降低了营销成本。因为企业可以更加精确地投放广告，避免了资源的浪费；同时，实时的数据反馈也帮助企业及时调整策略，减少了不必要的投入。

大数据对营销体系的颠覆，还体现在它推动了营销理念的转变。过去，企业更多的是站在自身的角度，通过广告和品牌推广来塑造形象、传递信息。而在大数据时代，企业开始真正以消费者为中心，通过数据来洞察他们的需求，提供更加个性化、有价值的产品和服务。

第二节　基于新媒体运营的数据处理体系

一、新媒体数据体系的构建

(一)新媒体数据体系构建的基本要素

新媒体的运营，在信息化和数字化的时代背景下，已经与大数据技术紧密相连。为了更有效地运用新媒体，必须首先深入理解和应用大数据技术，准确把握大数据传播的信息，并建立起一套系统、全面的数据挖掘体系。在构建这一体系时，从受众的角度出发是一个重要的切入点，因为受众的使用行为和习惯直接反映了新媒体的影响力和市场接受度。通过细致分析受众的使用信息，可以制定出更为精准的运营策略。

具体而言，新媒体数据体系的构建可以从以下几个环节进行深入探讨：

1. 数据库与数据处理体系构建的阶段

在构建数据库与数据处理体系时，以受众为中心，将数据获取流程细分为三个关键阶段：使用前、使用中、使用后。这三个阶段相互衔接，共同构成了数据收集与处理的完整周期。

（1）使用前阶段

此阶段主要关注的是受众的初始接触点和潜在需求。通过市场调研、用户画像等手段，收集受众在接触新媒体之前的背景信息、兴趣偏好及消费习惯。这些数据为新媒体内容的个性化定制和推广策略的制定提供了重要依据。

（2）使用中阶段

在这一阶段，重点监测受众在使用新媒体过程中的行为数据，如浏览时长、点击率、互动频率等。这些数据能够实时反映受众的活跃度和满意度，帮助运营者及时调整内容策略，提升用户体验。

（3）使用后阶段

此阶段关注的是受众使用新媒体后的反馈和效果评估。通过收集用户评价、转化率、留存率等指标，评估新媒体运营的成果，并为下一轮的内容策划和推广提供参考。

2. 数据库与数据处理体系构建的步骤

数据处理体系的构建，从技术上可以分为四个紧密相连的步骤：数据采集、数据导入与预处理、数据统计与分析、数据挖掘。

（1）数据采集

这是数据处理的第一步，也是基础环节。通过日志文件、网络爬虫、API接口等多种方式，广泛收集受众在使用新媒体过程中产生的各类数据。这些数据包括但不限于用户行为数据、交易数据、社交媒体互动数据等，为后续的数据分析提供丰富的原始材料。

（2）数据导入与预处理

采集到的原始数据往往存在格式不一、质量参差不齐等问题，因此需要进行导入和预处理工作。这一阶段的主要任务包括数据清洗、格式转换、缺失值填充等，以确保数据的质量和一致性，为后续分析打下坚实基础。

(3) 数据统计与分析

在预处理后,通过统计学方法和各种分析工具,对数据进行深入的统计和分析。这一阶段旨在发现数据中的模式、趋势和关联,帮助运营者理解受众行为,优化内容策略,提升运营效果。

(4) 数据挖掘

这是数据处理的高级阶段,主要运用机器学习、深度学习等先进技术,从海量数据中挖掘出更深层次的信息和知识。通过数据挖掘,可以发现受众的潜在需求、预测市场趋势,为新媒体的长期发展提供有力支持。

(二) 新媒体机构大数据获取的方法

在新媒体机构的运营过程中,大数据的获取是构建高效数据处理系统的基石。这一环节不仅关乎数据收集的效率和速度,更直接影响到后续数据处理的流畅性和准确性。因此,掌握正确的数据获取方法对新媒体机构而言至关重要。

1. 三种基本的数据获取方法概述

新媒体机构在获取数据及搭建数据体系时,常采用的方法主要包括搜索获取法、Agent 法(即通过代理软件或硬件实体进行数据收集)、扫描法及载体监听法。这些方法各有特点,适用于不同的数据收集场景。

(1) 搜索获取法

通过设定关键词或利用搜索引擎的 API 接口,从互联网上广泛搜集与新媒体内容相关的数据。这种方法能够快速地抓取大量信息,但可能包含较多噪声数据,需要后续进行清洗和处理。

(2) Agent 法

利用代理软件或硬件在网络上自主活动,收集数据。这种方法可以定制化地收集特定类型的数据,具有较高的灵活性和针对性,但需要一定的技术支撑。

(3) 扫描法

通过对特定网站、数据库或文件进行扫描,获取所需数据。这种方法适用于需要精确提取某一类信息的情况,但可能受限于访问权限和数据格式。

此外,还有载体监听法,这种方法通过监听网络通信或特定载体的数据传输,捕获并分析其中的信息。它适用于实时监测和数据分析,但需要遵守相关法律法规,确保数据收集的合法性和道德性。

2.具体方法与案例

(1)网络爬虫

网络爬虫是一种自动化的数据收集工具,通过模拟人类在互联网上的浏览行为,自动抓取网站上的信息。在新媒体领域,网络爬虫被广泛应用于内容聚合、舆情监测和竞争对手分析等方面。例如,某新媒体机构想要了解公众对其最新发布内容的反响,可以利用网络爬虫抓取社交媒体上的相关讨论,进而分析公众的情感倾向和意见分布。

在实施网络爬虫时,需要注意以下几点:首先,要遵守网站的robots.txt协议,避免抓取被禁止或受保护的内容;其次,要合理设置爬虫的访问频率和抓取深度,以防止对目标网站造成过大的访问压力;最后,要对抓取的数据进行适当的清洗和预处理,以提高数据的质量和可用性。

(2)载体监听

载体监听是一种被动的数据收集方法,通过监听网络通信中的数据流,捕获并分析传输的信息。在新媒体领域,载体监听常被用于用户行为分析、内容推荐系统的优化及安全监控等方面。例如,新媒体机构可以通过监听用户在其平台上的浏览和交互行为,收集用户的兴趣偏好和使用习惯,从而为用户提供更加个性化的内容推荐和服务。

然而,在使用载体监听方法时,必须严格遵守相关的隐私保护和数据安全法规。新媒体机构需要确保用户的个人信息不被泄露或滥用,并采取必要的安全措施来保护数据的完整性和机密性。同时,机构还应向用户明确告知数据收集的目的和范围,并征得用户的同意。

综上所述,新媒体机构在大数据获取过程中应根据实际需求选择合适的方法。在实施过程中,需注重数据的合法性、准确性和安全性,以确保后续数据处理和分析的有效性。通过合理运用这些获取方法,新媒体机构可以更好地洞察市场动态和用户需求,从而优化内容策略和提升服务质量。

(三)新媒体机构大数据的整理与筛选

在新媒体运营中,数据的收集只是第一步,更为关键的是对收集到的

数据进行有效的整理和筛选。这一过程对于后续的数据挖掘和分析至关重要，它决定了分析结果的准确性和有效性。数据的整理和筛选不仅是一个技术性的处理过程，更是一个确保数据质量、提升数据分析价值的关键环节。

1. 三个重要步骤实现大数据的整理与筛选

在大数据的整理与筛选过程中，通常需要经历三个核心步骤：处理空缺值、处理噪声数据和数据的一致化整理。

（1）处理空缺值

在数据收集中，空缺值的出现是不可避免的。这些空缺值可能是数据采集设备的故障、传输错误或用户未填写等原因造成的。处理空缺值的方法有多种，如删除含有空缺值的记录，使用均值、中位数或众数等统计量进行填充，或者利用机器学习算法进行预测填充。选择何种方法取决于数据的性质和分析目的。

（2）处理噪声数据

噪声数据是指那些与实际情况不符、偏离正常范围的数据。这些数据可能是采集设备的误差、人为输入错误或数据传输过程中的干扰等原因产生的。处理噪声数据的方法包括数据平滑、滤波、异常值检测与剔除等。通过这些处理，可以显著提高数据的信噪比，为后续的数据分析提供更为准确的数据集。

（3）数据的一致化整理

在数据采集过程中，来源不同或采集设备的不一致性，可能会导致数据格式、单位或命名规则等方面的差异。数据一致化整理的目的就是消除这些差异，使数据在格式、单位和命名上达到统一。这一过程包括数据格式的转换、单位的统一及字段名的规范化等。通过数据一致化整理，可以极大地提高数据的可读性和可用性，为后续的数据挖掘和分析奠定坚实基础。

2. 央视音像资料馆的数据处理过程

央视音像资料馆作为中央电视台的重要数据资源中心，收录了央视播出的所有频道内容。其数据处理过程充分体现了大数据整理和筛选的实践应用。

首先，在数据采集阶段，央视音像资料馆通过多种渠道收集数据，包括实时录制、外部购买和合作交换等。这些数据来源广泛，格式多样，因此需要进行初步的数据清洗和格式化处理。

接下来是数据整理和筛选的关键环节。针对空缺值问题，央视音像资料馆采用了先进的算法进行填充或剔除处理，以确保数据的完整性。对于噪声数据，他们利用专业的音视频处理技术进行降噪和滤波操作，提高数据质量。同时，为了确保数据的一致性，央视音像资料馆还制定了严格的数据命名和存储规范，实现了数据格式、单位和字段名的统一。

在数据处理过程中，央视音像资料馆还充分利用了先进的软件工具和技术手段。这些工具不仅提高了数据处理的效率，还保证了数据处理的准确性和可靠性。通过这些努力，央视音像资料馆成功地构建了一个高质量、大规模的数据集，为后续的数据挖掘和分析提供了有力支持。

综上所述，新媒体机构在大数据的整理和筛选过程中需要严谨而细致地操作。通过处理空缺值、处理噪声数据和数据的一致化整理等关键步骤，可以显著提升数据质量和分析价值。同时，借助先进的软件工具和技术手段加持数据处理过程也是至关重要的。央视音像资料馆的数据处理实践为我们提供了一个宝贵的参考范例。

(四) 数据挖掘与数据分析

在新媒体运营中，数据挖掘与数据分析是获取深度信息、洞察用户行为、优化运营策略的关键环节。通过对海量数据的挖掘和分析，新媒体机构能够更精准地理解用户需求，提升内容的质量和传播的精准度。

1. 数据挖掘的一般任务

数据挖掘是从大量数据中提取出隐含的、未知的、有潜在应用价值的信息和知识的过程。在新媒体运营中，数据挖掘承担着多重任务，旨在发现数据中的模式、趋势和关联。

(1) 聚类分析

聚类分析是一种无监督学习方法，它能够将相似的数据对象组织成有意义的群组。在新媒体领域，聚类分析常被用于用户细分，通过识别具有相似兴趣或行为的用户群体，为个性化推荐和精准营销提供支持。

(2) 分类分析

分类分析是一种有监督学习方法，旨在根据已知类别的训练数据集建

立分类模型,以预测新数据的类别。新媒体机构可利用分类分析识别用户的性别、年龄、兴趣等属性,从而提供更精准的推荐内容。

(3) 关联分析

关联分析旨在发现数据集中项集之间的有趣关系,如购物篮分析中的"啤酒与尿布"现象。在新媒体中,关联分析可帮助发现用户浏览或购买行为中的关联性,为捆绑销售或内容推荐提供策略。

(4) 异常分析

异常分析旨在识别与大多数数据显著不同的数据点,这些点可能表示异常行为或错误。在新媒体运营中,异常分析有助于及时发现并处理异常流量、恶意评论或广告欺诈等行为。

(5) 特异群组挖掘

特异群组挖掘是寻找在整体数据中具有独特特征或行为的子集。这对于发现特定用户群体的独特需求或偏好具有重要意义,如识别高价值用户或潜在流失用户。

(6) 演变分析

演变分析关注数据随时间的变化趋势和模式。在新媒体领域,演变分析可帮助机构理解用户行为和内容消费习惯的变化,从而调整运营策略以适应市场变化。

2.两大数据挖掘对象

数据挖掘的对象因数据来源、类型和目的的不同而有所差异。在新媒体运营中,可以将数据源主要分为一般数据源和特殊应用数据源两大类。

(1) 一般数据源

这类数据源主要包括新媒体平台日常运营中产生的各种数据,如用户行为数据(浏览、点赞、评论等)、内容数据(文章、视频、图片等)、交易数据(购买、支付等)及用户反馈数据(调查问卷、客户服务记录等)。这些数据是新媒体运营中最基础且最重要的信息来源,通过挖掘这些数据,可以全面了解用户需求和行为习惯,为优化内容和服务提供有力支持。

(2) 特殊应用数据源

除了常规运营数据,新媒体机构还可能根据特定需求收集或购买特殊应用数据源。例如,为了深入了解用户画像,机构可能会与第三方数据提供商合作，获取更丰富的用户信息，如消费习惯、社交关系等。此外，在特定营销活动中，机构也可能会收集与活动相关的特殊数据，以评估活动效果和优化未来策略。特殊应用数据源通常具有更强的针对性和更大的深度，能够为新媒体运营提供独特的视角和价值。

(五) 数据可视化

1. 数据可视化的含义与目的

(1) 数据可视化的含义

数据可视化，简而言之，是将大量的数据信息以图形、图像等直观形式展现出来的过程。它不仅仅是将数据转换成图表，更重要的是通过视觉元素，如颜色、大小、形状和位置等，来呈现数据之间的关联、对比和趋势。数据可视化融合了计算机科学、图形学、统计学和设计艺术等多个学科领域的知识，旨在以更加直观、易懂的方式传达信息，帮助用户更好地理解和分析数据。

在新媒体运营中，数据可视化成为一种重要的工具，它能够将复杂的数据集转化为易于理解的图形表示，从而帮助运营者更快地识别模式、趋势和异常值，进而作出更加明智的决策。

(2) 数据可视化的目的

数据可视化的主要目的在于提高数据的可理解性和可用性。通过将数据以图形化的方式展现，可以使得复杂的数据集变得更加直观和易于理解。这种直观性不仅有助于发现数据中的模式和趋势，还能帮助人们更快地获取信息，提高决策效率。

此外，数据可视化还有助于传递信息和知识。在学术研究、商业报告和新闻传播等领域，通过数据可视化可以更加生动地展示研究结果、市场趋势或新闻事件，从而吸引观众的注意力并增强信息的传递效果。

2. 数据可视化的发展历程

数据可视化并非近年来的新鲜事物，其历史根源可追溯到古代。在远古时期，人们已经开始尝试用各种方式记录和呈现数据，这些都可以视为数据可视化的原始形态。然而，真正意义上的现代数据可视化技术，是建立在计算机科学和图形学的坚实基础之上的。

早期，数据可视化的手段相对简单，主要依赖于手绘图表和一些基础的计算机图形。这些图表虽然简单，但在当时已经能够满足人们初步的数据展示需求。例如，柱状图、折线图和饼图等，这些经典的图表形式至今仍被广泛使用。

随着计算机技术的飞速发展，计算机图形学也取得了显著的进步。这使得人们能够利用计算机生成更加复杂、精确的图形表示。与此同时，统计学和数据分析方法的革新也为数据可视化带来了更多的可能性。研究者们开始探索如何更有效地将数据中的信息以图形的方式展现出来，从而帮助人们更直观地理解数据的内涵。

近年来，大数据技术的崛起为数据可视化注入了新的活力。大数据时代，数据的量级和复杂性都大大增加，传统的数据可视化方法已经难以满足需求。因此，研究者们开始探索新的可视化技术和工具，以应对这一挑战。这些新技术和工具不仅具备更强的数据处理能力，还支持多维数据的展示和分析，使得数据可视化在各个领域的应用都变得更加广泛和深入。

值得一提的是，人工智能技术的融入为数据可视化带来了前所未有的机遇。通过利用机器学习和深度学习等先进技术，人们可以更加智能地分析数据，并根据数据的特性自动生成最合适的可视化方案。这种智能化的数据可视化方法不仅提高了数据处理的效率，还使得数据可视化结果更加准确和有用。

此外，随着技术的进步，数据可视化的交互性也得到了显著提升。现代的数据可视化工具和平台通常都支持丰富的交互功能，如缩放、拖曳、筛选等。这些功能使得用户能够更加方便地探索和分析数据，从而发现数据中隐藏的规律和趋势。

3. 数据可视化的表现

数据可视化的表现形式多种多样，主要可以分为四类：示意图、统计图表、地图及象形图标。这些形式各有特点，适用于不同的数据类型和分析需求。

（1）示意图

示意图主要用于展示数据的结构、流程和关系。例如，流程图可以清晰地展示一个过程的各个步骤和环节；组织结构图则能够直观地呈现一个组织的层级关系和部门设置。示意图通过简化的图形元素和箭头等连接符,帮助人们快速理解数据的内在逻辑和关联。

(2) 统计图表

统计图表是数据可视化中最常用的一种形式,包括柱状图、折线图、饼图、散点图等。这些图表能够直观地展示数据的分布、趋势和比例关系。例如,柱状图可以清晰地展示不同类别的数据对比,折线图则能够反映数据随时间的变化趋势。统计图表通过直观的图形表示,使得数据更加易于理解和分析。

(3) 地图

地图在数据可视化中主要用于展示地理空间数据。通过将数据与地理位置相结合,地图可以帮助人们更加直观地了解数据的地理分布和特征。例如,在新媒体运营中,可以利用地图展示用户的地域分布、访问量等信息,从而帮助运营者更好地了解用户需求和市场情况。

(4) 象形图标

象形图标是一种简洁而直观的数据可视化形式。它通过具有象征意义的图形元素来表示不同的数据类别或数值大小。例如,在展示用户满意度时,可以使用笑脸或哭脸图标来表示满意或不满意;在展示销量时,可以使用不同高度的柱状图标来表示销量的多少。象形图标以简洁明了的方式传递信息,使得数据更加易于理解和记忆。

二、新媒体运营中的大数据挖掘及数据体系搭建案例

(一) 百度的大数据挖掘与大数据体系

百度,作为全球领先的中文搜索引擎,已构建起庞大的中文网页数据库,涵盖了数千亿网页信息。这一举措极大提升了用户检索信息的便捷性,实现了通过简单搜索框输入即可迅速获取所需信息的目标。除了搜索核心业务外,百度还拓展了贴吧、音乐、地图、新闻、百度指数、统计等多元化服务,而支撑这些服务高效运转的基石,便是其背后浩如烟海的数据资源。百度大数据的存在,旨在更好地服务用户和精进搜索引擎技术。其特点显著:不仅以数据处理技术为核心,更在技术进步的推动下,实现了更大规模的数

据存储和更快的数据更新速度。因此，深入理解百度的大数据挖掘系统具有十分重要的意义。

1.百度的数据来源及分类

(1)百度的数据来源

百度的数据来源广泛，主要可以归结为三个方面：互联网、用户和第三方。互联网是百度数据的主要来源之一，通过爬虫技术，百度能够实时抓取和分析互联网上的公开信息，为用户提供最新、最全面的搜索结果。用户数据则是百度在提供服务过程中收集的，包括用户的搜索历史、浏览习惯等，这些数据对于优化搜索结果和个性化推荐至关重要。此外，百度还与众多第三方机构合作，共享数据资源，进一步丰富了其数据库。

(2)百度的数据分类

百度的数据可以细分为四大类别：全网用户行为数据、广告类数据、基础统计数据和人口统计学数据。全网用户行为数据包括用户在互联网上的各种行为记录，如搜索记录、浏览记录等，这些数据对于分析用户习惯和优化搜索算法至关重要。广告类数据则主要涉及广告投放的效果、用户点击率等信息，有助于广告主精准投放广告并评估效果。基础统计数据涵盖网页的访问量、访问时长等，是评估网站运营情况的重要依据。而人口统计学数据则主要关注用户群体的基本特征，如年龄、性别、地域等，为市场分析提供有力支持。

2.百度的大数据处理体系

百度的大数据处理体系由多个核心组件构成，包括开放云、数据工厂和百度大脑等。

(1)开放云

开放云是百度提供的一种云计算服务，它不仅是大数据处理的基础设施，还为开发者提供了强大的计算能力和灵活的资源调度。通过开放云，百度能够高效地存储、处理和分析海量数据，确保服务的稳定性和响应速度。同时，开放云也为第三方开发者和企业提供了便捷的云服务解决方案，推动了整个大数据生态的发展。

(2)数据工厂

数据工厂是百度大数据处理体系中的核心环节，它负责数据的清洗、整合和加工。在这个环节中，原始数据经过一系列的处理流程，被转化为高质量、标准化的数据集，为后续的数据分析和挖掘提供了便利。数据工厂的强大处理能力确保百度能够实时处理海量的数据，为用户提供准确、及时的信息服务。

(3) 百度大脑

百度大脑是百度在人工智能领域的重要成果之一，它集成了深度学习、自然语言处理、计算机视觉等多项先进技术。在大数据处理体系中，百度大脑扮演着智能分析和决策的角色。通过对海量数据的深度学习和模式识别，百度大脑能够挖掘出数据中的潜在价值，为搜索优化、广告推荐、智能语音识别等提供智能支持。同时，百度大脑还不断推动百度在 AI 方面的发展和创新，为用户带来更加智能化的服务体验。

(二) 谷歌的大数据挖掘与大数据体系

谷歌被业界普遍视为大数据时代的先行者和领军者，在新媒体和互联网产业中尤其如此。其大数据技术架构已成为全球互联网企业学习和研究的焦点，为整个行业树立了技术标杆。作为全球顶尖的搜索引擎，谷歌处理的数据量达到了惊人的以太级别，这得益于其高效且强大的大数据挖掘与大数据体系。

1. 谷歌的数据来源

谷歌的数据来源相当多元化，主要可以归结为两个方面。首先，互联网中的开放信息是谷歌数据的重要组成部分。通过其强大的网络爬虫技术，谷歌能够实时抓取和分析互联网上的公开信息，为用户提供准确且及时的搜索结果。其次，谷歌的用户，包括普通用户和机构用户，在使用谷歌服务的过程中也会产生大量的数据。这些数据涵盖用户的搜索历史、浏览习惯、点击行为等，对优化搜索结果和个性化推荐至关重要。

2. 谷歌的数据处理体系——数据中心

为了满足庞大的数据存储、计算和应用需求，并为自身产品提供坚实的技术保障，谷歌在全球范围内建立并运营了多个数据中心。这些数据中心构成了谷歌数据处理体系的核心，通过软硬件的结合、辅助系统的开发及持续的大数据中心建设，确保了谷歌在大数据处理领域的领先地位。

(1) 软硬件结合

谷歌数据中心在软硬件的结合方面作出卓越的努力。其硬件设计旨在满足高效能、低功耗和可扩展性的需求,以确保在处理海量数据时能够提供稳定的性能。同时,谷歌还开发了一系列专门的软件工具和系统,如分布式文件系统(GFS)、大规模分布式数据库(Bigtable),以及用于处理和分析大数据的 MapReduce 编程模型等。这些软硬件的紧密结合,使得谷歌能够高效地存储、处理和分析海量数据。

(2) 开发多种辅助系统

除了核心的软硬件结合,谷歌还开发了多种辅助系统来增强其数据处理能力。例如,谷歌的监控系统能够实时监控数据中心的运行状态,及时发现并解决潜在问题;任务调度系统则能够智能地分配计算资源,确保各项任务能够高效执行;而数据备份和恢复系统则保障了数据的安全性和可靠性。这些辅助系统的开发,使得谷歌的数据处理体系更加完善和高效。

(3) 不断投入的大数据中心建设

谷歌一直致力于不断完善和扩展其数据中心网络。通过在全球范围内建立多个数据中心,谷歌不仅提高了数据处理的地理覆盖范围和容量,还通过优化网络架构和传输技术,减少了数据传输的延迟和成本。这种持续投入和建设,使得谷歌能够应对不断增长的数据处理需求,并保持其在大数据领域的领先地位。

综上所述,谷歌的大数据挖掘与大数据体系凭借其多元化的数据来源、强大的数据处理能力及持续的技术投入和建设,成为行业内的佼佼者。其成功经验和技术架构不仅为全球互联网企业提供了宝贵的借鉴和参考,也推动了整个大数据技术的不断发展和创新。

(三) 亚马逊的大数据挖掘与大数据体系

亚马逊,作为跻身世界品牌 500 强的互联网零售商,以其丰富的商品种类和全球化的业务拓展而闻名。随着互联网技术的不断进步,亚马逊在大数据领域的布局也日益显现出其前瞻性和战略性。其大数据体系的完善,得益于多个方面的综合优势:庞大的数据中心为消费者信息的搜集提供了坚实基础;通过收购与并购策略,亚马逊不断拓宽其数据来源;而作为全球领先的互联网服务商,其数据服务所带来的经济效益亦不可小觑。

1. 亚马逊的数据来源

亚马逊的数据来源呈现多元化特点,主要涵盖以下三个方面:

(1) 来自消费者的数据

每当消费者在亚马逊平台上进行浏览、搜索、购买等行为时,都会产生大量的用户数据。这些数据包括但不限于浏览记录、搜索关键词、购买历史、评价反馈等,为亚马逊提供了深入了解消费者偏好和行为模式的宝贵资源。

(2) 运营中主动搜集到的数据

除了被动接收用户数据,亚马逊还通过市场调研、用户调查、广告投放效果分析等手段主动搜集数据。这些数据有助于亚马逊优化商品推荐算法、改进服务质量,并为其制定市场策略提供数据支持。

(3) 从第三方合作机构或组织处得到的数据

亚马逊与众多第三方机构和组织建立了合作关系,共享数据资源。这些合作不仅丰富了亚马逊的数据库,还为其提供了更广阔的市场视野和竞争情报,有助于其在激烈的市场竞争中保持领先地位。

2. 亚马逊的大数据处理体系

对于亚马逊而言,数据是其核心竞争力的重要组成部分。因此,在构建大数据处理体系时,亚马逊将数据处理能力置于组织结构的首要位置。

(1) 前端部门与后端部门的一级部门架构

亚马逊的组织架构中,前端部门负责与用户直接交互,收集并反馈用户需求;而后端部门则专注于数据处理和分析,为前端提供数据支持。这种架构确保了数据的快速流通和高效利用。

(2) 以前店后厂为主要模式的数据中心建设

亚马逊的数据中心建设采用"前店后厂"模式,即前端提供服务和交互界面,后端负责数据处理和存储。这种模式使得亚马逊能够迅速响应市场需求,同时确保数据的安全性和稳定性。

(3) 不断提升数据处理能力,进入云计算服务领域

随着数据量的不断增长,亚马逊不断提升其数据处理能力。通过引进先进的技术和设备,优化数据处理流程,亚马逊成功地将自身打造成一个拥

有强大数据处理能力的互联网公司。更进一步地,亚马逊还凭借其丰富的数据处理经验和技术实力进入了云计算服务领域,通过提供云计算服务获得了巨大的经济效益。其云计算服务平台 Amazon Web Services(AWS)已成为全球领先的云计算服务提供商之一,为企业和个人提供了灵活、可扩展的云计算解决方案。

综上所述,亚马逊通过多元化数据来源和完善的大数据处理体系构建了一个强大的大数据生态系统。这一系统不仅为亚马逊自身的业务发展提供了有力支持,还为其在激烈的市场竞争中保持领先地位奠定了坚实基础。同时,亚马逊还通过进入云计算服务领域,进一步拓展了其业务范围,提升了盈利能力。

(四)淘宝的大数据挖掘与大数据体系

随着注册用户的持续增加和产品种类的日益丰富,淘宝业务模式已从传统的 C2C 网络集市演变为集 C2C、分销、拍卖、直供、众筹、定制等多元化电子商务模式于一体的综合型零售商圈。这一转变对淘宝的大数据挖掘与大数据体系提出了更高的要求。

1. 淘宝的数据来源与分类

淘宝的数据来源广泛且多样,按照数据源头,主要可分为站外数据、站内数据和访问数据三种。这些数据为淘宝提供了全面的市场洞察和用户行为分析,是其大数据体系的基础。

首先,站外数据主要来源于外部的引导性信息,如广告投放、合作伙伴的数据共享等。这些数据有助于淘宝了解更广泛的市场动态和消费者需求,为其市场策略的制定提供重要参考。

其次,站内数据主要来源于淘宝平台内部,包括用户注册信息、交易记录、商品浏览记录、搜索关键词等。这些数据能够反映用户的购物习惯、偏好及消费行为,对于个性化推荐、商品优化等方面具有极高的价值。

最后,访问数据主要来源于用户的浏览行为,如页面停留时间、点击率、跳出率等。这些数据可以帮助淘宝评估其网站的用户体验,发现潜在的问题并予以优化。

此外,随着移动互联网的普及,淘宝无线端数据也成为一个重要的数据来源。这包括移动应用的下载量、活跃用户数、用户行为路径等，有助于淘宝更好地了解移动用户的需求和行为习惯，从而优化移动端的用户体验和服务。

2.淘宝的大数据处理体系

为了有效处理和利用这些海量的数据，淘宝构建了一套完善的大数据处理体系。

（1）大数据运营部门

淘宝设立了专门的大数据运营部门，负责数据的收集、整合、分析和应用。该部门通过运用先进的数据挖掘技术和算法，从海量数据中提取有价值的信息和洞察，为淘宝的业务决策提供数据支持。同时，大数据运营部门还与其他部门紧密合作，共同推动数据驱动的业务创新和发展。

（2）数据分层处理技术

淘宝采用了数据分层处理技术来处理和分析海量的数据。这种技术将数据按照不同的层次进行划分和处理，包括数据采集层、数据存储层、数据处理层和数据应用层。每一层都有其特定的功能和技术要求，确保数据的高效处理和准确分析。通过这种分层处理技术，淘宝能够实现对数据的精细化管理和高效利用，进一步提升其大数据处理体系的效能。

综上所述，淘宝通过构建完善的大数据挖掘与大数据体系，成功地将海量的数据转化为有价值的商业洞察和竞争优势。这不仅有助于淘宝更好地了解市场和用户需求，还为其业务的持续创新和发展提供了强有力的数据支持。

第三节　大数据驱动新媒体营销体系变革

一、新媒体环境下大数据加速了营销体系的变革

在新媒体环境下，大数据技术的迅猛发展正在深刻改变营销体系的运作方式。通过精准的数据分析，企业能够更深入地洞察消费者行为，从而制定更为有效的营销策略。这不仅提高了营销的精准度和效率，也为企业带来了前所未有的市场机遇。

(一) 正确理解新媒体的营销传播

新媒体营销传播，是指借助互联网、移动互联网等新兴媒体平台进行品牌宣传、产品推广和客户关系管理的一系列活动。它与传统营销传播相比，具有交互性更强、传播速度更快、覆盖范围更广、成本更低等优势。在新媒体环境下，企业可以通过社交媒体、搜索引擎、电子邮件、短信等多种渠道，与消费者进行实时互动，实现精准营销。

新媒体营销传播的核心在于"精准"二字。通过大数据分析，企业可以准确掌握消费者的兴趣偏好、购买习惯、社交行为等关键信息，从而制定个性化的营销策略。这种精准营销不仅提升了营销效果，还降低了营销成本，使得企业能够在激烈的市场竞争中脱颖而出。

同时，新媒体营销传播还强调与消费者的互动和沟通。企业不再是单向地传递信息，而是通过与消费者的实时互动，了解他们的真实需求和反馈，从而不断优化产品和服务。这种互动式的营销方式，不仅增强了消费者的参与感和归属感，还为企业赢得了更多的口碑和忠诚度。

(二) 新媒体营销传播的"变"与"不变"

1. "变"的方面

新媒体营销传播相较于传统营销方式，其变化主要体现在以下几个方面：

(1) 传播渠道的多样化

新媒体时代，营销传播不再局限于传统的报纸、电视等媒体，而是拓展到社交媒体、短视频平台、直播平台等多元化渠道。这些新渠道为品牌提供了更多与消费者接触的机会，也使得营销信息能够更快地传播。

(2) 受众定位的精准化

借助大数据技术，新媒体营销能够实现对受众的精准定位。通过分析用户的网络行为、消费习惯等信息，企业可以精确地找到目标受众，并推送个性化的营销内容。

(3) 营销方式的互动化

新媒体营销注重与消费者的互动，鼓励消费者参与并分享。例如，通过社交媒体发起话题讨论、线上活动等方式，吸引消费者主动参与和传播，从而增强品牌影响力和用户黏性。

2."不变"的方面

尽管新媒体营销传播带来了诸多变革，但也有一些核心要素保持不变：

(1) 内容为王的原则

无论营销渠道如何变化，优质的内容始终是吸引消费者的关键。企业需要不断创作有价值、有吸引力的内容，以引起消费者的关注和共鸣。

(2) 品牌形象的塑造

新媒体营销虽然形式多样，但最终目的都是提升品牌形象和知名度。企业需要通过一致的视觉识别、口碑传播等手段，塑造独特的品牌形象。

(3) 长期关系的建立

无论是传统营销还是新媒体营销，建立与消费者的长期关系都是至关重要的。企业需要通过持续的服务、优质的产品和有效的沟通，与消费者建立稳固的信任关系。

综上所述，新媒体环境下大数据的应用加速了营销体系的变革，但在这个过程中，"变"与"不变"并存。企业需要紧跟时代步伐，把握新媒体营销的特点和规律，同时坚持内容为王、塑造品牌形象和建立长期关系等核心要素，以在激烈的市场竞争中立于不败之地。

二、数据对于营销的意义：探知需求的工具

在营销领域，数据已经成为一种强大的工具，用于深入了解和探知消费者的需求。通过数据的收集、分析和解读，企业能够更准确地把握市场动态，满足消费者的多样化需求。

(一) 营销学中需求的认识

1.需求的概念

在营销学中，需求不仅是一个简单的词汇，它蕴含着深厚的经济学与心理学背景。当我们提及"需求"时，我们指的是在特定的时间段和价格水平下，消费者表现出的对商品或服务的购买意愿与实际购买能力。这里要特别注意两个关键点：购买欲望和购买能力。

购买欲望,可以说是消费者心中的一种"想要"的情感体现。这种欲望可能源于消费者的内在需求,比如饥饿时想要食物,寒冷时想要衣物。同时,外部刺激也是一个重要的激发购买欲望的因素。例如,时尚潮流、广告宣传或亲朋好友的推荐都可能激起消费者对某种商品或服务的浓厚兴趣。

然而,仅仅有购买欲望是不够的。购买能力,即消费者在经济上能够承受的购买力,是决定需求能否转化为实际购买行为的关键因素。消费者的经济状况、收入水平、市场环境及商品或服务的价格等都会对其购买能力产生直接影响。例如,一个月收入有限的消费者,在面对价格高昂的奢侈品时,即便购买欲望再强烈,也可能因为购买能力不足而望而却步。

2.需求的特征

需求作为一个复杂且多变的概念,具有几个显著的特征。

首先,需求的多样性。在这个世界上,没有两个完全相同的消费者。每个人都有自己独特的喜好、价值观和生活方式,这使得不同消费者对同一商品或服务的需求存在显著的差异。例如,对于一部智能手机,有的消费者可能更看重其拍照功能,而有的则更注重其续航能力和游戏性能。

其次,需求具有层次性。随着社会的进步和消费者生活水平的提高,人们的需求也在不断地升级和变化。在满足了基本的生活需求后,消费者开始追求更高层次的精神满足和自我实现。这种需求层次的提升,也为企业提供了更多的市场机会和创新空间。

最后,需求还具有可诱导性。这意味着通过精心策划的市场营销活动,企业可以有效地激发或改变消费者的需求。例如,通过广告宣传、促销活动或产品创新等手段,企业可以引导消费者关注并购买自己的产品或服务。

3.需求的类型

根据需求的来源和性质,我们可以将其进一步细分为不同类型。生理性需求是人类最基本的需求类型,它涉及人们的生存和繁衍,如食物、水和空气等。社会性需求则与人们的社会地位和归属感有关,如追求时尚、品牌和社会认可等。而情感性需求则更多地与人们的内心感受和情感体验相关,如追求浪漫、快乐和刺激等。这些需求类型在营销实践中具有极高的指导意义,帮助企业更精准地把握市场动态和消费者心理,从而制定出更有效的营销策略。

(二) 需求是营销理论中的核心概念

1. 营销是为了满足需求

在市场营销的广阔领域中，需求被视作整个营销活动的出发点和归宿。营销，从本质上讲，就是一个以满足消费者需求为核心的过程。企业之所以进行各种营销活动，其根本目的就是深入理解和满足消费者的多样化需求，进而实现企业的盈利目标。

为了达到这一目的，企业必须深入挖掘消费者的购买动机、消费习惯和偏好等关键信息。这些信息不仅能够帮助企业了解消费者的真实需求，还能为企业提供产品开发、市场定位及营销策略制定的重要依据。例如，通过对消费者购买动机的深入研究，企业可以发现消费者对产品功能、品质、价格、服务等方面的具体期望，从而指导企业进行针对性的产品开发和改进。

在这个过程中，数据的重要性不言而喻。数据，作为连接企业与消费者的桥梁，能够帮助企业更加精确地洞察消费者的内心世界，把握他们的真实需求。在大数据时代，通过数据分析，企业可以更加准确地预测市场趋势，为营销策略的制定提供强有力的数据支持。

2. 营销是一种交换关系，是一个复杂的过程

营销并非简单的商品或服务交换，而是一种涉及多方利益、多种因素影响的复杂过程。在这个过程中，企业与消费者之间建立的是一种长期的、动态的交换关系。这种关系需要建立在深厚的信任基础之上，并通过不断的沟通、互动来维系和加强。

为了实现与消费者的长期合作和共赢，企业需要持续不断地收集和分析消费者的各种数据。这些数据不仅包括消费者的购买行为、消费习惯等基本信息，还包括他们的需求变化、满意度反馈等更深层次的信息。通过对这些数据的深入分析，企业可以及时发现市场需求的变化趋势，进而调整自身的产品策略、定价策略、促销策略等，以确保企业的营销活动始终与消费者的真实需求保持高度契合。

因此，需求在营销理论中占据着举足轻重的地位。它不仅是营销活动的出发点和归宿，更是贯穿整个营销过程的核心要素。企业只有紧紧围绕消费者的需求来开展营销活动，才能在激烈的市场竞争中脱颖而出，实现可持

续发展。

(三) 营销理论及模型的流变与需求息息相关

1. 对需求探知研究的演进推动了营销理论的成长

营销理论的成长历程与对消费者需求的不断探知紧密相连。自市场营销学诞生以来，其理论和实践始终围绕着如何更好地满足消费者需求这一核心展开。市场环境的变化和消费者需求的持续升级，为营销理论的发展提供了源源不断的动力，并推动其不断向前演进。

在营销理论的早期阶段，产品中心的营销观念占据主导地位。企业主要关注产品的功能、质量和价格，以此为核心来设计和推广产品。然而，随着市场竞争的加剧和消费者需求的多样化，这种以产品为中心的观念逐渐暴露出其局限性。企业开始意识到，仅仅关注产品本身已经无法满足消费者日益复杂和个性化的需求。

随后，以客户为中心的关系营销观念逐渐兴起。这一观念强调与消费者建立长期、稳定的关系，通过提供个性化的服务和解决方案来满足消费者的需求。在这一阶段，企业开始更加关注消费者的感受、期望和满意度，致力于与消费者建立深厚的信任和情感联系。这种转变标志着营销理论从以产品为中心向以客户为中心的重大转变，体现了对消费者需求探知的深入和细化。

进入21世纪，随着数据技术的迅猛发展，数据驱动的精准营销观念逐渐成为主流。借助大数据和人工智能技术，企业能够以前所未有的精度洞察消费者的需求和行为模式。数据不仅揭示了消费者的购买习惯、偏好和趋势，还为企业提供了预测未来市场动态的宝贵工具。在这一阶段，营销理论的进步与数据技术的发展紧密相连，共同推动营销实践的革新。

2. 建构营销模型是为了更好地把握需求

在营销领域，为了更好地理解和满足消费者的需求，构建和应用各种营销模型已成为一种重要的方法论。这些模型通过系统的分析和预测，旨在帮助企业更精确地把握市场动态，洞察消费者需求的变化趋势，从而指导企业的营销策略和决策。

用户画像模型是其中一种关键的营销模型。通过收集和分析消费者的基本信息、购买行为、社交活动等多维度数据，企业能够构建出精细化的用户画像。这些画像不仅揭示了目标消费者的特征和偏好，还为企业提供了个性化的营销机会。例如，根据用户画像，企业可以制定更精准的广告投放策略，提高营销活动的转化率和效果。

销售预测模型则是另一种重要的营销模型。它利用历史销售数据、市场趋势和消费者行为等信息，通过统计分析和机器学习算法来预测未来市场的需求和销售趋势。这种模型不仅有助于企业制订合理的生产计划和库存管理策略，还能帮助企业及时调整产品价格和促销活动，以应对市场变化。

这些营销模型的构建和应用都离不开大数据的支持和驱动。大数据为企业提供了海量的消费者信息和市场动态数据，使得模型的预测和分析更加准确和可靠。同时，随着数据技术的不断发展，营销模型也将不断优化和完善，为企业创造更大的商业价值。

总的来说，构建营销模型是为了更好地把握消费者的需求和市场动态。这些模型不仅提高了企业的营销效率和效果，还推动了营销理论的创新和发展。在未来，随着数据技术的不断进步和应用场景的拓展，营销模型将在企业的营销实践中发挥更加重要的作用。

三、营销调研：尽可能准确地探知需求

（一）营销与营销调研

在营销活动中，了解消费者的需求是至关重要的。营销调研作为这一过程中的关键环节，其目的在于系统地收集、记录和分析与市场营销相关的数据和信息，以帮助企业识别市场机会、评估潜在风险，并制定出更为精准的市场营销策略。营销调研不仅关注消费者的购买行为、需求和偏好，还涉及市场环境、竞争对手分析等多个方面，为企业的营销决策提供全面、科学的支持。

（二）建立在数据基础之上的营销调研保证了营销的科学性

在现代市场营销中，数据已经成为决策制定的基石。营销调研通过收集和分析大量数据，能够揭示消费者行为的模式、市场趋势及竞争格局。这

些数据不仅包括定量数据，如销售额、市场份额等，还包括定性数据，如消费者满意度、品牌形象等。通过综合运用这些数据，企业可以更加科学地评估市场机会，制定符合市场需求的营销策略，从而提高营销活动的针对性和有效性。

数据的准确性和完整性对于营销调研至关重要。因此，在收集数据时，必须确保数据来源的可靠性和数据收集方法的科学性。同时，数据分析过程也需要严谨、客观，以避免误导性的结论。只有这样，营销调研才能真正发挥其作用，为企业的营销决策提供有力支持。

（三）调研方法的专业化是保障数据真实可信的重要途径

在营销调研的领域中，采用高度专业化的调研方法对于确保所收集数据的真实性和可信度具有举足轻重的意义。调研方法的选择并非随意的，而是需要依据研究目的、受众特性及资源条件等多重因素进行综合考虑。在众多调研方法中，问卷调查、深度访谈及焦点小组讨论是几种被广泛应用的方式。

问卷调查，作为一种标准化的数据收集手段，其设计需遵循科学严谨的原则。通过精心构思问卷内容，确保问题表述的清晰性和准确性，能够系统地捕捉到受访者的真实意见与看法。此外，问卷调查还具有覆盖面广、成本相对较低等优势，从而成为营销调研中不可或缺的工具。

相较于问卷调查，深度访谈则更加注重与受访者之间的深入交流与沟通。它不仅局限于预设问题的答案收集，还通过开放式的对话，引导受访者详细阐述自己的观点和体验。这种方法在挖掘深层次信息、理解受访者真实感受方面表现出色，为研究者提供了更为丰富和全面的数据资料。

焦点小组讨论则是另一种富有成效的调研方式。通过组织具有相似背景或特定需求的群体展开讨论，可以高效地收集到多元化的观点和意见。小组讨论的形式有助于激发参与者的思维碰撞，从而更全面地揭示他们的需求、偏好及潜在问题。这种方法在探索新产品或服务的市场接受度、优化营销策略等方面具有显著价值。

然而，这些调研方法的有效运用离不开专业的调研人员。他们不仅需要掌握扎实的市场调研理论知识，还需具备优秀的沟通技巧和敏锐的数据分析能力。只有这样，才能确保在调研过程中获得的数据既真实又可靠，进而为企业的营销决策提供坚实的数据支撑和科学依据。因此，专业化调研团队的建设与培训同样是企业营销调研工作中不可或缺的一环。

(四) 营销信息系统的建立

在当今高度信息化的商业环境中，为制定科学合理的营销决策，信息的收集、整理与分析显得尤为重要。而营销信息系统则在这一决策支持过程中扮演着举足轻重的角色。该系统不仅全面负责信息的有效收集与系统性整理，还通过现代化数据库技术对海量信息进行高效、有序的管理，从而为企业决策者提供坚实、可靠的数据支撑和决策依据。

营销信息系统的构建是一个多维度、复杂的过程，它涉及信息的计划性收集、规则性分类、系统性处理及策略性应用等多个关键环节。这些环节相互衔接、层层递进，共同构成了一个完整、高效且富有逻辑性的信息处理流程。

首先，信息的计划性收集是构建营销信息系统的基石。这一环节要求企业根据自身的营销目标和市场环境，有针对性地收集相关信息。这不仅包括企业内部运营数据，如销售报告、库存状况、财务数据等，还涵盖外部市场环境信息，如竞争对手动态、消费者需求变化、行业发展趋势等。通过科学合理地规划信息收集的范围和频率，企业能够确保所收集信息的时效性和准确性，为后续的信息处理和应用奠定坚实基础。

其次，信息的规则性分类是提高营销信息系统效率的关键。在信息爆炸的时代，如何从海量信息中筛选出有价值的信息，并对其进行合理分类，是营销信息系统面临的重要挑战。通过设定明确的分类标准，如信息来源、内容属性、时间维度等，企业可以将收集到的信息进行有效归类，便于后续的信息检索和分析。这种规则性的分类不仅有助于提高信息的利用率，还能帮助企业更好地洞察市场动态和消费者需求。

再次，信息的系统性处理环节。在这一环节，营销信息系统需要运用先进的数据分析技术和处理方法，对收集到的信息进行深入挖掘和提炼。通过数据清洗、转换和整合等操作，企业可以消除数据中的噪声和冗余信息，提取出有价值的数据特征和关联规则。这些处理后的信息将更具针对性和指导

意义，能够为企业决策者提供更加精准的数据支持和市场洞察。

最后，结果的策略性应用环节。营销信息系统的最终目标是为企业的营销决策提供有力支持。因此，在处理后的信息基础上，企业需要结合自身的战略目标和市场环境，制定出科学合理的营销策略和行动计划。这不仅包括产品定位、市场推广策略的制定，还涉及销售渠道的选择、客户关系管理等多个方面。通过充分利用营销信息系统提供的数据支持和分析结果，企业能够更加精准地把握市场机遇和挑战，实现营销效益的最大化。

具体而言，一个完善的营销信息系统主要由以下四个核心部分构成：

首先是内部报告系统。该系统主要负责全面收集和整理企业内部运营数据，如详尽的销售报告、实时的库存状况及精确的财务数据等。通过对这些关键信息的实时更新和深入分析，企业能够清晰掌握自身的运营状态和财务健康状况，从而为高层决策者提供坚实的数据基础和决策依据。

其次是营销情报系统。此系统专注于广泛收集并分析外部市场环境的相关信息，如竞争对手的战略动态、行业发展的整体趋势、政策法规的变化影响等。这些宝贵的信息对于企业及时洞察外部市场的微妙变化、灵活调整自身的战略方向具有不可估量的重要价值。

再次是营销决策支持系统。该系统综合运用先进的数据挖掘技术和精准的模型预测方法，为决策者提供科学、前瞻性的决策建议。通过这种数据驱动的决策方式，企业能够更加精准地识别并抓住稍纵即逝的市场机遇，同时有效降低潜在的运营风险。

最后是营销调研与分析系统。该系统专注于深入进行市场调研和精细的消费者行为分析，旨在准确揭示消费者的真实需求、市场的细致划分及产品的精确定位等关键信息。这些经过深入剖析的信息为企业制定更加精准、个性化的营销策略提供了有力的数据支持和方向指引。

（五）以营销信息系统为基础的数据库的建立

数据库，作为现代信息技术的核心组件，不仅承担着海量信息的存储和管理重任，还是企业决策支持系统的关键支柱。因此，其设计理念和实施方案务必满足企业当前及未来的信息处理需求，以确保企业在激烈的市场竞争中保持领先地位。

首先，从整体性的角度来看，数据库的设计需全面考虑企业营销活动的各个方面，确保各类数据能够得到有效整合。这包括但不限于销售数据、市场调研数据、消费者行为数据及竞争对手分析数据等。通过构建一个统一的数据平台，企业能够实现对这些数据的集中管理和高效利用，进而提高决策的质量和效率。

在数据的存储和检索方面，数据库应具备高效处理大量数据的能力。这包括结构化数据，如销售报告、财务数据等，它们通常以表格的形式存在，易于进行数值分析和比较。同时，非结构化数据，如市场调研报告、消费者反馈、社交媒体评论等，也是数据库不可忽视的重要组成部分。这些数据形式多样、结构复杂，蕴含着丰富的市场信息和消费者洞察，对于指导企业营销策略的制定具有不可替代的作用。

为了深度挖掘和有效利用这些数据，数据库还必须具备强大的数据处理和分析能力。这要求数据库管理系统不仅能够提供基本的数据查询和统计功能，还要支持复杂的数据挖掘算法和预测分析模型。通过运用这些高级分析工具，企业可以从海量数据中提炼出有价值的商业智能，为营销决策提供更为精准的数据支持。

然而，一个优秀的数据库不仅应满足企业当前的信息处理需求，还要具备足够的可扩展性和灵活性，以适应未来业务的发展和变化。随着市场竞争的日益激烈和消费者需求的不断变化，企业可能需要随时调整和优化其数据结构及存储方式。因此，数据库管理系统应提供灵活的数据建模工具和数据迁移功能，以便企业能够根据自身需求快速调整数据架构，确保数据的时效性和准确性。

在实施以营销信息系统为基础的数据库建立过程中，数据的安全性和隐私保护同样不容忽视。由于数据库中存储着大量敏感的商业信息和客户数据，一旦泄露或被非法利用，将对企业造成严重的经济损失和声誉损害。因此，必须采用先进的加密技术和访问控制机制来确保数据的安全性。这包括对数据库进行定期的安全审计和漏洞扫描，及时发现并修复潜在的安全隐患。同时，通过实施严格的用户身份认证和权限管理策略，确保只有经过授权的用户才能访问敏感数据，从而有效降低数据泄露的风险。

此外，为了防止因硬件故障、自然灾害等不可抗力因素导致的数据丢

失或损坏风险,企业还需定期对数据库进行备份和恢复测试。企业应制订详细的备份策略和恢复计划,并定期进行模拟演练,确保在发生意外情况时能够迅速恢复数据库的正常运行,保障企业业务的连续性。

综上所述,建立以营销信息系统为基础的数据库是一个复杂而系统的工程,需要综合考虑多个方面的因素。通过构建高效、安全、可扩展的数据库管理系统,企业能够更好地利用营销信息系统中的数据资源,为制定科学合理的营销决策提供有力支持。

四、消费者洞察:对营销调研的必要补充

(一)消费者洞察的界定

在大数据的时代背景下,消费者洞察已经成为企业营销战略中的关键环节。消费者洞察,顾名思义,是指深入理解和分析消费者的需求、偏好、行为和态度,以指导企业的市场营销活动。它不同于传统的营销调研,更侧重于从海量的消费者数据中提炼出有价值的信息,从而洞察消费者的内心世界,为企业的产品和服务定位提供精准指导。

消费者洞察的核心在于对数据的深度挖掘和精准分析。通过收集消费者在社交媒体、电商平台、搜索引擎等多渠道留下的数据痕迹,运用先进的算法和模型,企业可以描绘出消费者的精准画像,进而洞察其消费动机、购买决策过程及品牌忠诚度等关键信息。这种洞察能力不仅有助于企业优化产品设计和服务流程,还能提升营销活动的针对性和实效性。

(二)消费者洞察在营销实践中被广泛应用

随着市场竞争的日益激烈,消费者洞察在营销实践中的重要性越发凸显。越来越多的企业开始将消费者洞察作为制定营销策略的基石,以此来提升市场竞争力。

1. 增设负责消费者洞察的组织机构

为了更有效地进行消费者洞察,许多企业纷纷设立专门的组织机构,如消费者研究部门或数据分析团队。这些机构专注于收集、整合和分析消费者数据,为企业提供及时、准确的消费者洞察报告。通过设立这些组织机

构，企业能够更系统地挖掘消费者需求，发现市场机会，为产品研发、市场推广等提供有力支持。

同时，这些组织机构还承担着与业务部门沟通协作的重要职责，确保洞察结果能够转化为实际的营销策略和行动。这种跨部门的紧密合作，有助于企业形成统一的战略视角，全面提升市场竞争力。

2. 新的消费者洞察工具不断出现

随着大数据和人工智能技术的快速发展，新的消费者洞察工具层出不穷。这些工具不仅提高了数据处理的效率和准确性，还能揭示出更深层次的消费者行为模式和市场趋势。例如，通过自然语言处理技术，企业可以分析消费者在社交媒体上的言论和情感倾向，从而更准确地把握其需求和期望。

此外，一些先进的消费者洞察平台还提供了可视化的数据分析界面和定制化的报告功能，使得企业能够直观地了解市场动态和消费者行为变化。这些工具的出现和应用，极大地提升了企业在消费者洞察方面的能力，为营销活动提供了更为精确和科学的指导。

3. 对消费者洞察的重要性的认同从营销传播机构向广告主流动

在过去，广告主可能更多地依赖于传统的营销传播机构来进行品牌推广和市场调研。然而，随着数字营销和大数据的兴起，广告主开始逐渐认识到消费者洞察在营销活动中的核心价值。他们开始主动寻求与具备强大消费者洞察能力的机构合作，以期获得更精准的市场定位和营销策略。

这种转变不仅体现在广告主对消费者洞察需求的增加上，还表现在他们对洞察结果的运用上。越来越多的广告主开始将消费者洞察数据与自身的业务数据相结合，以制定更为精细化的营销策略和优化产品服务。这种以消费者为中心的营销理念正在逐渐成为行业的主流趋势。

综上所述，消费者洞察作为对营销调研的必要补充，在现代营销实践中发挥着越来越重要的作用。通过增设专门的组织机构、利用新的洞察工具及深化对消费者洞察重要性的认识，企业可以更加精准地把握市场动态和消费者需求，从而在激烈的市场竞争中脱颖而出。

五、数据与营销体系的关联

(一) 营销体系科学化的过程是一个数据化的过程

在大数据的时代浪潮下,营销体系的科学化与数据化紧密相连。数据化不仅为营销活动提供了量化的基础,还是推动营销决策从经验驱动向数据驱动转变的关键力量。这一转变过程体现在营销活动的各个环节,从市场调研到策略制定,再到效果评估,数据都扮演着至关重要的角色。

首先,在市场调研阶段,大数据能够帮助企业更全面地了解消费者需求、市场趋势和竞争格局。通过对海量数据的挖掘和分析,企业可以洞察消费者的真实想法和行为习惯,为产品定位和营销策略提供有力支撑。

其次,在策略制定阶段,数据化使得营销决策更加精准和高效。企业可以根据历史销售数据、消费者行为数据等,预测未来市场走势,从而制定出更符合市场需求的营销策略。

最后,在效果评估阶段,数据化提供了客观的衡量标准。通过对比营销活动前后的数据变化,企业可以准确评估营销效果,及时调整策略,以实现营销投入与产出的最优化。

因此,营销体系的科学化过程,实质上就是一个不断数据化、精准化的过程。在这个过程中,数据不仅是决策的基础,更是推动营销体系不断进化、完善的动力源泉。

(二) 传统营销体系化和科学化的架构面临着被颠覆的可能

随着大数据技术的迅猛发展,传统营销体系的架构正面临着前所未有的挑战。以往依赖于经验判断和直觉决策的营销模式,在大数据的冲击下显得越发捉襟见肘。数据的丰富性和分析的精准性,使得营销决策不再仅仅依赖于人的主观判断,而是更多地转向基于数据的科学决策。

这种转变不仅改变了营销决策的流程,还对传统营销体系的架构提出了根本性的挑战。传统的营销架构可能无法有效地整合和利用大数据带来的信息优势,导致决策滞后、效率低下。因此,传统营销体系面临着被颠覆的可能,需要企业进行深度的变革和创新,以适应大数据时代的发展需求。

(三) 海量数据的现实冲击了传统营销的科学性

海量数据的涌现对传统营销的科学性构成了深刻冲击。在传统营销模式下，数据的收集和分析往往受限于技术和成本，导致营销决策的依据相对有限。然而，在大数据时代，企业能够获取到的数据量呈指数级增长，这使得营销决策的参考维度更加多元、全面。

海量数据不仅提供了更多的消费者行为信息、市场趋势等关键要素，还使得企业能够更深入地洞察消费者的真实需求和偏好。这种深度的洞察能力，使得基于数据的营销决策更具科学性和精准性。相比之下，传统营销模式下依赖有限数据进行决策的做法，显得越发不够科学和精准。

因此，海量数据的现实不仅冲击了传统营销的科学性，更推动了营销体系向更加数据化、科学化的方向发展。

(四) 营销传播环境的变化动摇了传统营销体系

随着科技的不断进步和全球化的深入发展，营销传播环境发生了翻天覆地的变化。这种变化不仅体现在传播渠道的多样化上，还体现在受众需求和消费习惯的根本性转变上。

1. 消费者、受众正在改变

在大数据时代，消费者的信息获取方式、消费决策过程及品牌认知等都发生了显著变化。消费者越来越依赖于网络搜索、社交媒体等渠道获取信息，这使得他们的消费决策更加理性和自主。同时，消费者对品牌的忠诚度也在逐渐降低，他们更加注重产品的个性化和定制化。这些变化对传统营销体系提出了严峻的挑战，要求企业更加精准地把握消费者需求，提供更加个性化和高质量的产品和服务。

2. 信息传播的介质——媒体正在改变

随着新媒体的崛起和传统媒体的衰落，信息传播介质发生了根本性的变化。新媒体以其互动性、即时性和个性化等特点，迅速占领了信息传播的高地。这种变化不仅改变了信息传播的方式和效率，还对营销传播策略产生了深远影响。传统营销体系需要适应新媒体的特点和规律，重新构建与消费者之间的连接和沟通方式。

（五）大数据参与新媒体营销传播的每个环节

在新媒体营销传播的广阔领域中，大数据已经深深地嵌入了每一个细微的环节之中。从初步的用户调研，到精心的内容策划，再到策略性的投放选择，以及最后的效果评估，大数据无处不在，且发挥着举足轻重的作用。

在用户调研这一初始环节，大数据技术的运用显得尤为关键。传统的用户调研方法可能受限于样本大小和调研手段的局限性，而大数据技术则能够通过分析海量的用户数据，更全面地揭示出目标受众的深层次需求、潜在兴趣及独特的消费习惯。这些数据不仅涵盖了用户的线上行为，如浏览记录、搜索历史等，还可能包括线下购物记录、社交媒体互动等多维度信息。通过对这些数据的深入挖掘和分析，企业能够构建出更为精准的用户画像，为后续营销活动奠定坚实基础。

在内容策划环节，大数据同样展现出了其强大的指引作用。通过监测和分析网络上的热门话题、流行趋势及用户对于不同类型内容的偏好度，大数据能够为企业提供宝贵的内容创作和优化建议。这不仅有助于提升内容的吸引力和传播力，还能确保营销活动更加贴近目标受众的喜好和需求。

当涉及投放策略时，大数据的精准定位能力得到了充分体现。利用大数据技术，企业可以精确地识别出目标受众群体，并根据其历史行为和当前状态预测其未来的行为模式。这种预测能力使得广告投放更加精准、高效，从而显著提高了广告的触达率和转化率。

最后，在营销活动的效果评估阶段，大数据也发挥着不可或缺的作用。通过实时监测和分析营销活动的各项数据指标，如点击率、转化率、曝光量等，大数据能够为企业提供客观、全面的效果评估报告。这不仅有助于企业及时了解营销活动的实际效果，还能为后续的营销策略调整和优化提供有力支持。

第四节　大数据在新媒体营销中的应用

一、大数据协助营销者优化广告创意与活动

在新媒体运营中，大数据技术的应用已经渗透到营销活动的各个环节。

特别是在广告创意与活动的策划和执行过程中,大数据不仅为营销者提供了更精准的受众定位,还能够帮助优化创意内容和活动形式,从而提升营销效果。以下将通过具体案例来阐述大数据如何协助营销者优化广告创意与活动。

(一) 由群体智慧引发的营销创意

随着社交媒体的普及和大数据技术的发展,营销者开始利用群体智慧来激发和创新广告创意。群体智慧,即通过网络平台聚集大量用户的意见和建议,从而提炼出有价值的创意和想法。这种方法不仅能够更贴近消费者的真实需求,还能有效降低营销成本,提高广告的针对性和实效性。

以某知名快时尚品牌为例,该品牌通过社交媒体发起了一场"设计你的专属T恤"活动。用户可以在线提交自己的T恤设计稿,并通过投票选出最受欢迎的设计。在这一过程中,大数据技术发挥了关键作用。首先,通过对用户提交的设计稿和投票数据进行挖掘和分析,营销者可以洞察消费者的审美偏好和设计趋势,为未来的产品设计提供有力支持。其次,利用大数据对用户进行细分和定位,营销者能够将活动精准推送给目标受众,提升活动的参与度和影响力。

此外,群体智慧还可以应用于广告文案的创作。通过向用户征集广告语或者故事创意,营销者可以从中挑选出最符合品牌形象和广告目标的文案。这种方式不仅能够调动用户的积极性和参与度,还能让广告更加贴近消费者的语言和心声,从而提升广告的感染力和传播效果。

综上所述,大数据技术的运用使得群体智慧在广告创意中的应用成为可能。通过挖掘和分析用户数据,营销者可以更加精准地把握消费者需求和市场趋势,从而创作出更具针对性和吸引力的广告创意。

(二) 由海尔发起的"立硬币"活动

"立硬币"活动是海尔近年来一次成功的营销活动案例。该活动通过社交媒体平台发起,邀请用户在自家海尔洗衣机上竖立硬币并拍照上传至网络,以此展示海尔洗衣机的平稳性能和低噪声特点。这一创意巧妙地利用了用户的参与感和好奇心,引发了广泛的关注和讨论。

在这一活动中，大数据技术的运用同样发挥了重要作用。首先，在活动筹备阶段，海尔通过大数据分析确定了目标受众群体和他们的社交媒体使用习惯，从而选择了最合适的平台和推广方式。其次，在活动进行过程中，海尔实时监测和分析用户参与数据、互动情况及舆论反馈等信息，以便及时调整活动策略和优化后续执行计划。

通过"立硬币"活动，海尔不仅成功地提升了品牌形象和产品知名度，还收集到了大量用户反馈和意见建议。这些数据为海尔未来的产品研发和营销策略提供了宝贵的信息支持。同时，该活动也展示了大数据技术在新媒体营销中的巨大潜力和应用价值。通过精准定位目标受众、实时监测活动效果及优化创意内容等手段，大数据技术正在推动新媒体营销向更加智能化、个性化和高效化的方向发展。

二、大数据社交媒体时代服装品牌联名营销发展新态

在大数据和社交媒体交织的时代背景下，服装品牌联名营销正展现出前所未有的新面貌。这种新态势既包含了创新的尝试与突破，也伴随着一系列新的问题和挑战。下面将深入探讨这些现象，并提出相应的策略，以期推动服装品牌联名营销在社交媒体时代的持续发展。

(一) 社交媒体时代服装品牌联名营销的新尝试

社交媒体时代以其即时性、互动性和广泛性的特点，为服装品牌联名营销开辟了前所未有的创新路径。在这个时代背景下，服装品牌们不再满足于传统的营销手段，而是积极探索与新兴元素结合的新模式。以下是几种在社交媒体时代备受瞩目的新尝试。

1.网红服装品牌的尝试

网红经济的崛起，使得拥有庞大粉丝基础的网红成为服装品牌联名营销的重要合作伙伴。这些网红通过社交媒体平台，如微博、抖音、小红书等，与粉丝保持着紧密的互动。他们的影响力从线上延伸至线下，成为引领潮流的风向标。

在与网红的合作中，服装品牌看中了其独特的魅力及与粉丝之间的紧密关系。通过网红在社交媒体上的推广，品牌能够迅速扩大曝光度，吸引更

多潜在消费者的关注。同时，网红还能借助自身的影响力，为品牌塑造独特的形象，增强与消费者的情感连接。

例如，某知名网红与一家服装品牌合作推出联名款，凭借其独特的审美和时尚品位，吸引了大量粉丝的追捧。这款联名产品不仅在销量上取得了显著成绩，还在社交媒体上引发广泛的讨论和关注，进一步提升了品牌的知名度和美誉度。

2. 国货品牌的创新

随着国潮的兴起，越来越多的国货品牌开始在国际舞台上崭露头角。他们通过与知名IP、设计师或国际品牌的合作，提升了自身的品牌价值和时尚度，为消费者带来了全新的购物体验。

在与知名IP的合作中，国货品牌借助IP的知名度和影响力，迅速提升了自身的品牌形象。这种合作模式不仅能够吸引原IP粉丝的关注，还能通过创新的产品设计，满足消费者对新鲜感和个性化的需求。

此外，国货品牌还积极与国际知名设计师或品牌进行合作。这种合作方式为国货品牌注入了国际化的设计理念和时尚元素，使其产品更具竞争力。同时，通过与国际品牌的合作，国货品牌也得以拓展国际市场，提升自身的全球影响力。

例如，某国货运动品牌与国际知名设计师合作推出联名运动鞋，凭借其独特的设计和舒适的穿着体验，赢得了消费者的广泛好评。这款联名运动鞋不仅在国内市场上取得了巨大成功，还在国际市场上获得了广泛的认可和追捧。

3. 品牌跨界的升级

在社交媒体时代，品牌跨界合作已成为一种趋势。这种合作方式不仅限于不同行业之间的简单结合，还拓展到了艺术、科技、娱乐等多个领域。通过跨界合作，品牌能够汲取不同领域的灵感和创意，为消费者带来更加丰富多彩的产品和服务。

在艺术领域，服装品牌可以与艺术家或艺术机构进行合作，推出具有艺术价值的联名产品。这种合作模式不仅能够提升品牌的文化内涵和审美价值，还能吸引更多对艺术感兴趣的消费者。

在科技领域，服装品牌可以与科技公司进行合作，共同研发具有科技含量的联名产品。例如，智能穿戴设备、环保材料等都可以成为合作的切入点。这种合作模式能够为消费者带来更加便捷、舒适和环保的穿着体验。

在娱乐领域，服装品牌可以与电影、音乐等娱乐产业进行合作，推出与影视作品或音乐作品相关的联名产品。这种合作模式能够借助娱乐产业的广泛影响力，提升品牌的知名度和美誉度。同时，通过创新的产品设计，还能满足消费者对时尚和个性的追求。

（二）社交媒体时代服装品牌联名营销的新问题

在社交媒体时代，服装品牌联名营销虽然带来了前所未有的机遇，但同时也涌现出一系列新的问题。这些问题对于品牌的长期发展及消费者关系的维护都构成了不小的挑战。

1. 忠诚维系难度增加

社交媒体时代的信息传播速度极快，消费者每天都被海量的信息所包围。在这样的环境下，消费者的注意力变得极其分散，对单一品牌的关注度自然也会下降。联名营销虽然能够在短期内通过新鲜感和话题性迅速抓住消费者的眼球，提升品牌的关注度，但这种关注往往是短暂的、表面的。

当联名活动的热潮退去，消费者很容易就被其他更新鲜、更有趣的信息吸引，从而导致对联名品牌的忠诚度降低。此外，由于社交媒体上信息的透明度和可比性增强，消费者可以轻易地比较不同品牌的产品和服务，这也使得他们更加挑剔和难以满足，进一步加大了品牌维系消费者忠诚度的难度。

在联名营销中，品牌往往更注重短期的销售提升和话题效应，而忽视了与消费者的长期情感连接。这种短视的做法不仅难以培养出真正的品牌忠诚者，还可能导致消费者在联名活动结束后迅速流失。

2. 质量参差难保证

联名产品由于涉及多个品牌和供应商的合作，其质量控制难度相较于单一品牌产品要大得多。不同品牌之间可能存在着不同的生产标准、质量控制流程和原材料选择，这些因素都可能导致最终产品的质量差异。

一旦联名产品出现质量问题，不仅会影响消费者的购买体验，还可能对参与联名的所有品牌形象造成损害。在社交媒体时代，这种损害会被迅速传播和放大，甚至可能引发公关危机。

此外，由于联名产品往往具有限量、限时等特性，这也可能导致品牌在追求速度和数量的同时忽视了产品质量。部分品牌甚至可能为了赶工而降低生产标准，进一步加剧了质量问题的风险。

3. 同质产品竞争大

随着联名营销的普及和成功案例的增多，越来越多的品牌开始涌入这个市场。然而，这也导致了市场上出现大量相似或相同的联名产品，使得消费者在选择时感到困惑和无从下手。

同质化竞争不仅会降低品牌的差异化优势，还可能导致价格战等恶性竞争行为的发生。在这种情况下，品牌很难通过联名营销实现预期的销售提升和品牌形象塑造目标。

同时，同质化竞争也使得消费者对联名产品的期待值降低。当市场上充斥着大量相似的联名产品时，消费者很难再从中感受到新鲜感和独特性，从而导致他们对联名营销的兴趣逐渐减弱。

4. 设计浮夸无美感

在追求独特性和话题性的过程中，部分联名产品陷入了设计浮夸、缺乏美感的误区。这些产品往往过于追求新奇和独特的设计元素，而忽视了产品的整体美感和协调性。

这种设计风格不仅无法吸引消费者的眼球，还可能让他们对联名品牌产生负面印象。在社交媒体时代，消费者的审美水平和品位不断提升，他们更加注重产品的设计感和品质感。因此，过于浮夸和缺乏美感的设计很难赢得他们的青睐。

此外，设计浮夸还可能导致产品的实用性和舒适度降低。当消费者在购买联名产品后发现其无法满足自己的实际需求或穿着感受不佳时，他们很可能会对联名品牌产生失望和不满情绪，从而影响品牌的口碑和形象。

（三）社交媒体时代服装品牌联名营销的新策略

针对以上问题，提出以下新策略以促进服装品牌联名营销的更好发展。

1. 社交媒体深挖消费者需求

在社交媒体时代，消费者的声音比以往任何时候都更容易被捕捉和分

析。服装品牌应充分利用大数据和社交媒体分析工具,深入挖掘消费者的真实需求和偏好。这不仅仅是对消费者购买行为的简单追踪,更是对他们生活方式、价值观念、审美倾向的深入理解。

首先,品牌可以通过对社交媒体上的用户评论、点赞、分享等行为进行数据分析,了解消费者对当前市场产品的反馈,以及他们对未来产品的期待。这些数据可以为联名产品设计提供精准的市场定位,确保产品能够触达目标受众的心灵。

其次,通过与消费者的实时互动,品牌可以及时发现并响应他们的需求和痛点。例如,可以定期在社交媒体上发起话题讨论、问卷调查等活动,鼓励消费者分享他们的购物体验、穿搭心得及对联名产品的看法。这些第一手的反馈信息,将为品牌提供宝贵的市场洞察和改进方向。

最后,基于这些深入的市场调研和消费者洞察,品牌可以携手合作方共同打造更符合市场需求、更具创新性和个性化的联名产品。这不仅能够满足消费者的多元化需求,还能在激烈的市场竞争中脱颖而出。

2.社交媒体助力培养忠实消费者

在社交媒体平台上,品牌与消费者之间的距离被大大缩短。品牌应充分利用这一优势,通过建立品牌社区、加强互动沟通等方式,培养忠实消费者并扩大品牌影响力。

首先,品牌可以在社交媒体上创建官方账号或群组,邀请消费者加入并形成一个活跃的社区。在这个社区里,品牌可以定期发布最新的品牌动态、产品信息和优惠活动,让消费者时刻保持对品牌的关注。同时,消费者也可以在社区内分享自己的购物体验、穿搭技巧等,形成一种积极互动的氛围。

其次,通过与消费者的实时互动和回应,品牌可以建立起与消费者的深厚情感连接。无论是解答消费者的疑问、处理投诉还是收集反馈意见,品牌都应保持积极、耐心的态度,让消费者感受到品牌的关怀和重视。这种亲密的互动关系将有助于提升消费者对品牌的认同感和归属感。

3.选择合适的合作方

选择合适的合作方是联名营销成功的关键之一。在选择合作方时,品牌应充分考虑双方的品牌形象、受众群体和市场定位是否匹配。一个合适的合作方不仅能够提升联名产品的市场接受度，还能为品牌带来更多的曝光机会和资源优势。

首先，品牌形象和文化的契合度是选择合作方的重要考量因素。双方品牌应在价值观、审美倾向等方面保持一致或相近，以确保联名产品能够体现出双方品牌的共同理念和追求。这将有助于增强消费者对联名产品的认同感和购买意愿。

其次，受众群体的重叠度也是选择合作方时需要考虑的因素之一。双方品牌的受众群体应具有较高的重叠度，以确保联名产品能够精准触达目标消费者。这将有助于提高联名产品的市场渗透率和销售额。

最后，市场定位的互补性也是选择合作方的重要标准之一。双方品牌应在市场定位上形成互补，以扩大联名产品的市场覆盖面和影响力。例如，一个高端品牌可以选择与一个具有广泛市场基础的大众品牌进行合作，以拓展其市场份额和提升品牌知名度。

4. 结合多种营销方式提升联名产品影响力

(1) 与口碑营销相结合

在社交媒体时代，口碑营销的力量不容忽视。品牌应鼓励消费者在社交媒体上分享自己的购买体验和使用心得，形成口碑传播效应。这不仅可以增强消费者对联名产品的信任度和购买意愿，还能为品牌带来更多的曝光机会和潜在客户。

为了激发消费者的分享热情，品牌可以设置相应的奖励机制或举办有趣的互动活动。例如，邀请消费者在社交媒体上发布联名产品的穿搭照片并@品牌账号，就有机会获得精美礼品或优惠券等奖励。这样的活动不仅能够吸引消费者的积极参与，还能有效提升联名产品的知名度和美誉度。

(2) 饥饿营销新升级

饥饿营销作为一种有效的市场推广策略，在联名营销中同样可以发挥重要作用。品牌可以在联名产品发布前进行限量预售或限时抢购等活动，通过制造稀缺性和紧迫感来激发消费者的购买欲望。

在实施饥饿营销策略时，品牌应注重活动的公平性和透明度，避免引发消费者的不满和质疑。同时，饥饿营销并非长久之计，品牌应在活动结束后及时调整策略，确保市场的稳定和持续发展。

综上所述,通过深入挖掘消费者需求、培养忠实消费者、选择合适的合作方及结合多种营销方式等策略的实施,服装品牌可以在社交媒体时代成功开展联名营销活动并取得良好的市场效果。这些策略不仅有助于提升品牌的知名度和美誉度,还能为品牌带来更多的商业机会和市场空间。

三、大数据背景下银行个贷业务精准营销策略

个人贷款业务作为银行资产业务的重要组成部分,以其稳定的资产质量和广泛的市场需求,成为银行在利率市场化环境下的新增长点。随着大数据技术的不断发展,银行能够更精准地分析客户需求,提升个贷业务的营销效率和风险控制能力。以下将详细探讨大数据背景下银行个贷业务的精准营销策略。

(一)银行个贷业务的精准营销模式

在大数据时代,银行个贷业务的精准营销模式显得尤为重要。这一模式的核心在于对客户数据的深入挖掘和精细分析,通过这一方式,银行能够更准确地理解客户需求,提供更符合客户期望的产品和服务。

首先,银行通过多种渠道收集客户的各类数据,这些数据包括但不限于消费习惯、信用记录、社交行为、搜索历史、购买偏好等。这些数据为银行描绘出了一个多维度、立体化的客户画像,使得银行能够更深入地了解客户需求和偏好。

有了这些丰富的数据基础,银行可以进一步利用大数据分析技术,对客户的贷款需求进行精准预测。例如,对于经常进行大额消费、信用记录良好的客户,银行可以预测其可能有较大的贷款需求,并据此推送相应的贷款产品。同时,通过对客户还款记录和收入状况的分析,银行可以评估客户的还款能力,从而为其提供更加合适的还款方案和贷款额度。

此外,风险偏好也是银行需要考虑的重要因素。不同客户对于风险的承受能力各不相同,一些客户可能更倾向于选择低风险的贷款产品,而另一些客户则可能愿意为了更高的收益而承担一定的风险。通过大数据分析,银行可以洞察客户的风险偏好,并据此设计更符合客户需求的贷款产品。

在实施精准营销的过程中,银行还需要注重实时监测和动态调整。客

户的信用状况和还款行为可能会随着时间和环境的变化而发生变化，因此银行需要定期更新客户数据，并据此调整风险控制策略和贷款方案。通过这种方式，银行可以确保个贷业务的稳健发展，并有效降低坏账风险。

总的来说，银行个贷业务的精准营销模式是一个以数据为基础、以客户需求为导向的综合性策略。通过深入挖掘和分析客户数据，银行可以更加精准地满足客户需求，提升客户满意度和忠诚度，从而实现个贷业务的持续增长。

(二) 银行基于客户画像

客户画像在银行精准营销中扮演着至关重要的角色。这一概念并非新生事物，但在大数据技术的加持下，其内涵和应用深度得到了前所未有的拓展。基于大数据技术的客户画像构建，不再仅仅是对客户基本信息的简单罗列，而是对客户全方位、多维度的深度剖析。

首先，在数据收集方面，银行不仅依赖内部系统记录的客户基本信息、交易流水等数据，还积极整合外部数据源，如社交网络、电商平台、征信机构等，以获取更丰富的客户行为数据。这些数据包括但不限于客户的消费习惯、购买偏好、浏览记录、搜索历史等，它们共同构成了客户画像的坚实基础。

通过综合运用数据挖掘、机器学习等先进技术，银行能够对这些海量数据进行深入分析，进而形成立体、全面的客户画像。这一画像不仅涵盖了客户的年龄、性别、职业、地域等基本信息，还深入揭示了客户的消费行为、信用状况、风险偏好等深层次特征。

在客户画像的基础上，银行可以对客户进行更为精准的细分。例如，通过聚类分析等技术手段，银行可以识别出具有相似特征和行为模式的客户群体，如高净值客户、年轻白领、小微企业主等。这些细分客户群体为银行制定差异化的营销策略提供了有力支持。

针对高价值客户，银行可以提供更加个性化的金融服务。以信用记录良好、还款能力强的客户为例，银行可以为其提供更优惠的贷款利率、更高的贷款额度及更贴心的增值服务，以进一步巩固和深化客户关系。同时，对于这类客户，银行还可以考虑引入更高级的财富管理服务，如私人银行、家族信托等，以满足其更为复杂的金融需求。

对于潜在客户群体,银行则可以通过定向推广和营销活动来提高转化率。例如,针对年轻人群体,银行可以通过社交媒体、短视频平台等新兴渠道进行广告投放和内容营销,以吸引其注意力并激发其金融需求。同时,结合客户画像中的消费偏好和兴趣点,银行还可以设计更具吸引力的金融产品和优惠活动,以促进潜在客户的转化。

(三) 基于 4C 理论的营销策略优化

在市场营销中,4C 理论——消费者(Consumer)、成本(Cost)、便利(Convenience)和沟通(Communication)——为银行提供了一个全面且实用的框架来优化其营销策略。特别是在大数据背景下,银行可以充分利用这一理论,结合数据分析技术,实现更高效的营销和客户满意度。

1. 挖掘数据搭建全面视图

在消费者(Consumer)维度,银行的首要任务是深入了解其目标客户。这不仅仅涉及基本的客户信息,如年龄、性别和地理位置,更重要的是理解他们的消费习惯、风险偏好、财务目标和生活方式。为了实现这一点,银行需要构建一个全面的客户视图,这要求银行深入挖掘和分析客户数据。

通过先进的数据分析技术,如机器学习和预测分析等,银行可以从大量的交易记录、客户反馈和市场调研中提炼出有价值的信息。例如,识别出哪些客户更可能对特定的贷款产品感兴趣,或者哪些客户群体在贷款申请过程中可能遇到障碍。这种洞察能力不仅有助于银行设计更符合消费者需求的产品,还能在营销活动中实现更高的精准度。

此外,关注消费者的生命周期价值也是至关重要的。随着时间的推移,客户的需求和偏好可能会发生变化。通过持续的数据收集和分析,银行可以及时调整其营销策略,确保在不同生命周期阶段都能提供恰当的产品和服务。

2. 科技赋能降低使用成本

在成本(Cost)方面,科技的运用对于降低客户的使用成本具有显著作用。传统的贷款申请流程往往烦琐且耗时,而现在,通过数字化和自动化技术,银行可以极大地简化这一流程。例如,通过开发智能贷款申请系统,客户可以在线填写信息并即时获得贷款批准,这大大减少了等待时间和纸质文件的使用。

同时，利用大数据和人工智能技术，银行可以更准确地评估客户的信用风险，从而提供更合理的贷款利率。这不仅降低了客户的经济负担，还减少了银行的坏账风险。此外，通过精细化的成本管理，银行还可以在保持服务质量的同时，降低自身的运营成本。

3. 拓展渠道便捷客户

便利（Convenience）是现代银行业竞争的关键要素之一。为了满足客户随时随地获取贷款服务的需求，银行必须拓展多元化的营销和服务渠道。除了传统的实体网点，银行还应加强线上平台、移动应用和智能语音助手等渠道的建设。

这些数字化渠道不仅可以提供24/7全天候的服务支持，还能通过智能推荐和个性化设置等功能，提升客户的使用体验。此外，通过与第三方合作伙伴共建金融生态系统，银行可以为客户提供一站式的金融服务解决方案，从而进一步提高服务的便捷性。

4. 畅通沟通增强客户黏性

在沟通（Communication）环节，银行需要保持与客户的持续互动，以确保及时了解并响应客户的需求变化。社交媒体、在线客服和电话银行等渠道为银行提供了与客户沟通的桥梁。通过这些渠道，银行不仅可以实时收集客户的反馈和建议，还能在问题出现时迅速作出反应。

同时，利用大数据和人工智能技术，银行可以对客户进行更精细的细分和定位。这意味着银行能够根据不同的客户群体制定更具针对性的营销策略，实现更精准的营销信息推送和个性化服务提供。这种个性化的沟通方式不仅增强了客户的满意度和忠诚度，还为银行带来了更高的客户黏性。

（四）银行实施精准营销策略的保障措施

在银行业中，实施精准营销策略不仅需要创新的思路和先进的数据分析技术，还需要一系列的保障措施来确保其顺利执行。以下将从制度、组织和技术三个方面详细探讨这些保障措施。

1. 制度保障

为确保精准营销策略的有效实施，银行首先需要构建一套完善的制度

体系。这套制度不仅应明确营销策略的制定、执行、监控和评估流程,还应详细规定各部门在营销过程中的职责与协作方式。通过制度化管理,银行能够确保各部门之间的协同合作,形成合力,推动营销策略的顺利实施。

在制定营销策略时,应充分考虑市场需求、竞争态势和客户特点,确保策略的科学性和有效性。在执行阶段,要明确各项任务的责任人、时间节点和完成标准,确保策略落地有声。同时,建立监控机制,实时跟踪策略执行情况,及时发现问题并调整优化。最后,定期对营销策略进行评估,总结经验教训,为后续策略制定提供参考。

此外,银行还应设定与营销策略相匹配的绩效考核和激励机制。通过将营销策略目标与员工绩效挂钩,激发员工的积极性和主动性,推动策略的有效执行。同时,对在营销活动中表现突出的员工进行表彰和奖励,树立榜样,形成良好的竞争氛围。

2.组织保障

在组织结构方面,银行应设立专门的营销团队或部门,负责精准营销策略的规划和执行。这个团队应由具备数据分析、市场营销、客户服务等多方面专业能力的成员组成,以确保营销策略的有效落地。

营销团队或部门应与市场部门、产品部门、风险管理部门等紧密协作,共同制定和执行营销策略。同时,银行高层应给予足够的支持和授权,确保营销团队在资源调配、决策执行等方面具有足够的自主权。

为提高营销团队的专业素养和执行能力,银行应定期组织培训和学习活动,使团队成员掌握最新的市场营销理念、方法和技能。此外,鼓励团队成员积极参与行业交流和研究,拓宽视野,提升创新思维。

3.技术保障

大数据技术是银行实施精准营销策略的关键支撑。因此,银行需要投入足够的资源进行大数据平台的建设和维护。这包括数据采集、存储、处理和分析等环节的技术支持。

首先,在数据采集方面,银行应整合内部各业务系统的数据资源,同时积极拓展外部数据来源,形成全面、丰富的数据基础。其次,在数据存储和处理方面,银行应建立高性能的数据仓库和分布式计算平台,以满足海量数据的存储和实时处理需求。最后,在数据分析方面,银行应运用先进的数据挖掘和机器学习技术，深入挖掘客户数据价值，为营销策略提供有力支持。

除了大数据技术的支持，银行还应关注数据安全性和隐私保护问题。在数据采集、存储和使用过程中，应严格遵守相关法律法规和行业规范，确保客户数据的安全性和隐私性。同时，加强员工的数据安全意识培训，防止数据泄露和滥用风险。

四、化妆品企业新媒体营销策略的实施

随着科技的飞速发展和消费者行为的深刻变革，新媒体已成为化妆品企业营销的重要阵地。新媒体营销以其独特的互动性、精准性和创新性，为化妆品品牌开辟了与消费者直接对话的新渠道。通过新媒体，化妆品企业不仅能够更有效地传递品牌价值，展示产品魅力，还能实时捕捉市场动态，与消费者建立更紧密的联系。在这个信息爆炸的时代，如何巧妙运用新媒体策略，突出品牌特色，抓住消费者心智，已成为化妆品企业持续发展的关键。因此，深入探索新媒体营销的特色与策略，对于化妆品企业在激烈的市场竞争中脱颖而出，实现品牌的长远发展具有不可估量的重要意义。

（一）化妆品企业新媒体营销的特色分析

1. 精准定位与个性化推送

化妆品企业在新媒体营销中，借助先进的大数据技术，能够深入挖掘和分析目标消费群体的各种信息。通过追踪消费者的在线行为、购买记录及社交媒体互动等，企业能够构建出精细的用户画像，精准地识别出目标消费群体的喜好、购买习惯和消费能力。这种精准定位不仅帮助企业更好地了解消费者，还为后续的个性化推送奠定了基础。通过新媒体平台，化妆品企业可以根据用户画像，实现个性化的产品推荐和营销信息推送。例如，对于经常购买高端化妆品的消费者，企业可以推送更多高端、奢华的产品信息；而对于注重性价比的消费者，则可以推送性价比较高的产品。这种个性化的推送方式，大大提高了营销的针对性和效果，使得每一次推送都能精准触达目标受众。

2. 内容创意与互动性强

在新媒体时代，内容为王的原则依然适用。化妆品企业深知这一点，因

此在新媒体营销中非常注重内容的创新和趣味性。通过创意视频、图文结合、故事化营销等多种形式，企业打造出富有吸引力和感染力的营销内容。这些内容不仅能够吸引消费者的眼球，还能引发他们的情感共鸣，从而增强对品牌的认同感和忠诚度。同时，新媒体的互动性特点也被化妆品企业充分利用。通过开展线上活动、问答互动、投票评选等方式，企业与消费者之间建立了更加紧密的联系。这种互动不仅增强了消费者的参与感和归属感，还为企业提供了宝贵的用户反馈和数据信息，有助于企业不断优化产品和服务。

3. 多元化渠道整合

化妆品企业在新媒体营销中并不局限于单一的社交媒体平台，而是积极整合多个渠道资源，形成全方位的营销网络。微博、微信、抖音、小红书等热门社交媒体平台都成为企业营销的重要阵地。通过在这些平台上发布吸引人的内容和活动信息，企业能够有效地提高品牌曝光度，吸引更多潜在客户的关注。同时，多元化的渠道整合也有助于企业分散风险，避免过度依赖单一平台可能带来的风险。

4. KOL 与网红合作

近年来，随着社交媒体和短视频平台的兴起，越来越多的美妆博主和网红涌现出来。他们凭借专业的美妆知识和独特的个人魅力，吸引了大量粉丝的关注。化妆品企业敏锐地捕捉到了这一趋势，纷纷与具有影响力的美妆博主和网红展开合作。通过他们的推荐和评测，企业的产品得到了更多消费者的认可和信赖。这种合作方式不仅能够有效地将产品推送给目标受众，还能提高转化率，实现品牌和销量的双赢。

5. 数据驱动决策与快速响应市场变化

新媒体营销为化妆品企业提供了丰富的用户数据和信息反馈渠道。企业可以根据这些数据调整营销策略、优化产品组合，甚至开发新产品以满足市场需求。这种数据驱动的决策方式使得企业的营销更加科学、精准且灵活多变；同时新媒体的实时性特点也允许企业迅速捕捉市场动态和消费者反馈并及时调整策略以满足变化中的需求——这种灵活性是传统营销方式所无法比拟的，也是化妆品企业在新媒体时代的重要竞争优势之一。

(二) 化妆品企业新媒体营销的策略优化

1. 增强智能性，挖掘产品营销受众

在数字化时代，数据已经成为企业营销的重要资产。化妆品企业应该充分利用大数据分析、人工智能等尖端技术手段，对消费者的购买历史、浏览记录、搜索行为等数据进行深入挖掘和分析。通过这些数据，企业可以更加精确地了解目标受众的消费习惯、个人喜好、购买能力及对产品的特定需求，从而绘制出更为细致的用户画像。

基于这些精准的用户画像，化妆品企业可以利用智能算法，实现个性化的产品信息和优惠活动的精准推送。这种推送方式不仅可以提高营销的效率和转化率，还能在消费者心中塑造出品牌的专业与贴心形象。想象一下，当一位消费者正在为选择哪款护肤品而犹豫不决时，突然收到了一条推送，里面正好是她所关注的品牌针对其肤质推荐的产品和专属优惠，这种体验无疑会大大增加消费者的购买意愿和忠诚度。

此外，化妆品企业还可以借助智能客服系统，为消费者提供更为便捷、高效的咨询服务。智能客服可以 24 小时不间断地回应用户的问题，提供产品推荐、使用指导等服务，从而进一步提升客户满意度。而且，通过智能客服系统收集的用户反馈，还可以为企业改进产品和服务提供有价值的参考。

2. 提升趣味性，凝聚口碑营销

在内容为王的新媒体时代，如何创造出有趣、有吸引力的内容，是化妆品企业需要重点考虑的问题。创意视频、趣味图文等都是非常有效的手段。比如，企业可以制作一些美妆教程、产品试用报告等视频内容，通过生动有趣的展示方式，吸引消费者的关注并激发他们的购买欲望。同时，这些有趣的内容也更容易被用户分享到社交媒体上，从而形成口碑传播。

除了视频内容，化妆品企业还可以结合社交媒体的特点，开展各种互动性强、参与度高的线上活动。比如美妆挑战、妆容分享等，这些活动不仅可以增强用户的参与感和归属感，还能通过用户的积极参与和分享，进一步扩大品牌的影响范围。当消费者在活动中获得乐趣和满足感时，他们自然会成为品牌的忠实拥趸，并乐于将这份快乐分享给更多的人。

3. 注重互动性，开发渠道营销活力

新媒体营销的最大特点就是互动性强。化妆品企业应充分利用这一特点，与消费者建立起紧密的互动关系。无论是在社交媒体上回应网民的质疑和批评，还是及时发布企业信息，都需要保持开放包容的态度和高效的工作方式。这样不仅可以增强消费者对品牌的信任感，还能帮助企业及时了解市场动态和消费者需求的变化。

通过线上线下相结合的营销活动，如线上抽奖、线下体验会等，化妆品企业可以进一步增强与消费者的互动和黏性。这些活动不仅可以为消费者提供丰富的体验机会，还能让企业在轻松愉快的氛围中收集到宝贵的用户反馈和建议。这些反馈和建议对于企业调整产品策略、优化服务流程具有非常重要的参考价值。

4. 权衡收缩性，遵循价格营销规律

价格策略是化妆品企业营销中的重要一环。在制定价格策略时，企业需要全面考虑市场定位、目标受众及竞争对手等因素。通过大数据分析，企业可以更加准确地了解消费者对价格的敏感度，从而制定出既具有竞争力又能保证利润的价格策略。

同时，化妆品企业应灵活运用各种价格促销手段来吸引消费者。限时折扣、满额赠品等都是非常有效的促销方式。这些手段可以在短时间内刺激消费者的购买欲望，提高产品的销售量。然而，企业在运用这些促销手段时也需要注意保持适度原则，避免过度降价导致品牌形象受损或引发恶性价格竞争。

（三）化妆品企业新媒体营销策略的实施步骤

1. 建立新媒体营销管理体系

在化妆品企业中，为了确保新媒体营销活动的有序进行，首先需要构建一个完善的新媒体营销管理体系。这一体系的建立不仅仅是形式上的架构搭建，更是对企业内部资源的有效整合和高效利用。

管理体系的核心在于明确各部门的职责和协作机制。新媒体营销涉及内容创作、平台运营、数据分析等多个环节，因此，必须细化各部门的职责范围，确保每个环节都有专人负责，形成高效的工作流程。例如，内容团队负责策划和创作高质量的营销内容，运营团队则专注于平台的选择、发布时

机的把握及与用户的互动等。

同时，设立专门的新媒体营销团队是至关重要的。这个团队不仅需要具备深厚的市场营销知识，还要熟悉各种新媒体平台的运营规则和用户习惯。他们将负责策划、执行和监控新媒体营销活动，确保活动的顺利进行，并达到预期的效果。

此外，与外部合作伙伴的沟通与协作也是新媒体营销管理体系中不可或缺的一部分。化妆品企业需要与广告公司、媒体平台、KOL等各方建立良好的合作关系，共同打造良好的新媒体营销生态。通过与合作伙伴的紧密配合，企业可以更有效地推广产品，扩大品牌影响力。

2. 制定新媒体营销考核目标

制定明确的考核目标是确保新媒体营销活动有效性的关键。这些目标应该紧密围绕企业的核心业务指标，如品牌知名度、用户参与度、转化率等。通过设定具体的、可衡量的目标，企业可以更加清晰地评估营销活动的成效，及时调整策略以达到最佳效果。

在设定考核目标时，企业需要充分考虑新媒体营销的特点和市场环境。例如，对于品牌知名度，可以通过社交媒体上的粉丝数量、互动量等指标来衡量；对于用户参与度，可以关注用户评论、分享、点赞等行为数据；而转化率则可以通过销售数据、用户注册量等来进行评估。

为了确保目标的可实现性，企业需要定期对营销活动的效果进行评估和分析。这包括收集用户反馈、分析数据报表、对比竞争对手等。通过这些分析，企业可以及时发现问题，调整策略，以确保目标的顺利达成。

3. 强化新媒体营销过程

在执行新媒体营销策略的过程中，强化和优化营销过程是至关重要的。这涉及内容创意、发布时机、传播渠道等多个方面。

首先，内容创意是新媒体营销的核心。企业需要不断挖掘和创造有趣、有价值的内容，以吸引用户的关注。这要求内容团队具备敏锐的市场洞察力和创新思维，能够紧跟潮流，创作出符合用户口味的内容。

其次，发布时机的把握也是关键。新媒体平台上的信息更新迅速，选择合适的发布时机可以让企业的内容在众多信息中脱颖而出。例如，在重要节日、活动期间或者社会热点事件发生时推出相关内容，往往能够吸引更多

的关注和讨论。

此外,传播渠道的选择也不容忽视。不同的新媒体平台有着不同的用户群体和传播特点,企业需要根据自身的产品特性和目标受众来选择合适的传播渠道。例如,对于年轻用户群体,可以选择在社交媒体平台上进行推广;而对于专业性较强的产品,则可以考虑在行业垂直网站或论坛上发布相关内容。

在强化新媒体营销过程的同时,企业还需要密切关注市场动态和竞争对手的举措。市场环境和用户需求是不断变化的,企业必须及时调整自身策略以适应这些变化。例如,当竞争对手推出新的营销策略时,企业需要迅速反应,分析对方策略的优缺点,并考虑如何在自己的营销活动中加以借鉴或改进。

最后,加强团队建设也是提升新媒体营销效果的重要一环。企业需要不断提升团队成员的专业素养和创新能力,为新媒体营销提供有力的人才保障。这包括定期组织培训、分享会等活动,提高团队成员的专业技能和行业认知;同时,鼓励团队成员积极尝试新的营销方法和手段,不断创新和优化营销策略。

第六章　新媒体发展趋势与治理的探寻

在新媒体快速发展的背景下，探寻其未来趋势与治理之道显得尤为重要。本章将关注纸媒与新媒体的融合发展，探索媒体融合下新媒体的发展路径，同时讨论智能化技术对新媒体发展的影响，并提出新媒体健康发展的治理对策。

第一节　纸媒与新媒体的融合发展探究

数字化时代背景下，信息多元性为媒体行业融合发展创造了条件，为数据信息共享提供了极大便利，也促使大众获取信息的渠道由纸媒等传统媒体向新媒体转变。传统媒体必须对新闻内容、传播途径及形式等进行调整优化，顺应数字化时代的发展趋势。新媒体的普及对传统媒体带来了冲击和挑战，也激励着媒体行业朝着新的方向探索与创新。媒体行业竞争日益激烈，需要将纸媒与新媒体的优势充分结合，促进媒体行业全面发展。"目前，我国传媒行业积极推动媒体融合，很多纸媒借助新浪微博、微信公众号、小红书等平台，使传播渠道和应用途径更加多元，信息时效性更强，与用户联系更紧密，树立良好的媒体形象，进一步增强市场竞争力。"[①]纸媒与新媒体相互融合是社会发展的必然趋势，媒体融合产生的影响也是深远的。

纸媒与新媒体的融合发展可采取以下措施：

一、大力提升新闻工作者职业素养

在推动纸媒与新媒体融合的过程中，新闻工作者的职业素养显得尤为

---

① 于潇：《数字化时代纸媒与新媒体融合发展实践探析》，《记者摇篮》，2021年第06期，第46—47页。

重要。他们不仅是信息的传播者,更是社会价值观的引导者。因此,提升新闻工作者的职业素养,是媒体融合发展的首要任务。

新闻从业者应树立正确的政治观念,坚守新闻伦理。他们应增强职业自豪感和社会责任感,以积极向上的态度,为社会传播正能量,引导公众树立正确的价值观。

同时,新闻从业者还需紧跟时代步伐,敢于自我革命,不断提升自身的专业技能。在具备传统采编技能的基础上,他们应加强对新媒体技术和传播方式的了解与学习,拓宽知识技能领域。新时代的新闻工作者应向集采、写、摄、录、编等多种能力于一身的全媒体记者转变,以适应媒体融合发展的新要求。

此外,新闻工作者还需多渠道、多方面、全方位地寻找各类新闻线索,提升对新闻线索的发掘和报道能力。他们应熟练掌握新闻采编自动化设备和程序,提高新媒体产品的创作效率和新闻的传播速度,以满足公众对信息时效性的需求。

二、充分融合传播载体与媒介

在数字化时代背景下,纸媒与新媒体的相互融合已成为媒体行业发展的必然趋势。通过充分融合传播载体与媒介,不仅可以显著提升新闻的质量和传播效果,还能为新时代的纸媒发展注入新鲜活力。

纸媒工作人员应积极了解并掌握抖音、小红书等新兴媒体平台的运营特点和用户群体,及时将信息更新到这些平台上,实现新闻的线上线下一体化传播。同时,他们还可以运用数字报、短视频等多样化形式来传播新闻,以满足不同年龄段人群的信息需求和阅读习惯。

此外,纸媒从业者还应充分利用互联网前沿技术,创新沟通渠道,通过多种方式与读者进行互动。这不仅可以让读者抒发情感、反馈体验,还能激发他们主动参与新闻传播的热情,从而进一步增强纸媒的影响力和传播力。

三、不断推动信息内容融合

在数字化时代背景下,纸媒应充分汲取新媒体的优点,不断丰富和拓展自身的内容形式和传播方式。通过增加内容的可读性、贴近性和开放性,纸媒可以更有效地激发读者的兴趣，提升阅读的吸引力和影响力。

例如，在新闻写作中可以适当加入网络词汇或口头禅等元素，以拉近媒体与群众之间的距离感。同时，纸媒记者还应深入了解人民群众的生活方式和生活背景，从多个角度对新闻事实进行全面而深入的报道。这不仅可以提升受众的获得感和满意度，还能进一步增强纸媒的社会责任感和公信力。

在追求内容创新和多样性的同时，纸媒必须坚持严格的新闻审校和信息发布规范。确保每一条新闻的真实性、准确性和权威性，是纸媒在融合发展过程中不可动摇的原则和底线。

四、优势叠加补齐短板

纸媒在长期的发展过程中积累了丰富的经验和资源，在群众心中树立了良好的权威性和公信力。与此同时，新媒体则以其传播速度快、互动性强等特点受到广泛关注。因此，在推动纸媒与新媒体融合发展的过程中，应充分发挥各自的优势并进行有机叠加，以补齐各自的短板并实现共赢发展。

纸媒必须明确自身的核心竞争力和独特价值所在，并充分利用新媒体的技术和平台优势来拓展自身的传播渠道和影响力范围。通过深度融合与互动发展，纸媒可以进一步提升自身的传播力和影响力，更好地服务于社会和人民群众的信息需求和文化生活需求。同时，借助纸媒的品牌影响力和公信力为新媒体产品背书，也能有效补齐新媒体在公信力和权威性方面的相对短板，推动整个媒体行业的健康持续发展。

第二节　媒体融合下新媒体发展路径探索

当今社会，科技日新月异，多屏互动拓展，传播跨界融合，全媒体时代来临。作为朝气蓬勃、方兴未艾的新媒体，应紧跟时代步伐，顺应发展潮流，积极转变角色，努力适应环境，肩负起科普知识、教育民众、价值引领的社会责任，奉献给广大人民群众思想与文化兼备的文化大餐、形式和内容俱佳的饕餮盛宴。

随着数字化技术成熟发展，媒体融合趋势更加明显。"所谓媒体融合，

是指以电视、广播为代表的传统媒体重装上阵，以微博、微信为典型的新兴媒体粉墨登场，积极顺应时代潮流，大胆改变、主动求变，你中我有、我中有你，跨平台密切联系，全覆盖不可分割，立体式交叉融合，努力实现与受众的自由顺畅交流、多次双向互动、反复交互传播的媒体发展形势。"①

一、融合发展趋势下媒体传播特征

在媒体融合的大背景下，随着信息技术的迅猛发展，媒体传播呈现出前所未有的新特征。这些特征不仅改变了传媒生态，也对社会文化和信息传播产生了深远影响。以下将从受众多元化、内容海量性、方式交互性三个方面，深入探讨融合发展趋势下媒体传播的特征。

（一）受众多元化

随着媒体融合的推进，受众的多元化特征越发明显。传统的媒体受众划分方式已无法适应新的传播环境，现代媒体受众不仅数量庞大，而且需求多样、兴趣各异。这种多元化主要体现在以下几个方面：

年龄层次的多元化：从儿童到老年人，各个年龄段的受众都能在媒体中找到符合自己兴趣和需求的内容。这就要求媒体在内容制作上更加精细化，以满足不同年龄段受众的信息需求和审美偏好。

文化背景的多元化：在全球化背景下，媒体受众来自不同的文化圈层，有着不同的文化认同和价值观。媒体在传播信息时，需要充分考虑到这种文化差异，以避免误解和冲突。

信息需求的多元化：随着社会的快速发展，受众对信息的需求也日趋多样化。除了基本的新闻资讯外，受众还关注教育、娱乐、科技、健康等多个领域的内容。媒体需要不断拓展内容领域，以满足受众的多元化需求。

受众的多元化要求媒体在内容策划、制作和传播过程中更加注重个性化和差异化，以提高信息的针对性和有效性。

---

① 刘雷：《探析媒体融合趋势下新媒体发展的路径》，《西部广播电视》，2021年第42卷第02期，第58—60页。

(二) 内容海量性

融合发展趋势下,媒体传播的内容呈现出海量性的特点。这主要得益于数字技术和网络技术的飞速发展,使得信息的采集、存储和传输变得更加便捷和高效。内容海量性体现在以下几个方面:

信息来源的广泛性:在媒体融合时代,信息的来源不再局限于传统的新闻媒体机构,而是扩展到政府机构、企业组织、社会团体乃至个人等多元主体。这些主体通过各种渠道发布信息,极大地丰富了媒体传播的内容。

信息形式的多样性:除了传统的文字、图片报道外,音频、视频、直播等多媒体形式也成为信息传播的重要方式。这些多样化的信息形式为受众提供了更加直观、生动的信息体验。

信息更新的快速性:在媒体融合时代,信息的更新速度达到了前所未有的水平。无论是突发事件还是热点新闻,都能在极短的时间内被媒体捕捉并传播给广大受众。这种快速更新的信息环境要求媒体具备更高的反应速度和报道能力。

内容海量性为受众提供了更多的信息选择和获取途径,但同时也带来了信息过载的问题。媒体需要不断提高信息筛选和整合能力,为受众提供优质、有价值的内容。

(三) 方式交互性

交互性是融合发展趋势下媒体传播的又一显著特征。随着社交媒体的兴起和移动互联网的普及,受众不再是被动的信息接收者,而是成为信息传播和反馈的积极参与者。这种交互性主要体现在以下几个方面:

传播者与受众的互动:通过社交媒体平台,传播者可以与受众进行实时互动,收集受众的反馈和建议,从而及时调整传播策略和内容。这种互动模式增强了传播者与受众之间的联系,提升了信息传播的效果。

受众之间的交互:在社交媒体上,受众可以通过点赞、评论、转发等方式与其他受众进行交流和互动。这种交互不仅增强了受众的参与感和归属感,还为信息传播提供了更广阔的空间和渠道。

跨平台的交互:随着媒体融合的深入发展,不同媒体平台之间的交互也

日益频繁。例如，电视媒体可以与社交媒体进行合作，通过二维码、互动话题等方式引导受众参与节目互动，实现跨平台的用户引流和内容共享。

交互性特征使得媒体传播更加灵活多样，提高了受众的参与度和黏性。然而，这也对媒体的内容策划和运营能力提出了更高的要求。媒体需要不断创新互动形式和内容，以满足受众日益增长的交互需求。

二、融合发展趋势下新媒体的角色定位

在新旧媒体融合的大背景下，新媒体的角色定位正在发生深刻变化。为了更好地适应这一趋势，新媒体需要从战略全局的高度出发，积极转变观念，以媒介融合为契机，重构自身理念，主动求变并重新定位自身角色。本文将详细探讨新媒体在融合发展趋势下的三个重要角色：多向对话者、媒介多面手和思想引路人。

（一）多向对话者

新媒体作为多向对话者的角色，主要体现在其搭建了一个开放、平等的交流平台，使得传播者与受众之间能够进行多向、即时的互动沟通。这一角色的重要性在于，它打破了传统媒体单向传播的模式，让信息传播变得更加动态和多元。

在新媒体平台上，受众不再是被动的信息接收者，而是可以主动参与信息的生产、传播和反馈。他们可以通过评论、点赞、转发等方式，与传播者进行直接的对话和交流。这种多向对话不仅增强了信息的传播效果，还使得新媒体能够更准确地把握受众的需求和偏好，从而提供更加精准、个性化的内容服务。

同时，新媒体作为多向对话者，还承担着桥梁和纽带的角色，连接着不同的社会群体和利益相关方。通过新媒体平台，政府可以及时了解民意、回应关切，企业可以推广产品、塑造品牌，个人可以表达观点、分享经验。这种多向对话的机制有助于增进相互理解、化解社会矛盾、推动社会进步。

（二）媒介多面手

新媒体作为媒介多面手的角色，主要体现在其能够融合多种传播手段

和形式，为受众提供丰富多样的信息产品和服务。这一角色的出现，是新媒体技术不断发展和创新的必然结果。

新媒体平台不仅支持文字、图片、音频、视频等多种媒体形式的发布和传播，还能通过算法推荐、个性化定制等技术手段，为受众提供精准的内容推荐和个性化的信息服务。这种媒介多面手的特性，使得新媒体能够满足不同受众群体的多样化需求，提升信息传播的效果和影响力。

此外，新媒体作为媒介多面手，还具备强大的跨平台整合能力。通过与其他媒体形态的合作与融合，新媒体能够打破传统媒体的界限，实现信息的无缝对接和共享。这种整合能力不仅提高了信息的传播效率，还拓展了新媒体的发展空间和商业模式。

（三）思想引路人

新媒体作为思想引路人的角色，主要体现在其通过发布和传播具有思想性、观点性的内容，引导受众形成正确的价值观念和社会认知。这一角色的重要性在于，它关乎社会的文化导向和价值引领。

新媒体平台是思想和观点交汇的重要场所，各种社会思潮和舆论热点在这里碰撞和交融。因此，新媒体有责任和义务传播正能量、弘扬主旋律，抵制不良信息和错误观点的传播。通过发布具有思想深度和观点独特的内容，新媒体能够引导受众进行深入思考，形成积极向上的社会氛围。

同时，新媒体作为思想引路人，还需要关注社会热点和民生问题，及时发声并引导舆论走向。在面对突发事件和公共危机时，新媒体应迅速反应、准确报道，为受众提供权威、客观的信息服务，维护社会稳定和公共利益。

三、新媒体在媒体融合发展趋势下的实践路径

媒体融合不仅意味着不同媒体形态之间的融合，还代表着内容、技术、平台与市场的深度融合。新媒体在媒体融合的大趋势下如何找到适合自己的实践路径，成为业界和学界共同关注的焦点。

（一）坚定政治立场

新媒体作为信息传播的前沿阵地，必须坚定政治立场，确保传播内容的

正确性和价值导向。这要求新媒体在运营过程中，始终坚持正确的政治方向，以高度的政治责任感和使命感，为社会公众提供健康、积极的信息内容。

1. 坚定政治信仰

新媒体要始终与党和国家的方针政策保持一致，积极宣传党的理论和路线，传播社会主义核心价值观。在政治敏感问题上，新媒体必须保持清醒头脑，严格把关传播内容，确保不出现与党和国家大政方针相违背的言论和信息。

2. 坚守舆论阵地

新媒体要充分发挥其舆论引导作用，积极传播正能量，抵制负能量。在面对各种社会热点问题和突发事件时，新媒体应及时发声，澄清事实，引导公众理性看待问题，维护社会稳定和谐。同时，新媒体还要积极宣传社会主义现代化建设成就，展示国家形象，提升民族自豪感和凝聚力。

3. 提升文化自觉

新媒体要自觉承担起传承和弘扬中华优秀传统文化的责任，通过丰富多样的形式和内容，展示中华文化的独特魅力和时代价值。同时，新媒体还要积极借鉴世界文明成果，推动文化交流互鉴，为构建人类命运共同体贡献力量。

（二）强化智力支撑

在媒体融合的发展趋势下，新媒体要取得长足发展，必须强化智力支撑，打造一支高素质、专业化的团队，并充分利用科学技术提升运营效率和传播效果。

1. 强化人才引进培养

新媒体要重视人才引进工作，积极吸纳具有创新思维和专业技能的优秀人才加入团队。同时，加强对现有员工的培训和教育，提升他们的专业素养和综合能力。通过建立健全激励机制，激发团队成员的积极性和创造力，为新媒体的持续发展提供强有力的人才保障。

2. 加强行业队伍建设

新媒体要积极参与行业交流和合作，汲取行业先进经验，提升自身的专业水平和竞争力。通过建立行业组织、举办专业论坛等方式，加强行业内部的沟通和协作,共同推动新媒体行业健康发展。此外,新媒体还要注重团队建设,培养团队协作精神,提高团队整体战斗力。

3. 拥抱科学技术

科学技术是新媒体发展的重要驱动力。新媒体要密切关注科技发展趋势,积极引进和应用新技术、新设备,提升自身的传播效果和用户体验。例如,利用人工智能、大数据等技术手段,精准分析用户需求,为用户提供个性化的内容推荐和服务。同时,新媒体还要加强技术研发和创新,推动媒体融合向更深层次发展。

(三) 夯实专业功底

在媒体融合的时代,新媒体要想立足,首先必须夯实自身的专业功底。这包括增强信息加工能力、采编业务能力及舆论引导能力。

增强信息加工能力:新媒体需要具备高效、准确地获取、整理和分析信息的能力。这不仅包括从海量信息中筛选出有价值的信息,还包括对信息的深度加工和精准解读。通过提升信息加工能力,新媒体可以为受众提供更加优质、有深度的内容。

增强采编业务能力:采编业务是新媒体的核心业务之一。在媒体融合的背景下,新媒体需要不断提升采编团队的专业素养,掌握多媒体采编技能,以便更好地适应不同平台和终端的需求。同时,新媒体还应注重培养采编人员的新闻敏感性和判断力,确保报道的时效性和准确性。

增强舆论引导能力:新媒体作为信息传播的重要渠道,承担着引导社会舆论的责任。因此,新媒体需要加强自身在舆论引导方面的能力,包括及时发现并应对网络舆情、积极引导社会热点话题等。通过增强舆论引导能力,新媒体可以更好地传递正能量、化解社会矛盾、促进社会和谐。

(四) 积极开拓创新

在媒体融合的趋势下,新媒体必须保持开拓创新的精神,才能在激烈的市场竞争中脱颖而出。

胸怀开放:新媒体需要保持开放的心态,积极拥抱变化,不断学习和吸收新知识、新技术。只有如此,才能紧跟时代步伐,不断推陈出新。

思路开拓：新媒体在内容创作和传播方面需要打破传统思维的束缚，勇于尝试新的表达方式和传播手段。通过开拓思路，新媒体可以创造出更多具有创新性和吸引力的产品。

推陈出新：在保持内容质量的基础上，新媒体需要不断探索新的内容形式和传播渠道。例如，可以尝试将虚拟现实、增强现实等新技术应用于新闻报道中，为受众带来更加沉浸式的阅读体验。同时，新媒体还可以通过与社交媒体、短视频平台的合作，扩大内容的传播范围。

（五）主动学习借鉴

传统媒体在信息传播的可靠性、权威性和品牌效应方面具有明显优势。新媒体应主动学习借鉴传统媒体的优点，以弥补自身的不足。

强化内容提质：新媒体需要学习传统媒体在内容制作方面的严谨态度和专业精神，注重提升内容的质量和深度。通过精心策划和深入报道，新媒体可以打造出更多具有影响力的产品。

品牌营销提效：新媒体可以借鉴传统媒体在品牌营销方面的经验，提升自身的品牌知名度和影响力。例如，可以通过举办线下活动、开展品牌合作等方式，增强与受众的互动和黏性。

战略合作共赢：新媒体应积极寻求与传统媒体的战略合作机会，实现资源共享和优势互补。通过合作，新媒体可以借助传统媒体的品牌效应和渠道优势，提升自身的影响力，扩大传播范围。同时，传统媒体也可以借助新媒体的创新能力和互动性，提升自身的传播效果和用户黏性。这种战略合作有助于实现双方的共赢发展。

总而言之，身处媒体融合发展时代，媒体故步自封必定会被淘汰，拼搏精进才是王道。面对市场竞争和技术冲击，新媒体不能妄自菲薄、自乱阵脚，而应从容自信、迎难而上，立足自身实际，发扬独特优势，提升要素供给，克服路径依赖，运用科学技术，不断革故鼎新，大胆学习借鉴，做精、做优内容，做强、做大市场，依靠口碑收获拥趸，凭借品质取得成功。

第三节　智能化技术对新媒体发展的影响

相比传统纸媒而言，新媒体在传播效率、传播方式和传播范围方面实现了飞跃性发展，新媒体的市场占有率迅速提升。而 Web3.0 的到来，造就了"万物皆媒"的新时代，以智能化、数据化为核心的媒体快速发展，以机器为中心的"媒体大脑"被广泛应用，其工作效率和质量远远超过人脑，这无疑是给新媒体发展提出了新挑战，新媒体行业发展一度陷入僵局。[①] 因此，在智能化时代环境下，如何正面应对智能化技术的影响，如何创新新媒体发展道路，成为媒体行业革新的关键。

一、智能化技术在新媒体行业应用的必要性

（一）时代发展的必然趋势

随着信息技术的迅猛发展和数字化时代的到来，新媒体行业正面临着前所未有的变革。智能化技术的应用，已然成为这个变革中不可或缺的一环，它是时代发展的必然趋势。智能化技术通过大数据、云计算、人工智能等先进技术手段，极大地提高了新媒体的运营效率，丰富了信息传播的形式和渠道。

在新媒体领域，智能化技术使得媒体内容的生产和分发更加精准、高效。通过算法推荐，新媒体平台能够根据用户的兴趣和行为习惯，提供个性化的内容推荐，从而提高用户体验和黏性。同时，智能化技术还能够帮助新媒体行业优化资源配置，减少浪费，提高整体运营效益。

此外，随着 5G、物联网等新一代信息技术的普及，智能化技术在新媒体行业的应用将更加广泛。从智能语音交互到虚拟现实技术的融合，智能化技术将为新媒体带来更加丰富的表现形式和传播手段，满足用户日益多样化的信息需求。

---

① 姜亚玲：《探究智能化技术对新媒体发展的影响》，《传媒论坛》，2021 年第 4 卷第 15 期，第 15—16 页。

(二) 改革创新的重要方向

在传统媒体向新媒体转型的过程中,智能化技术不仅仅是推动力量,更是改革创新的重要方向。新媒体行业要想在激烈的市场竞争中脱颖而出,必须不断进行技术创新和业务模式创新。

智能化技术的应用,为新媒体带来了全新的业务模式。例如,通过引入智能化内容生产工具,可以大幅提高内容生产的效率和质量;通过智能化广告投放系统,可以实现广告的精准投放,提高广告效果;通过智能化客户服务系统,可以提供更加便捷、高效的客户服务。

同时,智能化技术还有助于新媒体行业探索新的盈利模式。例如,基于用户数据的精准营销、定制化服务、智能硬件的结合等,都可以为新媒体行业带来新的增长点。

不仅如此,智能化技术还能推动新媒体行业的内部管理创新。通过智能化的人力资源管理系统、财务管理系统等,可以提高新媒体企业的管理效率和决策水平,从而提升企业整体竞争力。

二、智能化技术对新媒体发展的影响分析

(一) 积极影响

智能化技术对新媒体行业带来的积极影响是深远且多维度的。它不仅重塑了新媒体的运营模式和业务流程,还在新闻信息采集、媒体信息分发及平台型媒体的创新性发展等方面发挥了显著作用。

1. 新闻信息采集效率提高

智能化技术的引入,极大地提高了新闻信息采集的效率。传统的新闻采集方式往往依赖于人工搜索、整理和核实信息,这一过程既耗时又易出错。然而,通过应用大数据分析和自然语言处理技术,智能化系统能够自动抓取、筛选和分析网络上的大量信息,从而迅速准确地识别出有价值的新闻线索。

具体来说,智能化技术可以通过网络爬虫和数据分析工具,实时监控和抓取各大新闻网站、社交媒体和论坛上的信息。这些技术能够快速处理和分析海量的文本数据,提取出关键信息,并根据预设的算法对信息的真实

性、重要性和时效性进行评估。这样，新闻工作者可以更加高效地获取到有价值的新闻素材，减少在信息搜索和核实上的时间成本，从而更加专注于新闻内容的深度挖掘和报道。

2.媒体信息分发能力优化

智能化技术还显著优化了媒体信息的分发能力。传统的媒体分发方式往往是广播式的，缺乏对用户个性化需求的考虑。然而，借助智能化技术，新媒体平台可以根据用户的兴趣、行为和位置等信息，实现个性化的内容推荐和分发。

通过利用机器学习算法和用户行为数据，智能化系统可以分析出用户的喜好和偏好，从而为用户提供更加精准的内容推荐。这种个性化的信息分发方式不仅提高了用户体验，还增加了用户黏性和平台的活跃度。同时，智能化技术还可以帮助新媒体平台优化广告的投放策略，提高广告的点击率和转化率，从而实现更好的商业效益。

3.平台型媒体的创新性发展

智能化技术为平台型媒体的创新性发展提供了强大的动力。平台型媒体作为新媒体的一种重要形式，其核心竞争力在于整合和优化各类内容资源，为用户提供丰富多样的信息和服务。而智能化技术的应用，使得平台型媒体在内容生产、整合和传播等方面实现了质的飞跃。

首先，在内容生产方面，智能化技术为平台型媒体提供了更多的内容创作工具和手段。例如，利用人工智能生成的新闻报道、智能剪辑的视频内容等，都大大丰富了平台型媒体的内容库。这些技术不仅提高了内容生产的效率，还为平台带来了更多原创、高质量的内容。

其次，在内容整合方面，智能化技术可以帮助平台型媒体更好地聚合和筛选来自不同来源的内容。通过自然语言处理和语义分析技术，平台可以自动识别出不同内容之间的关联性和重要性，从而为用户提供更加全面、深入的信息服务。

最后，在内容传播方面，智能化技术使得平台型媒体能够实现更加精准和高效的传播策略。通过用户画像和大数据分析技术，平台可以准确识别出目标受众并制定相应的传播策略。这种精准化的传播方式不仅提高了内容的曝光率和影响力，还为平台带来了更多的用户关注和互动。

(二) 消极影响

智能化技术虽然为新媒体发展带来了诸多便利与进步，但同时也存在一些不可忽视的消极影响。这些影响主要体现在新闻信息的泛滥及对从业人员工作要求的提高两个方面。

1. 新闻信息的泛滥

智能化技术在信息采集和分发方面的高效率，虽然极大地丰富了新媒体的内容，但同时也导致了新闻信息的泛滥。由于智能化系统能够自动抓取和推送大量信息，使得新媒体平台上充斥着海量的新闻内容。然而，这些信息的质量和真实性却参差不齐，其中不乏大量低质量、虚假甚至有害的信息。

新闻信息泛滥带来的问题主要有两个方面。首先，用户在面对海量信息时往往难以筛选出真正有价值的内容。这不仅浪费了用户的时间和精力，还可能导致用户错过真正重要的新闻。其次，虚假信息的传播会对社会造成不良影响，甚至可能引发恐慌和误解。例如，在公共卫生事件或社会突发事件中，不实信息的传播往往会加剧社会的不稳定因素。

2. 工作要求的提高

智能化技术的应用对新媒体从业人员的工作要求也提出了更高的要求。在过去，新媒体运营人员可能更多地依赖于传统的编辑和发布流程，而现在则需要掌握更多的技术技能来应对智能化系统的挑战。

首先，新媒体运营人员需要了解和掌握各种智能化技术工具的使用方法。这包括但不限于内容管理系统、数据分析工具及用户行为分析工具等。只有熟练掌握这些工具，才能更有效地进行内容策划、用户互动和数据分析等工作。

其次，新媒体运营人员需要具备更强的信息筛选和鉴别能力。由于智能化系统可能会推送大量信息，运营人员需要能够快速准确地判断出哪些信息是有价值的、哪些信息是虚假的或低质量的。这需要运营人员具备丰富的行业知识和敏锐的判断力。

最后，新媒体运营人员还需要不断学习和更新自己的知识体系。随着智能化技术的不断发展，新的工具和方法层出不穷。为了保持竞争力，运营人员需要时刻关注行业动态，学习新的技术和理念，并将其应用到实际工作中。

三、新媒体发展中智能化技术的应用策略

在新媒体的迅猛发展中,智能化技术发挥着越来越重要的作用。为了更好地利用智能化技术推动新媒体的进步,需要采取一系列的应用策略。以下将从突破传统思维限制、加快媒体技术升级和运用大数据技术三个方面进行详尽阐述。

(一)突破传统思维限制,创新发展理念

新媒体时代要求运营者必须突破传统媒体的思维模式,敢于创新,拥抱变化。智能化技术的应用,正是这一创新思维的具体体现。传统媒体的思维模式往往受限于固定的内容生产、分发方式,而智能化技术则提供了更多元化、个性化的可能性。

首先,要认识到智能化技术不仅仅是工具的升级,更是一种全新的传播理念和方式的变革。智能化技术能够帮助新媒体实现内容的精准推送,提高用户体验,这是传统媒体难以企及的优势。因此,新媒体运营者需要摒弃传统的"一刀切"内容推送方式,转而利用智能化技术为用户提供更加个性化的内容服务。

其次,创新发展理念还体现在对智能化技术的深度挖掘和应用上。新媒体应该积极探索智能化技术在内容生产、审核、分发等各个环节的潜在价值,将其与自身的业务需求紧密结合,打造独具特色的新媒体运营模式。

(二)加快媒体技术升级,优化发展环境

智能化技术的应用离不开先进的技术支持。为了充分发挥智能化技术在新媒体领域的优势,必须加快媒体技术的升级换代。

一方面,要加大对智能化技术的研发投入,积极引进和消化先进的智能化技术成果。通过与高校、科研机构等合作,共同推动智能化技术在新媒体领域的创新应用。同时,还要加强自主知识产权的保护,鼓励企业研发具有自主知识产权的智能化技术,提升新媒体行业的整体竞争力。

另一方面,要优化发展环境,为智能化技术的应用提供良好的外部条件。政府应加大对新媒体行业的扶持力度,制定相关优惠政策,引导资金流

向新媒体领域。同时，还应加强基础设施建设，提高网络速度，扩大覆盖范围，为智能化技术的广泛应用提供有力保障。

(三) 运用大数据技术，打造媒体数据库

大数据技术在新媒体领域的应用具有广阔的前景。通过运用大数据技术，新媒体可以构建庞大的媒体数据库，实现对用户行为的精准分析，进而优化内容推送策略。

首先，利用大数据技术可以收集和分析用户的浏览习惯、兴趣爱好等信息，为用户画像提供丰富的数据支持。基于这些数据，新媒体可以制定更加精准的内容推送策略，满足用户的个性化需求。

其次，大数据技术还可以帮助新媒体优化广告投放策略。通过对用户数据的深入分析，新媒体可以精准定位目标受众群体，实现广告的精准投放，提升广告效果。

最后，大数据技术还有助于新媒体进行行业趋势预测和竞品分析。通过对海量数据的挖掘和分析，新媒体可以及时发现行业热点和趋势，为内容策划和运营决策提供有力支持。同时，还可以对竞品进行深入分析，了解竞品的优势和劣势，为自身的发展提供借鉴和参考。

总而言之，在新媒体发展中，借助智能化技术优势，提升新闻编辑质量，优化新闻传播的时效性和针对性。通过加快媒体技术升级、优化大数据分析技术，精准分析用户特征和喜好，创新数据信息收集和分析形式，提高新媒体人才团队水平，促进新媒体健康发展。

第四节　新媒体健康发展的治理对策思考

随着信息技术的迅猛发展，新媒体已成为信息传播、交流互动的重要平台。然而，新媒体的快速发展也带来了一系列问题，如信息真实性难以保证、内容质量参差不齐等。为促进新媒体的健康发展，必须采取一系列措施，构建良好的新媒体生态。

一、强化行业自律与内部管理

行业自律与内部管理是新媒体健康发展的基石，通过自我约束和内部管理，可以有效提升新媒体行业的整体形象和公信力。

(一) 建立新媒体行业自律机制

1. 制定行业自律公约，规范新媒体行为

为确保新媒体内容的健康、真实和客观，应制定详尽的行业自律公约。此公约需明确新媒体的行为准则，包括但不限于信息发布的真实性、客观性和公正性要求，以及对暴力、色情等不良信息的严格禁止。通过公约，引导新媒体平台自觉遵守行业规范，形成良好的行业风气。

2. 设立行业自律组织，加强行业内部监督

成立独立的行业自律组织，负责监督新媒体平台对自律公约的执行情况。该组织应由行业内具有影响力和公信力的机构和个人组成，定期对新媒体平台进行审查和评估，对违反自律公约的行为进行公开谴责或采取相应的惩罚措施。通过加强行业内部监督，确保新媒体平台始终在规范的轨道上运行。

(二) 加强新媒体平台内部管理

1. 完善内容审核机制，确保信息发布的真实性和合法性

新媒体平台应建立完善的内容审核机制，对发布的信息进行严格把关。通过引入专业的内容审核团队和技术手段，对信息进行事前审核和实时监控，确保信息的真实性和合法性。对于发现的虚假信息和违法内容，应立即删除并追究相关责任人的法律责任。

2. 建立用户反馈机制，及时处理用户投诉和举报

新媒体平台应设立有效的用户反馈渠道，鼓励用户对不良信息进行投诉和举报。对于用户的反馈，平台应给予高度重视并及时处理，以维护用户的合法权益和平台的良好形象。同时，通过对用户反馈的深入分析，不断提高平台的服务质量和内容质量。

(三) 提升新媒体从业者素质

1. 加强职业培训，提升从业者的专业素养和职业道德

针对新媒体从业者，应定期开展职业培训活动，提升他们的专业素养和职业道德水平。培训内容可涵盖新闻传播理论、法律法规、职业道德等方面，使从业者明确自身的社会责任和道德底线。通过培训，引导从业者树立正确的价值观，提高他们在新媒体运营中的专业素养。

2. 引入行业认证制度，确保从业者具备相应资质

为提升新媒体从业者的整体素质，可引入行业认证制度。该制度要求从业者通过专业的培训和考核，获得相应的资格证书后方可从事新媒体相关工作。通过行业认证制度的实施，可以筛选出具备专业素养和职业道德的从业者，为新媒体的健康发展提供有力的人才保障。

二、推动社会共治与多方参与

在新媒体时代，信息的传播速度之快、范围之广前所未有，这给社会治理带来了新的挑战。为确保新媒体的健康发展，必须推动社会共治，实现政府、企业、社会组织和公众的共同参与。这种多元化的治理模式有助于形成全方位的监管体系，从而更好地应对新媒体环境中的各种问题。

(一) 加强政府、企业、社会组织和公众的沟通与协作

1. 建立多方参与的治理机制，形成合力

为有效管理新媒体环境，需要构建一个包含政府、企业、社会组织和公众在内的多元治理机制。政府应发挥主导作用，制定相关政策和法规，为新媒体的健康发展提供法律保障。企业应承担起社会责任，自觉遵守行业规范，同时推动技术创新，提升新媒体服务的质量和安全性。社会组织则应积极参与新媒体治理，通过举办公益活动、开展宣传教育等方式，提升公众的新媒体素养和意识。公众作为新媒体的直接使用者，也应通过合理的方式参与治理，形成全社会共同参与的治理格局。

这一治理机制的建立，需要各方在平等、协作的基础上进行深入沟通和交流。政府应搭建起公开透明的沟通平台，鼓励各方提出建设性意见和

建议。企业应积极响应政府号召，加强与政府、社会组织和公众的互动与合作。社会组织要充分发挥桥梁和纽带作用，促进各方之间的有效沟通。公众则要通过合法渠道表达自身诉求，积极参与新媒体治理。

2. 鼓励社会各界对新媒体进行监督

新媒体的健康发展离不开社会各界的广泛监督。政府应建立健全监督机制，鼓励和支持社会各界对新媒体进行监督，确保新媒体内容的合法性、真实性和健康性。同时，政府还应设立专门的举报渠道，方便公众对违法违规的新媒体内容进行举报。

企业和新媒体平台也应自觉接受社会监督，对于公众反映的问题和意见，要积极回应并及时整改。社会组织可以发挥自身优势，组织专业的监测团队，对新媒体内容进行定期或不定期的检查和评估。

公众作为新媒体的主要用户，更应积极参与监督。他们可以通过社交媒体、新闻评论等方式，对新媒体内容进行实时反馈和评价。这种全民参与的监督模式，将有助于及时发现并纠正新媒体环境中的不良现象。

(二) 提升公众媒介素养

1. 加强媒介素养教育，提升公众对新媒体信息的辨识能力

媒介素养教育在当今社会显得尤为重要。面对海量且复杂多变的新媒体信息，公众需要具备较高的信息辨识能力，才能有效筛选和利用信息。因此，政府、学校和社会组织应共同努力，推动媒介素养教育的普及和深入。

政府可以通过制定相关政策，将媒介素养教育纳入国民教育体系，确保学生在不同阶段都能接受到相应的教育。学校则应根据学生的年龄特点和认知水平，设计符合实际的媒介素养教育课程和活动。社会组织也可以利用自身优势，开展丰富多样的媒介素养培训和实践项目。

通过这些举措，公众将逐渐提升对新媒体信息的辨识能力，学会在纷繁复杂的信息环境中保持清醒的头脑和独立的判断。

2. 倡导理性、文明的网络行为

网络空间的健康发展离不开每一个网民的共同努力。倡导理性、文明的网络行为，是维护新媒体环境秩序的重要举措。政府、企业和社会组织应共同发起倡议，呼吁广大网民自觉遵守网络道德规范，不发布和传播虚假、

恶意信息，不参与网络暴力和谣言传播。

同时，政府还应加大对网络行为的监管力度，对于违反网络道德和法律法规的行为进行严厉打击。企业可以通过技术手段对不良信息进行过滤和拦截，为网民提供一个安全、健康的网络环境。社会组织则可以组织志愿者开展网络文明宣传活动，增强网民的文明上网意识。

(三) 发挥社会组织和专业机构的积极作用

1. 支持新媒体研究机构和智库的建设与发展

新媒体的快速发展对社会各领域产生了深远影响，因此需要专业的研究机构和智库对其进行深入研究和分析。政府应加大对新媒体研究机构和智库的支持力度，提供资金、政策等方面的扶持，促进其建设与发展。

这些研究机构和智库将围绕新媒体的发展趋势、影响因素、治理策略等展开深入研究，为政府决策提供科学依据。同时，它们还可以通过发布研究报告、举办学术研讨会等方式，推动新媒体领域的学术交流与合作。

2. 利用专业机构为政府决策提供支持

政府在新媒体治理过程中需要科学、专业的决策支持。专业的新媒体研究机构和智库可以为政府提供准确的数据分析、趋势预测和策略建议，帮助政府更好地应对新媒体环境中的挑战。

政府应建立与专业机构的长期合作关系，定期邀请其参与政策制定和评估工作。同时，政府还可以设立专门的咨询委员会或顾问团队，吸纳新媒体领域的专家、学者参与其中，为政府决策提供智力支持。

结　语

在《新媒体运营全景与趋势研究》一书中，我们不仅仅深入剖析了新媒体运营的各个方面，更致力于探索其背后的逻辑与发展趋势。通过系统的研究与分析，我们得以一窥新媒体运营的奥秘，并为其未来的发展描绘出可能的蓝图。

从研究的角度来看，新媒体运营不仅关乎技术和策略，还涉及文化、社会和经济的深层次变革。本书所探讨的每一个方面，都是这一变革中的关键环节。我们试图通过理性的分析和科学的预测，为新媒体运营的实践者提供有价值的参考。

展望未来，新媒体运营将继续在信息传播、品牌建设等方面发挥重要作用。随着技术的不断进步，新媒体的形态和运营模式也将不断创新。例如，人工智能、虚拟现实等技术的应用，将为新媒体运营带来前所未有的可能性。同时，随着用户对内容质量要求的提高，新媒体运营将更加注重内容的创新和个性化，以满足不同用户的需求。

此外，新媒体运营在推动社会进步和文化交流方面的潜力也不容忽视。它不仅能够促进信息的快速传播，还能够为人们提供更多元、更丰富的文化体验。因此，我们有理由相信，新媒体运营在未来将继续发挥重要作用，成为推动社会发展的重要力量。

参考文献

一、著作类

[1] [美]菲利普·科特勒, [美]凯文·莱恩·凯勒. 营销管理[M]. 卢泰宏, 高辉, 译. 北京: 中国人民大学出版社, 2009.

[2] 曾淑文. 新媒体运营[M]. 重庆: 重庆大学出版社, 2020.

[3] 陈鄂, 金鑫. 新媒体运营[M]. 重庆: 西南师范大学出版社, 2018.

[4] 邓丽, 易路博. 新媒体运营[M]. 重庆: 重庆大学出版社, 2018.

[5] 丁俊杰, 康瑾. 现代广告通论[M]. 第2版. 北京: 中国传媒大学出版社, 2007.

[6] 龚振. 消费者行为学[M]. 广州: 广东高等教育出版社, 2004.

[7] 李东临. 新媒体运营[M]. 天津: 天津科学技术出版社, 2018.

[8] 李俊, 魏炜, 马晓艳. 新媒体运营[M]. 北京: 人民邮电出版社, 2020.

[9] 刘珊. 大数据与新媒体运营[M]. 北京: 中国传媒大学出版社, 2017.

[10] 刘娅. 新媒体运营与管理概论[M]. 南京: 南京大学出版社, 2018.

[11] 陆剑, 谭岳霖, 达珍. 新媒体运营[M]. 哈尔滨: 哈尔滨工程大学出版社, 2021.

[12] 马为公, 罗青. 新媒体传播[M]. 北京: 中国传媒大学出版社, 2011.

[13] 荣晓华. 消费者行为学[M]. 大连: 东北财经大学出版社, 2006.

[14] 谭前进, 郭城等. 新媒体运营的理论与实操[M]. 南京: 东南大学出版社, 2018.

[15] 吴科. 新媒体运营实务[M]. 长沙: 湖南人民出版社, 2019.

[16] 吴臻, 俞雅琴. 新媒体运营[M]. 武汉: 武汉理工大学出版社, 2019.

[17] 向登付.新媒体运营与营销实操手册[M].北京：中国商业出版社，2019.

[18] 谢红焰.新媒体运营[M].北京：首都经济贸易大学出版社，2022.

[19] 喻国明，李彪，杨雅，等.新闻传播的大数据时代[M].北京：中国人民大学出版社，2014.

[20] 张兵.新媒体运营手册[M].北京：中国铁道出版社，2018.

[21] 朱扬勇，熊赟.数据学[M].上海：复旦大学出版社，2009.

二、期刊论文类

[1] 敖敏.探析大数据背景下新媒体和传统媒体的融合发展对策[J].传播力研究，2018，2(27)：93.

[2] 曹磊，代立.传统媒体与新媒体影响力要素构成之比较[J].文化创新比较研究，2021，5(21)：105—108.

[3] 曹译文.融媒体时代广播电台的转型策略分析[J].新媒体研究，2018(3)：19—22.

[4] 曾鸿，吴苏倪.基于微博的大数据用户画像与精准营销[J].现代经济信息，216(08)：306—308.

[5] 陈力丹，李熠祺，娜佳.大数据与新闻报道[J].新闻记者，2015(2)：25—29.

[6] 陈燕，卢宇，刘旺.大数据背景下传统出版与新媒体融合发展刍议[J].传播力研究，2018，2(23)：135.

[7] 程轩.网络直播平台运营方式及优化策略研究[D].保定：河北大学，2017.

[8] 单丹.探究大数据背景下新媒体和传统媒体的融合发展[J].中国传媒科技，2018(11)：39—40.

[9] 董琳.从消费者购买决策模型看B2C电子商务的客户信息服务[J].情报杂志，2004(8)：27—28.

[10] 付红安.大数据在社会化媒体营销中的应用研究[D].重庆：重庆大学，2014.

[11] 耿伟茜.今日头条的内容运营策略研究[D].保定：河北大学，2018：23.

[12] 郭玲.对微信公众号运营策略的几点认识[J].武汉轻工大学学报，2023，42(03)：83—86.

[13] 何凌南，张志安，李威，等."两微一端"用户使用行为与动机研究[J].传媒，2016(08)：27—31.

[14] 华艳.基于新媒体信息的数据挖掘研究[J].电脑编程技巧与维护，2019(12)：129—131.

[15] 姜亚玲.探究智能化技术对新媒体发展的影响[J].传媒论坛，2021，4(15)：15—16.

[16] 考秀坤.我国新媒体发展现状及治理研究[D].西安：西安工业大学，2018.

[17] 李晨曦.微信公众号运营问题与对策研究[J].传播与版权，2018，(06)：126—127.

[18] 李欲晓.论我国网络安全法律体系的完善[J].中国工程科学，2016(09)：28—33.

[19] 栗兴维.如何增强新媒体平台用户黏性[J].新闻世界，2017(6)：45—48.

[20] 林琳，李巧辉.短视频账号运营方法论[J].新闻传播，2023，(21)：66—68.

[21] 刘雷.探析媒体融合趋势下新媒体发展的路径[J].西部广播电视，2021，42(02)：58—60.

[22] 庞泰，韩秉辰.今日头条自媒体账号运营的实践与思考[J].新媒体研究，2018，4(19)：71—72.

[23] 钱奕李.大数据对电视媒体运营之道的影响分析[J].科技传播，2018(08)：42—42.

[24] 桑辉，许辉.消费者网上购物动机研究[J].消费经济，2005(3)：22—25.

[25] 苏越.微信公众号留言区的运营策略[J].中国记者，2023，(06)：103—105.

[26] 汤思源.企业官方微博运营策略探究[D].北京:北京外国语大学,2018.

[27] 唐雷.新时期广播电台在融媒体时代的创新路径探索[J].新闻研究导刊,2017(5):294.

[28] 陶海游,吴滨,何泉蓉.主流短视频平台的内容偏好及运营策略[J].中国报业,2024(03):88—89.

[29] 王菲雪.大数据时代下的网络媒体营销策略研究[D].天津:天津大学,2016.

[30] 王建彦.网络直播平台的运营策略研究[J].湖南大众传媒职业技术学院学报,2018,18(04):19—22+89.

[31] 王磊,王勇.新媒体的营销环境与营销策略的创新[J].新闻传播,2018(06):50—51.

[32] 王婷.试论新媒体运营中核心内容优化策略[J].中国报业,2022(23):84—85.

[33] 吴爽.小红书的运营模式分析[J].新媒体研究,2021,7(09):42—45.

[34] 夏文辉.今日头条自媒体平台"头条号"研究[D].湘潭:湘潭大学,2017.

[35] 徐康.短视频拍摄后期处理及运营策略分析[J].采写编,2022(10):35—37.

[36] 薛竞,马军杰,高敏,等.今日头条对运营商数字化运营的启示[J].中国电信业,2018(09):76—80.

[37] 杨春竹,李志宏.基于大数据背景下的传统媒体与新媒体融合发展模式研究[J].新闻传播,2017(04):51+53.

[38] 杨梦雪.网络购物社区小红书的内容运营研究[D].合肥:安徽大学,2018.

[39] 杨苗苗.新媒体微信公众号的编辑与运营策略探究[J].采写编,2023(10):151—153.

[40] 于潇.数字化时代纸媒与新媒体融合发展实践探析[J].记者摇篮,2021(06):46—47.

[41] 张萍.论智能化技术对新媒体发展的影响[J].中国报业，2020(07)：82—83.

[42] 张砚.大数据背景下传统媒体与新媒体融合发展战略研究[J].传播力研究，2018，2(07)：74.

[43] 赵广华.论新媒体微信公众号运营策略及发展方向[J].科技创新导报，2019，16(34)：241+243.

[44] 赵璐宁.小红书的运营模式分析研究[J].中国储运，2023(09)：185—186.

[45] 赵燕.网络直播的运营模式研究[D].哈尔滨：黑龙江大学，2018.

[46] 钟园园.短视频运营的两个发力点[J].中国药店，2022(09)：66—68.

[47] 周浒.重塑关系、真实记录与理性到场——网络视频访谈节目[J].青年记者，2018(02)：84—85.

[48] 周艳，龙思薇.内容银行的核心理念和特点[J].广告大观(媒介版)，2016(2)：33—34.